风从东方来

——上海综合改革成果辐射案例集

上海市师资培训中心 编著

上海教育出版社
SHANGHAI EDUCATIONAL
PUBLISHING HOUSE

本书是上海市教师教育对口支援系列研修成果之一,同时也是上海教育综合改革成果与经验在对口支援地区传播、辐射、分享、交流,推动对口支援地区教育和学校变革的实践研究成果。

编 委 会

主　编　殷以杰
副主编　张　涛
编　委　(以姓氏笔画为序)
甘小明　　央　金　　宁彦锋　　刘炜玮
刘　玲　　杨　杰　　杨建华　　李宇飞
李　敏　　李黔粤　　张文强　　陈　欣
拉姆措　　罗桑群培　郑乐春　　姚媛媛
袁勤华　　栾俊洁　　章家谊

序

2020 年是人类历史上极不平凡的一年，一场突如其来的新冠疫情暴发，从国内到世界的各个角落，所有的人类公共活动，包括学校教育教学，都因此按下了暂停键。值得庆贺的是，在国内疫情得到基本控制之际，我收到了这本集聚东、中、西部学校管理智慧和研修思想，体现上海教育对口支援重要成果的文集汇编——《风从东方来》，读来倍感振奋。

本书主要以《义务教育学校校长专业标准》为框架，各地校长结合上海学习研修过程中的观察、思考和研究，深度阐述了返回所在学校后对上海研修成果的落实和创新实践，以及所取得的丰硕成绩。

近年来，根据国家对口支援、东西部协作等战略的统一部署，上海在深化基础教育改革进程的同时，逐步将先行先试、试点实验形成的经验和取得的成果，向包括对口支援地区在内的其他地区传播、辐射，形成推动这些地区教育发展的重要外部支持力量，降低了试错成本，缩短了改革进程，成效斐然。其中，上海市师资培训中心作为上海市教师职后教育的科研与培训机构，承担了总结、提炼上海教育改革成果，探索跨区域教育协同发展机制与模式的重任，逐步在上海与中西部地区之间开辟出一条联动共融发展的绿色通道，架起了一座座融通的桥梁，开设了一所没有围墙的专业发展学校，各级各类教育人才汇聚在这所学校里，打造各类深度研修共同体。这也为中西部学员打开了一扇学习借鉴国内前沿教育改革理念、经验的窗口,将一粒粒承载了上海教育改革经验、思维风格和探索精神的种子,借着改革的东风吹向西部大地。值此之际,认真梳理总结上海教育对口支援工作,展现已取得的成果,是有特殊意义的。

通过本书,我们可以看出,上海改革成果通过对口支援教师培训项目辐射过程中,呈现出一系列鲜明特点。

第一,需求导向,科学诊断,精准解决当地教育改革瓶颈问题。为更准确地把握各地教育发展现状,挖掘项目需求,上海定期组织具有丰富经验的专家和科研人员深入各地教育现场开展诊断调研,如2019年上海市师资培训中心专业研究人员和上海市、区两级督导人员共同组成专家团队,赴遵义九个贫困县开展深度调研,整体把脉各县教育改革发展面临的挑战、困境与需求,总结形成调研报告,为优化、改进项目方案设计与实施提供客观科学依据。

第二,任务引领,深度研修,从理念转变与实践操作两方面提供支持。根据不同培训需求,设置个性化研修任务,激发学员内驱力,大力整合和配置优质培训课程资源,邀请实践和理论专家向学员全方位系统介绍上海教育改革的顶层设计、推进方案、实施路径和措施;邀请学员深入上海基地学校长期跟岗,深入上海学校改革进程,直观体验上海教育改革。

第三,送(师)出去,请(生)进来,以文化浸润不断深化对学与教的理解。西部地区每年组织多批"种子学员"赴沪进行研修,上海则利用暑期等时间,策划实施上海名师团赴万州、云南、遵义等地开展组团式上海名师行,将优质资源送教上门,增进相互了解,实现双向互动交流。

第四,创新模式,迭代范式,实行线上线下混合式研修。为使改革成果传播分享面更广,尤其是随着信息技术被广泛应用到教师培训中来,上海更多地采用线上直播、远程自主研修等线上研修方式,结合线下系统设计,构建混合式研修新模式,提高培训成效。

当前,上海市委、市政府立足"上海所能、当地所需",聚焦对口地区教育人才师资队伍建设等重点领域,加强统筹推进中西部帮扶工作,提升教育扶贫能级,助力中西部地区教育改革发展。为进一步做好这方面工作,我认为还需要在三方面进行深入的探索和研究。

首先,以信息技术赋能教师教育,进一步实现教师的个性化培训。要研究和探索信息技术与跨地区教师职后培训的深入融合:借助信息技术开展针对各地教育实情、教师专业发展需求的数据化搜集和分析工作,深入挖掘各地不同教育生态中的困境和制约性因素,依托研究课题,开展个性化研究,摸索适宜各地发展水平、阶段和特殊性的新思路,形成个性化项目方案设计,力求"一区一方案,一校一方案"。

其次,以混合式研修提升培训质效,进一步探索符合地方需求的培训模式。当前,线上线下一体化混合式研训正逐渐替代线下为主的传统单一方式,成为新样态,而疫情加快了这一转变进程,因此,需要借机加大探索力度,发挥各自优势,形成适应教师教育教学工作场景的新模式,以提升培训的质量和效能。

　　最后，以系统化思维提炼上海经验，进一步促进上海经验的立体化传播。从较多关注某一领域、方面的改革向更宽背景、更多维度延伸，将改革的整体性思维融入培训课程。因此，要对区域性的教改理念、设计思路、实施路径、管理评价等和学校在新改革制度下的变革，进行一体化的课程研发和整体推进。

　　2020 年，是我国全面建成小康社会目标的实现之年，也是脱贫攻坚的全面收官之年。从决定性成就到全面胜利，面临的困难和挑战依然艰巨，上海与对口支援地区的教师职后培训同样如此。我们要继续朝着各地区教育优质均衡发展方向奋力推进，为助力中西部地区办人民满意的教育贡献力量，为上海所秉承的历史使命交出满意答卷。

　　是为序。

中国教育学会副会长

上海市教育学会会长

尹后庆

2020 年 5 月

前　　言

《风从东方来》——多好的书名！东方是太阳升起的地方，是给人带来希望的地方。历经多年的酝酿，经过全体学员的实践探索和辛勤笔耕，集聚上海市教育对口支援地区的校长和教师来沪研习成果的文集《风从东方来》即将面世。在我国教育改革不断深化的今天，在东、中、西部教育不断融合的当下，出版这本文集无疑具有不凡的开创意义。

《风从东方来》收录了以校长为主的学校管理者来沪学习后，结合自己学校的实际，开展教育教学研究的成果近五十篇。文集中透射出的深邃的思考、独到的见解、改革的智慧，无不反映了学校管理者对教育事业的情怀和境界。文集中那些鲜活的案例、写实的描述、朴实的情感，无不折射出教师对教育工作的大爱和执着。在文集中，我不仅能看到学校管理者、教师的理性思考和经验积累，更能看到他们心怀教育、不断求索、积极进取的坚定信念。

每天，太阳从东方升起，带来希望的曙光，又从西方落下，留下美好的彩霞。学员从中西部来到东部，带来了无限美好的彩霞，现在又带着东方的曙光回到自己辛勤耕耘的那片热土。他山之石，可以攻玉。我期待着学员继续学习、借鉴、思考，只要我们敢于实践、探索和创新，就能享受探寻教育规律过程中的那种愉悦，就能收获教书育人的那种乐趣。

虽然我们身处不同的地方，但共同的教育情怀始终让我们心心相印。我们相约，共同翘首每一天东方的曙光，共同欣赏朝夕的霞晖！

国家督学
上海市教育学会副会长
张志敏
2020 年 5 月

编　者　按

　　自 2014 年起,按照国家层面统一部署,上海市和北京大学、清华大学接受任务率先实施"一市两校"教育综合改革国家试点,为全国教育改革推进探索贡献了上海经验和上海方案。

　　"教育事业全面发展,中西部和农村教育明显加强",这是党的十九大提出的新时代历史任务。为此,上海市教育委员会综合改革办公室在梳理本市教育综合改革中期制度性成果基础上,利用上海市师资培训中心师资培训的优势,面向全国推广辐射本市教育综合改革制度成果。特别针对上海对口支援的新疆维吾尔自治区、西藏日喀则、贵州遵义、青海果洛、云南省 13 地州、重庆万州、江西上饶,以及牵手上海的长三角地区的宁波市等,面向校长和学科骨干等各层面的教育工作者,设计了高端研训班、高峰论坛、专题研讨、成果辐射引领活动等。在此基础上,上海为以对口支援地区为主的中西部省市搭建了多种形式的研修、交流、展示平台,形成了分类分级培训、教育综合改革经验分享交流、优秀实践案例征集、项目成效宣传报道等综合立体项目体系,深化了上海与各地区教育的交流,促进了教育综合改革成果的总结凝练与传播辐射,形成有层次、分地区的全国可复制、可推广的"经验溢出"版图。

　　《风从东方来》意指教育改革的风从东方吹来,给中西部教育工作者带来了新鲜的思想、先进的经验、改革的勇气与智慧。本书聚焦上海对口支援项目的实践,聚焦项目实施过程中的个人成长感悟,遴选了上海经验与当地实践相结合的精彩案例。2014 年以来,参加过上海培训的学员校长们,通过叙述项目培训中的成长故事，提炼项目培训中的专业成长经验，总结成果辐射与项目实施的管理经验等，对自己在学习中的感受和学习后的教育行为改变进行专题反思和细节呈现，总结上海教育综合改革成果辐射的新模式、新实践、新经验、新成果，在育人方式、办学模式、管理体制、保障机制等领域，给当地学校提供符合区域实际特征的、经过实践论证的本土经验。

本次征稿活动得到了云南省教育厅民教处、贵州省遵义市教育局、西藏日喀则市教育局、新疆喀什市教育局、重庆市万州区教育局、江西省上饶市教育局的大力支持，在层层选拔的基础上遴选出优秀案例给项目组供稿。这里还要特别感谢参加点评的上海各位校长和资深教育工作者的无私指导，感谢遵义市历届"影子校长"学员在编校过程中付出的大量心血，感谢长期耕耘在对口支援工作中的上海乃至全国的教育专家、上海基地学校的导师团，感谢各位让这本案例集的经验和智慧传达到中西部教育阵地，让上海的教育实践和探索经验辐射到祖国各地。

编　者
2020 年 5 月

目 录

一

教育中的你我他

知行合一守师德　初心不变铸师魂

——浅谈如何提升教师道德素养

马　玉

（贵州省遵义市第四初级中学）

作者简介：马玉，贵州遵义人，中共党员，毕业于贵州大学历史系，中学历史高级教师，区级骨干教师。

"坚守理想信念，提升道德素养"是个老话题，也是每个职业的道德操守和行规。今天重提这个话题有历史和现实的原因。

一、传统重视师德

我国自古就很重视对师者道德的约束。夏商的学校"庠"、西周的课程"礼"体现了当时对教师道德品行的要求。孔子、荀子、董仲舒、韩愈、朱熹、王夫之、蔡元培、陶行知等，都强调教师要具有高洁的品行。

在新时代，党中央重视教师的职业道德。2014年，习近平总书记强调全国广大教师要做"有理想信念、有道德情操、有扎实学识、有仁爱之心"的好教师，鼓励教师为发展具有中国特色、世界水平的现代教育，培养社会主义事业建设者和接班人作出更大贡献。

身正为师，德高为范。仅有广博的知识而没有崇高的理想信念和道德情操，就如无本之木、无源之水，断然培养不出国家建设需要的人才。

二、现实不容乐观

近年来，违反师德师风的事件层出不穷，2018年，芜湖市教育局查实违反师德师风行为9件，扬州市查处违反师德的教师23人次，还有很多是未曝光的。

问题主要表现为语言类(冷嘲热讽、辱骂、不耐烦、呵斥)、身体类(体罚、变相体罚、性侵、猥亵)、经济类(有偿家教、收受或索取家长财物),有的隐蔽,有的明显。这说明教师整体的道德素养有待提高,也说明师德培养仍比较薄弱。原因有很多:(1)历史局限和长期观念的制约,如重考试轻考查、唯分数论思想;(2)现实条件的制约,如成年人的思想不易提升,不易找到违反师德师风的证据,很多领导睁只眼闭只眼。

三、不懈探索,有的放矢

师德师风问题给学生、家庭、社会都造成了很大的伤害,轻则伤害学生身体,重则有损价值观、人生观。

有问题不可怕,可怕的是不能解决。面对如今屡禁不止的师德师风问题,路在哪里? 很多学校都采取了制度监督、环境改造等措施,为什么收效不大? 笔者观察走访了多所层次不一的学校,结合自己从教与管理的经验,不断地学习和反思,深刻体会到这是一项长期且艰巨的工程。校情不同决定方法不同,笔者认为可以用知行合一的理念去指导实践。

(一) 知是行之始

1. 知底线守师德

底线是红线,是国家法律、地方法规、学校文件,是刚性约束,是没有丝毫人情可讲的。A校2012年建校,因教师拼搏,家长支持,学生给力,很快取得骄人成绩,迅速成为区市优质学校。但紧接着各种负面消息逐渐浮出水面,对教师的各种举报甚嚣尘上,涉及体罚、有偿家教、假期游学、收受家长财物等,不少人还反映到区市主管部门。A校师德问题如此严重的原因之一是新学校事务繁多,校长、书记没有高度重视,没有及时召开教代会制定规章制度,学校事务毫无章法,对教师的监督非常有限。

事情发生后,A校在大会小会传达国家法律、地方法规,请教育法专家宣讲、解读、剖析相关法律,强调底线意识,告诉教师要知法懂法守法、依法执教,不要惹火上身。2013年7月期末,A校召开了教代会,出台了文件,规定了教师考核细则、评优评先细则,内容包括对问题教师的处理——中层核实调查,校级诫勉谈话,大会公布,公示,报上级局党委,反馈给家长,视情况严重程度进行处罚,并强调对于有师德师风问题的教师,在给予任何奖励时都可一票否决。各处室在分管工作范围内也制定了相应的规定。

通过制度约束,A 校的师德师风问题得到有效遏制:在当年的秋季学期,区市主管部门接到的举报电话减少了 82%,校长信箱接到的真实问题反映减少了 65%,恶性事件为零。

2. 知监督正师德

等到教师违规后再用制度来处罚,这会扼杀很多教师的职业生涯,因此常态化的监督可以防患于未然。常见的有上级监督、例行检查等。A 校因家长素质较高,很重视家长的力量,逐渐形成了家长诚信监督家校合作的路径,如学校公布举报电话、校长信箱,成立家委会,定期进行家长问卷调查等。

W 老师多次被家长举报变相体罚学生,经查,情况属实。校长、书记对其诚勉谈话,他口头认错,但不到半月又故技重施,于是家长不停地反映他的行为问题。整整三年,他虽然教学质量较好,工作积极,但一直与优秀无缘。该教师后悔不已,接手新的班级后大有改变,不再体罚学生,作业量也减少了,学生觉得他有亲和力,课堂纪律非常好,家长反响不错,对他工作也挺支持。他感叹道:"亏自己还是语文教师,现在才晓得润物细无声的道理。"自媒体时代,监督无处不在,每位教师都要时刻警钟长鸣,端正自己的言行,沿着正确的轨迹,守好新时代教师的本分。

3. 知榜样修师德

(1) 身边的榜样

很多学校都是党支部带头,以骨干教师为榜样,通过多种工作室,以"点一线一面"的方式带动学校教师爱岗敬业,这是很好的做法。骨干教师是身边鲜活、真实的例子,是学校良好师德师风的重要维系者,其他教师可以骨干教师为镜,修正自己的品行。

(2) 大师的典范

在庆祝中华人民共和国成立 70 周年前夕,习近平主席签署主席令,授予 42 人国家勋章、国家荣誉称号,于漪荣获"人民教育家"国家荣誉称号,是唯一的中小学教师代表! 最近,多地掀起了学习于漪老师先进事迹的浪潮。2000 节的公开课、400 多万字的论文专著,她的名字和语文、德育紧紧地联系在一起,59 年来,她呕心沥血,无私奉献,开拓创新,立人为先,崇高的师德风范堪称当代教育人的典范。教师就是要以这样的名师作为修身立德的标准,作为自己终身不懈追求的目标。

4. 知使命升师德

这并非唱高调,也不是说大话、空话。如今很多精致主义者中不乏受过高等教育的教师,他们事不关己高高挂起,视教书为儿戏,没有正确地看待教师这个职业的特殊性,没有从民族复兴、国家发展、时代潮头的出发点去正视这个职业的崇高性。教师就是学生的镜子,这样的教师怎么能培养出热爱祖国、乐于奉献的学生呢?所以必须时时宣传党的教育方针,及时传达全国教育工作大会的思想内核,让教师有大局意识、核心意识,切实明白"百年大计,教育为本",谨记自己的使命就是立德树人,为国家培养优秀的下一代。只有这样,教育人才能保持清醒又热情的头脑,值守神圣的三尺讲坛,肩负时代责任,提升师道尊严。只有知道了使命,教育人才能像于漪老师那样数十年如一日地扎根教坛,努力耕耘,为早日实现中国梦不懈奋斗。

(二)行是知之成

1. 校行:主题活动是抓手

物质条件只是基本保障,学校理念要通过活动落实下去,师德改善也不例外。

任何美好的理念不落地永远是空中楼阁,学校可以通过活动去落实。A校认为最好的教育永远是爱的教育,于是倡导教师做"六心"教师,每月设定一个活动主题:3月"专心"——敬业奉献,4月"诚心"——诚实守信,5月"真心"——尊重学生,6月"细心"——了解激励,7月"红心"——红色文化,8月"用心"——假期家访;9月至次年2月依次进行,以红色、黄色、蓝色标注出不同等第,期末结果一目了然,最后结合家长、学生问卷调查结果等评出10名"六心"教师作为师德标兵。有教师感叹:"这既是紧箍咒,又是助推器。"有教师在7月主题活动后写下了心得:"我从小生活在遵义,居然没有完整地参观过遵义会议会址和红军烈士陵园,更不晓得今天老红军都在资助困难学生……想想自身的那点觉悟,羞愧得无地自容。"

2. 师行:践师德铸师魂

(1)学习与反思

学习的重要性不用多言。一切有效的学习最终都是自学,如何把外在的学习内化为自己的,关键在于养成长期的反思习惯。A校S老师毕业于西南大学,初来乍到执教一个班的数学,并当班主任。因急于求成,她对学生动辄呵斥,还停课、罚站、罚跑、罚抄,频繁请学生家长,要求后进生交钱补课等,家长对此非常反感,多次提出换教师。学校原本给她指定了专业导师,见此情况后又指定了一位班主任导师来教她。导师从上好班会课、家访形式等入手教她,要求她看心理学、教育学以及全国名班主任的书籍,如《爱心与教育》《做一个专业的班主任》,并要求她每天结合自己的班级管理写反思日记。她刚开始不情愿,坚持一个月后,欣喜地说:"我以前知道自己错,但不知道为什么错,更不知道如何纠正,现在我有方向了。"一学期后,她心悦诚服地对导师说:"今天我才懂得'不积跬步,无以至千里;不积小流,无以成江海'。谢谢您,我一定坚持写反思,努力成为像李镇西那样积少成多的教师。"S老师对学生从呵斥、体罚到谈心、聊天,从罚抄到分层作业,处理学生问题时更灵活多样,和家长相处时更委婉文明,班级管理随着她的成长步入正轨,家长改变了对她的看法,师生关系也慢慢融洽了。反思就是拿昨天的自己与优秀的别人进行对比,发现自己的不足,促进自己反省改进,使自己变得更好。当然,反思后找到问题与途径但不去落实也是纸上谈兵。

（2）践行

《礼记》云:"博学之,审问之,慎思之,明辨之,笃行之。"践行的重要性众所周知。S老师对班级管理感到迷茫时,导师要求她实地家访,而不是电话家访或请家长来校。S老师不理解,觉得这是浪费时间。导师说:"你口头说关心学生,可是学生和家长看不到。"于是S老师利用周末、假期的时间到学生家里,三年几乎走遍了全部学生家庭,真实地了解了学生的家庭生活等情况。后来她说:"想到以前的做法很羞愧,不是每个家庭都是小康,不是每个孩子都有幸福家庭,不是每个学困生都不求上进。"她不再挑剔学生,无偿辅导,不放弃任何学困生,家长、孩子非常感动,中考成绩也很不错。她用家访践行了对学生发自内心的关爱,践行了教育的本真,书写了一曲动听的赞歌。

（三）知行合一重体验

在这个物质条件优越的时代,唤醒沉睡心灵的最有效的方式是体验。体验时要用心去践行,用心去感受。

1. 画像

学校先要求教师画出自己心中好教师的形象,再组织学生给教师画像——"我眼中真实的教师",最后选出最美丽的教师的画像,张贴在校园里醒目的地方,如大厅墙上、走廊上,并配以学生的心声,丑陋的画像则留给教师。教师看到了自己的形象,听到了学生的期望,也发现了自己和理想教师的差距,从而更好地反观体察,修身养德。

2. 体验式教学

这是一种交互式学习方式,A校经常组织跨学科、跨班级、跨年级听课和上课,在提升师德师风方面,主要是班会课、思政课。年轻教师L在实习时听了老教师的讲座"知以致其德,行以致其善"后有所悟,后来跟岗中他目睹老教师如何从细节入手关注学生,并在这一过程中体会到学生对教师(包括L自己)的感谢和尊重。到正式上岗时,L老师备下了供女生用的细心百宝箱、冬天的爱心桌布、调皮学生的耐心日记、粗心学生的专心错题本。L老师的体验式学习和实践是成功的,他把有心和有为结合起来,把师德化为涓涓细流,注入学生的心田。

3. 体验式生活

学校不仅是学习共同体,也是生活共同体,教师、学生、家长都是大家庭里的成员。邀请家长来校,见证教师繁忙的一天,促使家长理解和支持学校工作,这对教师形成良好师德也是一种利好。

上门家访,即教师去体验学生在家里的生活,这和电话交流、家长到校截然不同。教师会发现学生的另一种模样,会找到学生犯错误的原因,会看到很多家庭并不富有或并不稳定,从而理解学生和家长的苦衷,交流协商解决孩子的问题,而不是责罚或放弃。前文提到的S老师体验了学生的家庭生活,感受到每个家庭的不易,逐渐改变了对学生、教学的苛责,结合所学习的知识,达到了知行合一,从而提升了自己的师德修养。教育中的每个群体都是监督者、见证者、同行者,组成了一个共同体,上下齐心,其利断金!

时下,"不忘初心,牢记使命"主题教育正如火如荼,教育人应该"不忘初心"——为教育事业奋斗,"牢记使命"——培养未来合格公民,把个人事业和国家的千秋大业结合起来,用精深的知识武装孩子的头脑,用高尚的情操铸就不朽的师魂,点燃孩子的报国热情,不辱时代使命!

一路转型一路梦

傅建平
（江西省上饶市武夷山中学）

作者简介：傅建平，江西省上饶市铅山县人，毕业于上饶师范学院，中小学一级教师，上饶市"最美教师"，铅山县优秀专业技术人才，现任武夷山中学校长。

在区教育局的安排下，我有幸参加了上饶市教育局组织的校长培训班，通过四天的参观、学习与交流，了解到很多先进的教育理念及学校管理经验，体会很深。

一、总体感悟

（一）事事有章法

参观的几个学校从课堂到课外，显得井井有条，学生服装整洁，举止文明，课间操、上下学、课外活动都井然有序。从环境卫生到学生行为举止的养成，从纪律的约束到思想教育的渗透，一切都体现了学校教育的全面性，所有事务安排得科学合理，令人感到特别有章法。

（二）处处显个性

校长们的讲座和展示都有一个共同的特点，就是充分体现其办学特色，追求学生的全面发展。在开设国家或地方课程的同时，学校根据自身特点开发校本课程，让学生在学习国家和地方规定的课程之外必修和选修一门校本课程。另外，在学校任何地方都可看到其文化特色，这确实值得我们认真学习、探讨。

（三）人人能干事

井然有序的校园环境和彰显个性的学校文化，显示了其管理机制、用人机制和管理模式的科学高效,从而促使人人想干事,人人能干事,这让我更加深刻地体会到"谋事在人"的真正含义,"统一部署、职责分明、工作有序"。所以,把好用人关、提高自觉性、调动积极性是我接下来想要认真探讨的问题。

二、几点体会

(一) 必须具备良好的专业素养

一名称职的校长必须具备坚强的意志、严谨的治学办学态度。

校长要具备坚强的意志和过硬的工作作风。校长要耐得住繁琐,耐得住平淡,耐得住寂寞,坚持理想,率先垂范。

校长要具备良好的专业素养。校长不仅是学校的行政领导,更要以自己扎实的专业基础与较高的专业水准引领团队发展。

校长应该遵循学校办学的客观规律,学习和借鉴别人的成功经验,创新工作方法,不断超越。

(二) 必须重视教师的专业成长

学校有了名师才可能成为名校,所以学校必须重视教师的专业成长。坚持以校为本,以教师发展为本,从实际需要出发,激发教师专业自主发展的内驱力;以校本教研为载体,努力创设扎实有效的校本教学方式,切实提高教师素质;大力开展教学研究活动,加大对校本课程的开发,引领全体教师的专业成长。

(三) 必须立足农村办有特色学校

学校特色是学校特性的体现,是一所学校区别于其他学校的显著标志,也是其办学理念、办学目标的个性体现。作为农村学校,必须立足农村实际,有效发挥农村的丰富资源,办具有农村特色的学校。

三、办学思想

根据县局的工作思路,我校重新定位,把 2018 年定为优质转型期,优化管理,确立了新的办学目标和办学思路。

(一) 办学理念

校训:廉(廉俭有德　崇善奋进)

　　　和(和睦和善　和而不同)

　　　敬(敬爱为人　心怀感恩)

校风:向上、向善、自立、合作

教风:育人为先、爱生敬业、善教乐教、无愧于师

学风:立德为本、学会学习、成人成才、立志于成

一年内做大再图做强;两年内实现转型,优质提升;五年内打造成现代化的乡村学校,实现"优秀武中"梦。

(二) 办学目标

第一,提高教师的幸福指数,培养名师队伍。第二,加大培优辅差工作力度,促进学生优化发展,提高升学率,培养更多优秀的毕业生。第三,改善办学条件,打造现代化乡村学校。第四,实现教育教学质量从追赶到领跑的目标。第五,办家长放心的教育。

四、办学经验

学校不论规模大小还是层次高低,都有显性和隐性的进步空间,需要主体工作的不断突破,以及校长指导方式和方向的创新、变革,才能使学校保持持续的良性发展。以下是我校的具体思路和做法。

(一) 突破自我,增强团队的战斗力

一个学校的发展离不开校长对学校工作的定位和心态,最难做的工作就是挑战自己——私利与公心的选择,家庭和学校在时间上的比重,对内(学校的师生)与对外的态度等。

选择了一心为公就会有凝聚力,凝聚力强了,团队的战斗力才会强。团队中的每个人的潜力是无限的,只有"在对的时间,用对的人,做对的事",事情方能做得很出色。

(二) 改变家长的态度,赢得支持力

家访改变了家长对学校的态度,家校合作改变了家长对教师的态度,同时改变了教师对学生的态度和对工作的态度。

通过家访,我们了解了家长和孩子在学校的需求,学校及时解决存在的问题,再借助家长和教师的力量,为学生营造一个良好的学习和生活氛围。在教师、家长和学生的共同努力下,学校保持良好的发展态势,在家校合作的基础上,努力向更高的平台突破,联合教师、学生和家长,逐步形成发展的共同体。

（三）快速崛起，增强提升力

1. 快速提升教学质量

每个家长都希望看到自己的孩子学习进步，学生只有学习进步了，才会建立起自信。农村初中教学质量的关键在于教师，教师真正用了心，用了智慧，多花时间，学生的成绩肯定能大大提高。薄弱学校的优等生会很少，重点可以放在中等生上。在师生的努力下，我们在两个多月的时间里让大多数 40 多分的学生变成 50 多分，50 多分的学生变成 60 多分。学校把这个方法叫"赶鸭子教学"，效果明显，短时间内，60％的学生取得了明显的进步。

2. 快速提高后勤保障的质量

对寄宿制的学校而言，后勤保障的质量直接影响学校的发展。后勤保障主要有两方面。一方面是学生吃、住的质量。学生吃得好，身体就好，休息得好，精神就棒，家长放心满意，学校的口碑就好，在社会上的声誉就好，学生人数就会越来越多。另一方面是教师吃、住的质量。教师不需要花时间准备吃饭，就有更多的时间用于工作。住得舒适了，心情就会愉悦，心态好了，工作积极性就会更高。

3. 先做大再求强

农村初中学生人数普遍较少，而薄弱学校一般不欢迎转进来的学生，因为一般情况下，教师认为"问题学生"才会转校。我校却打破常规，主动出击，一切以招生工作为中心，教师评价以招生数量为主要依据，进城考试和职称晋级等都把稳定班级学生数量作为"一票否决"的硬性指标。在教学、生活、家校合作及其他方面的工作中都体现出招生宣传，做到人人招生、时时招生，招生工作得以强势推进。在一年内，我校学生人数从 294 人增长为 659 人，为下一步做强奠定了良好的基础。

（四）调整转型，保持后续力

学校的规模变大了，社会影响力提高了，教学质量进步了，教师的心态就会发生改变，家长和社会的期望值就会有所提升。这个时候，学校如果不调整工作方式和发展方向，就会出现发展瓶颈甚至很多弊端，各项指数呈"负数"增长。主要体现在：学生的成绩有明显的滑坡，学生的行为习惯出现恶性循环，教师工作疲惫且情绪低落，家长对部分教师心生抱怨、上级领导感到担忧等。

我校在出现瓶颈之前，已经及时调整了管理模式，由分块管理向部门管理转型，由二级管理向三级管理延伸，对后勤保障进行了优化，家校合作由单一的家访转变为多方面的沟通与互动,提出了更高的发展目标,在追赶到领跑的过程中迈出了第一步。由于转型及时,我们的教学质量持续提升,后勤保障不断完善,逐步走向规范化,学生的行为习惯因第三层次管理的跟进,形成了良好的发展态势,教师的心态也在转型中得以调整,进一步确定了发展的目标。

五、办学故事

自 2016 年 8 月 15 日起,新校长带领武夷山中学全体教职员工用五年时间、五个"故事"创造铅山教育的五个奇迹。

故事一:学生"回流",人数翻三倍。2016 年秋季,武夷山中学的在校生只有 294 人,现在学生人数为 903 人。

故事二:教育教学质量由全县倒数到前列。学校教育教学质量在 2015—2016 学年全县排名 29,2018—2019 学年排名第 6,进步了 23 位,连续三年被上饶市委、市政府评为"先进学校",师生在省市的各类比赛中多次获得大奖。

故事三:社会满意度由负数到 98% 以上。以前家访,教师面对的除了家长的抱怨、无奈,还有激烈的争吵和恶意的数落。后来,经过不断的家访、不断的改进和完善,教师从小事做起,走进家庭,用心用智慧与家长沟通,向家长请教,这些做法改变了家长对学校和教师的态度。现在,学校声誉良好,得到了社会各界的认可。

故事四:校长带领教师与学生一起住寝室。为了陪伴学生,校长选择住在学生宿舍,与另外三位教师睡上下铺,中午值班,晚上查夜巡逻,陪学生晚自习,带学生看病,就这样从周一到周五,一住就是四年。

故事五:学校影响力扩大。学校由原来的薄弱山区学校转变为现在的信息化、军事化管理的强校。2019 年期间,接待同类学校的交流学习 300 多批次,承办各类大型活动 10 多次,接待国家教育部及省市领导和专家 100 多次。

一年半后的今天,我们的目标是办现代化的山区学校。现在,学校可使用的面积达到 80 亩,偿还了债务,校舍面积增加了 6200 平方米,添加了国内最先进的教学设备,新增教师 16 名(含一名硕士研究生),校内有艺术楼、塑胶运动场、现代化的综合楼。学校在迈向现代化的道路上向前跨了一大步。

对新时代中小学教师职业道德规范的探析

王 云
（云南省大理州宾川县教育体育局）

作者简介： 王云，云南大理宾川县人，毕业于大理州民族师范学校普师专业（今大理市第五中学），西南民族大学汉语言文学专业函授本科学历。现任宾川县教育体育局党工委副书记、局党组副书记、副局长。

习近平总书记曾这样阐述："立业先立人，立人先立德。师德师风是评价教师队伍的第一标准，切实加强师德师风建设，不仅是教师个人形象与学校声誉的反映，更将对学生立德起到榜样示范作用。"每一位教师都应该用自身的人格魅力在三尺讲台上教育、感染每一个学生，成为实现中华民族伟大复兴中国梦的筑梦人。因此，加强教师职业道德建设是我国继续全面深化教育改革的一项重大任务。

一、加强中小学教师职业道德建设的必要性

教师的职业道德，简称"师德"，它是教师和一切教育工作者在从事教育活动时必须遵守的道德规范和行为准则，以及与之相适应的道德观念、情操和品质。师德，是教师应有的道德和行为规范，是全社会道德体系的组成部分。新时代中国特色社会主义下的教师职业道德，批判地继承了古代优秀的教师职业道德，并以共产主义道德的基本原则和行为规范为指导。结合新时代中国特色社会主义指导思想所形成、发展起来的中国特色社会主义制度下的教师职业道德，具有比较完善的教师职业道德理论体系，对教师职业道德的发展具有重大的指导意义。"兴国必先强师"，一个民族若拥有源源不断的好教师，就能为加快实现教育现代化、建设教育强国、实现中华民族伟大复兴的中国梦提供源源不竭的智力支持。

面对教育工作的新形势新任务,我们必须高度重视师德建设。

加强师德建设,由我国新时代新形势所决定。新时代是中华民族伟大复兴的时代,是实现"两个一百年"奋斗目标的关键时期。世界格局深刻变化,科技进步日新月异,人才竞争日趋激烈。我国正在全面推进"五位一体"的总体布局,工业化、信息化、城镇化、市场化、国际化深入发展,市场经济利益存在多元化价值取向。因此,要在社会主义道德领域形成共同认可的核心价值体系,不允许出现多层次的师德或教师职业道德下滑现象。中华民族的伟大复兴,关键靠人才,根本在教师。

加强师德建设,由素质教育面临的困难所决定。素质教育以培养学生的创新精神和实践能力为重点,目的是造就"有理想,有道德,有文化,有纪律"的德智体美劳全面发展的社会主义事业建设者和接班人,本质是以提高国民素质为目标的教育。而在实施素质教育的过程中,有的教师不善于学习,教育观念相对落后,内容方法陈旧,实施素质教育时容易遭遇瓶颈,因此,推进素质教育的关键在于教师应学会教书育人,加强自身职业道德建设。

加强师德建设,由教师的职业特点所决定。教师的工作就是开展教育实践活动,教书育人是教师的根本职能,是教育工作本质所决定的,这必然要求教师不断加强自身职业道德建设。习近平总书记在全国教育大会上指出:"一个人遇到好老师是人生的幸运,一个学校拥有好老师是学校的光荣,一个民族源源不断涌现出一批又一批好老师则是民族的希望。"教师要有甘为人梯、甘当铺路石的品格,要用自身的人格魅力去塑造鲜活的时代新人。

加强师德建设,由我国现阶段师德现状所决定。尽管《教师职业道德规范》早已出台,学校各项管理工作也在逐渐规范,但现实中部分中小学教师仍然存在政治信念不坚定、教书育人责任意识不强、职业追求层次较低、廉洁自律意识淡薄、诚信缺失、体罚或变相体罚学生等问题,甚至出现了违法行为,如对学生性骚扰。虽说教师队伍中这样的败类是少数,但也撼动了整个教师队伍的根基,所以我们要以防微杜渐的态度努力寻求解决师德缺失问题的良策。

二、中小学教师职业道德失范的原因

(一)教师主观因素的制约

实践证明,教师职业道德建设发展缓慢主要受制于教师自身。一是教师理想信念不够坚定。部分教师走上工作岗位后,安于现状,不思进取,对职业生涯无规划,不明白为谁培养人、培养什么人和如何培养人,更多时候只是盲目地从事教育活动。二是教师工作压力大。素质教育的局面尚未完全形成,部分地区仍然存在应试教育和素质教育"两条腿走路"的情况,有的教师在完成正常的教学工作外还承担着大量的学校、学生管理工作,难以潜心教书育人。三是教师素质堪忧。在一些地区,特别是偏远山区,教师队伍的整体素质参差不齐,制约着教师教育理念的更新、教学水平的提高和自身职业道德的建设。

(二) 学校因素的制约

学校管理制度是否健全直接影响学校教育事业的发展,制度规范约束着教师的言行举止。是否有完善的制度体系是学校科学管理的重要依据,是学校健康发展的关键。有的学校对《中小学教师职业道德规范》(2008 年修订)和《新时代中小学教师职业行为十项准则》的贯彻落实不到位,在教师职业道德建设方面缺乏有效的办法和措施;有的学校人文环境差,甚至存在领导不担当、教师不作为的现象,严重制约着教师职业道德建设的发展。没有制度上的保障,没有和谐的校园环境,师德建设就无法带动教师的积极性,无法增强教师的职业道德意识,无法提高教师的职业道德素养。

(三) 社会因素的制约

人的发展是一个不断社会化及再社会化的过程,社会状况的好坏、环境的优劣都制约着人的发展,特别是教师思想道德观念与社会的关系更加密切。社会的多元价值观、文化观、道德观塑造着教师的人格,为教师职业道德的形成和发展提供了强大的外因动力。随着市场经济的发展,经济成分的多元化导致价值观的多元化。教师的社会地位、经济地位、政治地位会影响教师的积极性,尊师重教的氛围同样也会影响教师职业道德的形成。

三、加强中小学教师职业道德建设的途径

(一) 要加强自身的职业道德修养

一是要坚定信念,树立远大的职业理想。每位教师都要以习近平新时代中国特色社会主义思想作为自己的行动指南,践行社会主义核心价值观,坚定共产主义理想信念。要积极贯彻党和国家的教育方针政策,忠诚于党的教育事业,坚守"教育报国"的初心使命,立足岗位,旗帜鲜明地培养中国特色社会主义事业建

设者和接班人,争当实现中华民族伟大复兴中国梦的"筑梦人"。

二是要涵养师德,提高自身素养。教师要积极学习社会主义教师道德规范和榜样,提高遵守教师道德规范的自觉性,学习社会主义道德原则及共产主义道德原则,正确处理个人与集体、个人与他人、个人与社会、个人与国家和个人与事业的关系,培养良好的师德品质。学习优秀教师的教育思想、教学理念,为自己的教育工作指明方向。学习古代优秀的师德观,科学地继承和发扬中华民族的优良师道、师德文化,如"学而不厌,诲人不倦"——敬业好学的师德修养、"其身正,不令而行;其身不正,虽令不从"——言传身教的师德修养、"己欲立而立人,己欲达而达人"——仁爱待人的师德修养、"有教无类"——因材施教的师德修养等。同时,还要学习教育专业理论知识和科学文化知识,掌握教书育人的本领。

三是要善于自我革命。教师在实践中要善于批评和自我批评,严格遵守师德原则和规范,每天都要反省自己所做的事情是否合乎道德,正确认识自己的优点和不足,要有自知之明。要虚心听取别人的意见和建议,虚心接受别人的批评,在别人的监督中反思自己的言行,加强自我批评和教育,学习他人的优点,改正自己的缺点,把外在的师德规范内化为道德信念,以行为品质支配自己的言行,不断提高师德修养。

(二) 要建立健全管理机制

一是要完善教师招聘制度。在录用人才上应综合考评教师素质,不仅注重考查能力,而且注重考查职业道德素质。选聘德才兼备的优秀人才到教师岗位,从源头上把好师风师德关。

二是要配齐配强学校管理人员。苏霍姆林斯基说:"校长对学校的领导,首先是思想教育上的领导,其次才是行政上的领导。"立德树人是新时代赋予教育的根本任务,校长作为落实这一根本任务的"关键",其理想信念、教育理念、教育方法、文化素养、创新能力能激发全体教职工的工作热情,形成教育合力,培养出能担当民族复兴大任的时代新人。因此,要形成学校管理岗位择优配备机制,做到任人唯贤,将优秀的管理人才安排到学校管理岗位上,并依托制度,实现学校的有效管理。

三是要建立健全教师职业道德管理评价制度。教师职业道德是学校教育发展的生命线,加强教师的职业道德建设就是争取学校的生存发展权。首先,要建立科学合理的评价机制。将教师的评价落实到整个教学活动中,综合教师的道德、业绩、能力进行考查。在具体的评价过程中,把他人(领导、教师、学生、家长)评价与自我评价相结合。其次,要建立奖惩机制。针对考评结果,对优秀者和学校给予物质奖励并大力宣传和表彰,树立典范。再次,要建立监督考查机制。学校可以设立专门的督查部门或实行教师轮流督查制,对教职工进行一学期两抽查,通过设置检举箱、意见箱和电话热线,发现和检举有违师德的情况。另外,可开展师生交流会、家长访谈会,实行领导督查、教师督查、学生督查及家长督查相结合的监督体系,切实把教师职业道德建设落到实处。

四是要加强职业道德教育。师德教育包括职前教育、在职教育和继续教育。其中职业道德教育是整个师德建设的中心和关键。首先,在内容上,建立符合新时代中国特色社会主义的师德规范内容和要求,结合学校教师的实际,形成有特色的教师道德规范。其次,在方法上,学校师德教育要防止形式主义,要有目的、有组织、有成效地开展职业道德教育,如一学期开展一次学习全国优秀教师的先进事迹报告会,举办职业道德论坛,去教育发达的省区进修,在本区域内加强学校之间的交流与合作等。

(三)要营造良好的社会环境

马克思说:"人们奋斗的一切都同他的权益有关。"关于尊师重教,习近平总书记身体力行地为全社会作出表率,每年都深入学校视察、看望、慰问广大教师。因此,各地方政府、各主管部门应自上而下弘扬尊师重教的社会风尚,尊重和热爱人民教师,深刻理解教师的辛劳,关心和体谅教师,使教师增强对自己职业的荣誉感和自豪感,提升教师的社会价值。将社会主义教育事业纳入国之大计、党之大计来抓,凸显教育的优势和特殊性,提高教师的政治地位、社会地位、职业地位,让广大教师享有应有的社会声望,这样教师方能在教书育人的岗位上为党和人民事业作出更大的贡献。

长大后我就成了你

——有感于教师的职业理想与社会责任

凯依沙尔·托合提

（新疆维吾尔自治区喀什市深喀第二高级中学）

作者简介：凯依沙尔·托合提，新疆伽师县人，毕业于南京师范大学数学科学学院，现任新疆维吾尔自治区喀什市深喀第二高级中学数学教师，中学一级教师，市高中数学教学能手。

一、对教师的敬佩和职业憧憬的萌芽

出生于教师家庭的我，从小就喜欢模仿父母上课的样子，很期待做一名教师。我经常看到父母深夜在昏暗的油灯下批改作业、写教案，他们备课的身影在我心中留下了难忘的印象。也正是从那时起，我幼小的心灵里种下了当教师的种子。从学会走路开始，我就喜欢跟着父母到学校，我经常坐在教室的最后一排听父母上课。当时，我觉得教师就是这个世界上最令人羡慕的职业，我立志长大后当一名中学教师。

小学六年级时，突如其来的家庭变故让我一下子掉入了悲痛的深渊，原本乐观开朗、学习成绩名列前茅的我变得沉默寡言，成绩骤降，这引起了班主任的注意。有一天，老师让我去办公室送作业，她递给我两本在当地很难见到的数学、语文同步练习册。老师说我近期的学习表现很好，这两本是奖励给我的奖品。当时我第一次在别人面前感动得流下了眼泪，老师安慰我，希望我像自己名字的寓意一样更加坚强。从那以后，我重新振作起来，以优异的成绩从小学毕业。升入初中的我又回到了自己熟悉的环境，这是我父母工作过的地方，大部分老师都是我们的邻居,但我再也没机会在学校里看到我的父亲了。我又变得沉默起来,别人不主动跟我交流,我就一直不说话,课堂上也是如此。记得初二时,学校组织了一次数学竞赛,老师力荐我参加,尽管当时我的成绩在班里甚至排不上前三,但让我感到意外的是我居然拿了满分,夺得了第一名。我想走出家乡去更大的城市开眼界、学知识,到发达城市求学的愿望一天比一天强烈,这也是高中时期支持我更加刻苦学习的动力。高中三年是我学习最努力、学业最突出、得到认可最多的三年,现在回想起高中的求学历程,我心里还是流淌着一股暖流,因为我有幸遇到那么多优秀的老师,在我最困惑和迷茫的时候,是老师及时给了我帮助,这种温暖和力量促使我后来在面临职业选择时,毫不犹疑地选择了教育,选择也做一名像他们那样的老师。

二、在实现职业梦想的道路上

高考那年,我取得了全县第一名的好成绩。为了实现心中的梦想,我毫不犹豫地选择了百年师范名校南京师范大学数学科学学院。在求学的道路上,我也遇到过很多困难和挫折,但我从未想过放弃,做一名优秀的教师始终是我追求的理想。如果追求名和利,那么做教师肯定不是最佳的选择,而我只想做一名好教师,陪伴学生一起成长,引导学生追求自己的理想,养成良好的行为习惯,规范言行举止,把学生培养成有文化、有知识、懂感恩、爱国爱民、身心健康的社会人。

大学毕业,我选择去一所农村高中教书,刚开始,我并不适应,但后来渐渐地爱上了那些淳朴善良的农村孩子。看着那一双双期盼的眼睛,我深深感受到自己肩上责任的重大。相比城市,我觉得农村更需要像我这样的教师,城市学校的硬件软件条件都不错,但农村的学校更需要有理想、有作为的年轻一代。在农村从教期间,我也有多次机会转行,但我从未想过离开自己最爱的教师行业。每一个行业都有从业标准,当一名好教师不是一件容易的事。我经常思考怎样更好地服务学生,每一名教师心中都有自己的最佳答案。在我看来,一名好教师应不断提升自己的专业知识、专业能力、专业情感。七年的从教经历,我有过成就,也有过遗憾和教训、欢笑和泪水,不变的是我对学生未来负责的态度、促进学生全面发展的决心以及对"知识改变命运"的信念,我在做一名好教师的道路上努力前行。

三、力争做一名优秀的教师

教师的职业幸福感不仅仅来自学生的升学率,更重要的是让学生学会做人,培养会学习、善思考、适应能力强的社会人。现在学校追求学生的升学率,也有其现实意义,因为如果学生的学习成绩不理想,我们很难说服别人,也很难得到社会的认可、家长的信任以及学生的尊重。学习能力的培养是学校教育的主要任务,但过度强调升学率,不断地向学生施加压力,未必能达到预期结果。简单粗暴的教育方式刚开始看似乎有点效果,但长期保持下去就会让学生形成抵触情绪,教育实效就会逐步下滑。

因此,对于那些学习成绩差、没有学习内驱力的学生,我们更应该给予关注,同时要注重课堂教学的趣味性,激发学生的学习兴趣,培养学生的思维能力,提高学生的学科核心素养。培养学生的自学意识和自学能力,让他们学会学习。要优化课堂教学,简化教学细节,注重在课堂上精讲精练,注重学生的课堂教学主体作用。建立以学生为主体、教师为主导的课堂教学模式,这样才能更好地关注学生的发展,关注学生的需求,对症下药,从而实现课堂教学实效的最大化。我国著名教育家陶行知先生纪念馆的石碑上刻着"博爱天下"四个字,我第一次见到时感到相当的震撼。用爱心、耐心去教育孩子,孩子就会进步和成长。人的发展和成长不是单行道,它具有立体感,过度强调学生的学习成绩而忽略其他是教育的失败,学习成绩最好的学生未必将来就最成功。

教师的职业幸福感关键在于提高自己的综合能力,只有这样才能更好地服务于自己的学生,才能实现自己的职业目标。当我对每一件事情都尽了自己最大的努力之后,就会感受到自己想要的职业幸福感。

教师职业在不同时期有不同的要求和存在价值。教师是一种专业,教师是专业人员,终身学习更应该是教师必备的素养。我们常说,要给学生一碗水,教师必须具有一桶水,而现在要给学生一碗水,教师就要成为一条连绵不断的小溪,教师的知识储备要成为有生命力的活水,学习就要成为教师生涯中的常态。

四、追逐自己职业理想的道路

习近平总书记提出"四有"好老师要求,其中对我触动最大的是教师要有仁爱之心。教师要用爱去教育孩子,引导他们走向更光明的道路,从而实现自身的社会价值。除了做好学生工作,我还承担新入职教师的带教工作,我最喜欢说的一句话就是"想要在教师这个平凡的工作岗位上做好,就要时常反思和改进"。作为新时代的人民教师,要把努力学习、提升自我当成一种职业习惯,培养自身的专业精神。教育教学有自身的发展规律,它不宜拔苗助长,年轻教师的职业成长需要时间和耐心,没有青年教师的成长,很难实现教学质量的全面提升。有经验的教师有义务培养好年轻教师,要多听年轻教师的课,为他们提出存在的问题和改进建议,共同进步,这样才能更快地提升教师队伍的整体水平,更好地服务于每一个学生,全面提高学生的认知水平。只有提高教师的水平,课堂教学才有可能变得高效,教学质量才能逐步提高,从而最终实现教学质量的跨越式发展。

作为一名教师,立德树人是我们努力的方向和工作的主要目标。当了七年教师的我是幸运的,我的工作受到了学生的肯定,同时我也得到了很好的学习机会,先后赴天津和上海等教育先进城市学习和进修。由上海市师资培训中心主办的"新疆少数民族中小学骨干教师培训",对我的职业发展起到了极大的推进作用。在这一年的培训中,我不仅学习了上海市中小学先进的教学理念,观摩了优秀的课堂教学技巧和方法,还提高了国家通用语言文字教育教学能力。第二学期在上海高中学校的见习,促使我对学校教育教学管理和优质师资队伍建设进行思考,数学教学的观摩让我对如何以学生为本进行因材施教的操作有了直观的认识和反思。沪疆两地的教育教学比较总是让我沉思,如何把上海教学和喀什教学有机地结合起来,更好地用于我们本地教育,用上海的教育理念助推新疆教育发展是我当下的思考和实践。

我是幸运的,小时候做老师的爸爸和陪伴我长大的老师是我的偶像。如今,我终于成了你们,终于圆了自己的教师梦。在追梦的路上,我将更加科学、执着,带着对教育的热爱走下去!

助力新时代，成就巴楚教育新未来

刘增军

（新疆维吾尔自治区喀什地区巴楚县
阿克萨克马热勒乡中学）

作者简介：刘增军，新疆生产建设兵团五十一团人，毕业于热带海洋学院体育与休闲学院，中学初级职称，现任新疆维吾尔自治区喀什地区巴楚县阿克萨克马热勒乡中学教师。

在全国教育大会的指引下，教育改革的新理念也在不断深化。认真思考"培养什么人、为谁培养人、怎么培养人"等问题，创造出助力新时代的教育教学方法、创新教育方式，培育新时代的少年，培养新时代背景下教育改革的先锋，培养一批符合当下国家需要、社会满意的师生，中小学校长责无旁贷。新时代的中小学校长应该具备过硬的政治素养，具备充足的知识储备量，具有强大的引导力和前瞻性，管理上充满艺术感，制度上彰显人性化，利用自身的人格魅力引领、管理、谋划学校各项事务的发展。

一、指导思想

今天，中国的发展更加稳健，经济得以极大提升，国际地位不断提高，人民幸福感越来越强，这一切都离不开中国共产党的坚强领导。中国由教育大国走向教育强国，让教师在党的指引下教学，让学生在党的呵护下成长，让学校在党的领导下发展，这是现代教育发展的根本，更是中华民族复兴的基础。教育事业的发展逐渐成为新时代国家、社会、家庭共同关注的焦点，并因此迎来新机遇、新挑战。

二、校长的基本素养

（一）做好"指挥棒"，具备五种能力

中国已步入新时代，校长应顺应时代的发展，不断更新办学理念，树立终身学习的理念。简言之,校长应具有五种能力素养。一是具备过硬的政治素养。时刻保持清醒的政治头脑,自觉学习党和国家的政策法规,特别是教育方面的政策方针。二是具备丰富的知识储备。校长是一个学校发展的核心,提高自身的专业素养,可以提升管理魅力,更好地激发师生主动学习的热情,为师生树立榜样。三是具有较强的引导力。引导力体现为校长的个人魅力,一个人具有个人魅力,更多的人才会模仿、学习、借鉴。四是具有开阔的视野和前瞻性。校长不能做井底之蛙,应该走出去,勤思、多看、多交流,才能就学校发展提出更好的想法。五是具备人文关怀。管理上充满艺术感,制度上彰显人性化,利用自身的人格魅力引领、管理、谋划学校各项事务的发展。

(二)坚定理想信念

1. 认真贯彻党的教育方针

校长应该坚持社会主义办学方向,忠于党和人民的教育事业。贯彻体现在学校党建工作,主要包括加强党支部建设、吸纳优秀群众及发展年轻党员、培育青年团体。

2. 以党的先进性引导教师发展

我校开展的主题党日活动能够提高教职工的政治素养和党员的凝聚力,如通过开展"5+X"活动提高教职工的政治意识,通过开展党小组会议听取党员教职工和群众对学校发展的建议。年级组长、教研组长、课题组长等充分发挥党员在日常教育教学中的重要引领作用,体现为党育人的教学宗旨,发挥党员先锋模范作用。

3. 以党的先进性培养学生

召开党员会议时,为优秀的共青团员留有观摩席,便于他们学习后撰写心得体会,引导他们向党组织靠拢;通过校园广播宣传校园内的党员好人好事,营造先进育人环境,培养学生做社会主义事业的建设者,发扬雷锋精神;加深青年团体对组织的理解与认知,使其认识到自身在学生中的表率作用,从而严于律己,向优秀党员看齐。

(三)师生德育养成

我们始终相信,只有干净的杯子才能装干净的水。净化校园环境的第一步就是提高教师的"五个认同",加强教师国旗下讲话稿的审稿工作,用正确的师德师风引导学生形成爱党、爱国观念。

1. 师德培养

著名教育家陶行知说:"千教万教教人求真。"求真关键在于师德教育、师德提升、师德养成,重点在于学校管理体系的完备。教师之间不仅存在文化差异、生活习惯差异,还存在品行差异。校长作为榜样,要加强师德培养,对个别特殊化、个性化的教师,要关注其对学生的影响是否有益,及时纠正并加以约束。

2. 学生德育培养

陶行知还说:"千学万学学做真人。"由于学生的性格差异较大,品性的培养尤为重要。学校应该将学生的个性向好的方向引导。德育是学校培养学生的基石,能够帮助学生树立正确的人生观、价值观,让学生学做"真人"。

第一,注重养成教育,重在生活习惯的养成,突出班主任的重要性。

第二,发挥法制副校长作用,法律是道德的底线,聘请公、检、法等专业人士为学校法制副校长,进校园以实际案例开展教育。

第三,形成"三进两联一交友"制度,即任课教师进食堂关心学生饮食,进教室关心学生学习,进宿舍关心学生起居,联系家长了解学生生活情况,联系学生,做学生的知心朋友。

三、校长的专业素养

增强义务教育阶段学生的爱党、爱国意识,学校责无旁贷。校长应坚定为党和国家培养人的目标,培养一批有理想信念、扎实学识的社会主义教育事业建设者和接班人,提升师德师风,锻造先进的教学方法,营造适合巴楚现状的学风、教风、校风。

(一)学校发展概况

1. 办学理念

让每一个学生在快乐中成长,在学习中成就梦想。

2. 学校基本情况

第一,全校 1127 个学生全部为维吾尔族学生。

第二,教师来自汉族、维吾尔族、达斡尔族、佤族、土家族、苗族、哈萨克族等。

第三,阿克萨克马热勒乡中学为全寄宿制学校,寄宿率达到 100%。

3. 学校现状分析

第一,专业专任教师存在短板,年轻教师教学经验匮乏。

第二，学校管理制度存在缺陷，教师素质参差不齐。

第三，学生心理健康辅导室建设缓慢，没有专任心理辅导教师。

第四，教学质量提升缓慢，学生学习积极性不高。

（二）学校发展方向

1. 发挥区位优势，营造育人新环境

立足巴楚"胡杨之都""古丝绸之路交通要塞"的地域优势，阿克萨克马热勒乡中学迎来了改革和发展的春天——集中办学。为了努力把我校锻造成一所区域优势明显、师生和谐的巴楚县一流的示范性中学，让教师"教"有幸福，让学生"学"有所乐，教化一方，造福国家，学校挖掘独特的地域特色，开发了一系列特色校本课程，见表1。

表1　巴楚县阿克萨克马热勒乡中学校本课程

课名	"一带一路"历史研习班	胡杨精神兴趣班	沙雕兴趣班
培养目的	尊重历史，让学生在历史文化的长河中感受中华传统文化，增强学生"五个认同"	胡杨在逆境中生长，其精神就是一种毅力，开设此校本课程有助于培养学生坚毅的品质	现代学生的动手能力渐渐变弱，发挥新疆自身优势打造的特色校本课程有助于提高学生的动手能力

2. 提高国家通用语言文字运用水平，提升教师教学水平

推广国家通用语言文字是精神文明建设和爱国主义教育的重要内容，是弘扬中华民族优秀文化，提高教育质量和民族素质的重要措施，是建设社会主义现代化国家的需要，是改革开放的需要。国家通用语言文字的运用水平，标志着一座城市的现代化程度。使用民族共同语言，是打破封闭状态、进行国内国际交往的基本条件，只有坚持说国家通用语言文字，不断提高国家通用语言文字的运用水平，才能适应现代教学的要求。

第一，成立以校长为组长的国家通用语言文字教研小组。

第二，由校长带头成立语法研究小组，改进语法学习方法。

第三，打造国家通用语言文字骨干教师队伍。我校教师中50%为维吾尔族教师，过去大部分用民族语言授课，现在全部用国家通用语言文字教学。

第四，建立校园中使用国家通用语言文字交流的制度，保障国家通用语言文字在校园内的使用。

3. 正确引导,助力教师成长

在上海回民中学学习的这段时间,马毅鑫校长的主题发言"师生职业生涯规划"让我理解了校长对师生引领的重要性。一是以校长为组长,组建符合阿克萨克马热勒乡中学教师特点的职业生涯规划辅导小组,正确引导教师成长。二是校长牵头组建 STEAM 课题小组,给予青年教师更大的发挥空间,激励教师发展。三是校长以身作则强健体魄,鼓励教师多参加体育锻炼。四是以每周一本书为主题召开座谈会,组织教师讨论心得体会。

4. 齐抓共管,加强学校内部管理

学校管理工作是一项系统性工作,应优化内部结构,精简管理环节,提升办事效率。一是提高科室主任的专业能力,营造和谐的环境。二是减少不必要的会议,讲重点,缩短会议时间。三是校办、政教科、德育办要协调沟通,提高办事效率。四是职能部门的各项计划预案经支委会、校委会审议通过方能实施。

5. 美美与共,加强合作学习

校园外部环境是对校长能力的考验。管理学校不能闭门造车,要相互借鉴。一是加强各校育人文化、管理经验、校园文化的交流与沟通。二是加大青年教师外出培训的力度,使之快速成为学科带头人、学校骨干教师。三是鼓励教师参加县级、市级、省级说课、讲课比赛,从而打造名师队伍,提高教师核心素质。

6. 提升安全意识,保障校园安全

管行业必须管安全,校长作为学校的法人,对学校的安全情况应做到心中有数,要及时排查学校可能存在的安全隐患,一旦发现,立即整改。近年来,校园安全越来越成为社会关注的重点。一是注重校园安保队伍建设,加强安全管理。二是加强消防安全演练、地震演练、突发事件的处置和应急预案。

学校管理是一门艺术,方方面面都充满了挑战,在新时代的大背景下,对校长的要求也越来越高。事物在发展的过程中必然会出现矛盾,作为校长,要善于运用马克思主义哲学中的矛盾论来解决现实中存在的难题。

教书，更重育人

——我的教师梦，我的育人路

阿依努尔·阿不力米提

（新疆乌鲁木齐市第七十八中学）

作者简介：阿依努尔·阿不力米提，新疆乌鲁木齐人，2012 年毕业于新疆师范大学数学与应用数学专业，现任新疆乌鲁木齐市第七十八中学数学教师，小学二级教师。

　　花的责任是散发芬芳，鸟的责任是飞扬歌声，树的责任是营造绿荫。生活中的每一个人，都有着自己所应该承担的责任，真正能担负起责任的人，其人生一定是精彩的。习近平总书记在全国教育大会上强调，教师是人类灵魂的工程师，是人类文明的继承者，承载着传播知识、传播思想、传播真理、塑造灵魂、塑造生命、塑造新人的时代重任，要求教师要在理想信念等六个方面上下功夫，严格要求自己，不断完善自己，执着于教书育人，有热爱教育的定力、淡泊名利的坚守。作为新时代一名普通的人民教师，我牢记习总书记在第三十届教师节到来前夕视察北大时向全国教育工作者提出的四点要求，做有理想信念、有道德情操、有扎实学识、有仁爱之心的"四有"好老师。这就是每一位教育工作者的初心和责任，只有不忘初心，牢记使命，勤恳奋进，才能不辱使命。

一、做一名有理想信念的好老师

　　理想是人们追求的目标，信念是人们朝着这个目标前进的意志和定力。作为教师，我时时思考着"为谁培养人""培养什么人""怎样培养人"三个问题。我坚定地相信：教育就是要培养社会主义事业建设者和接班人。当一名人民教师，是我从小的梦想,我希望站在讲台上教书育人,感受每一个学生对知识的渴望以及学到知识后的满足与喜悦。于是我默默地在心中种下一颗当教师的种子,在身边老师们的熏陶感染下,这颗种子开始生根发芽。带着对教师这份职业的向往,我不断朝着目标努力,今天终于成为一名真正的教师。我感到很幸福,带着对事业的愿景,带着教书育人的职业使命,我把所有的热情和精力都投入到工作中,用心对待自己的工作,用心诠释自己对教育的理解。

白驹过隙,转眼我已在教育战线上度过了八个春秋。八年里,我的年龄在变、能力在变、心态在变,唯独不变的是我对教育梦想的执着守望。

二、做一名有道德情操的好老师

“教,上所施,下所效也;育,养子使作善也。”教师的职业特性决定教师必须是道德高尚的人。教师在言传身教的过程中,用自己的道德情操去感染学生、引导学生,好教师首先应该是以德施教、以德立身的楷模。《论语》指出:“其身正,不令而行。”学生对教师不仅是听其言,更是观其行,一位教师在是非、曲直、善恶等方面的世界观决定着其是否能带出三观正确的学生。

走在校园里我看到脚边的垃圾便随手捡了起来,我的行为影响到了学生,有几个学生也弯下腰,捡起自己脚边的垃圾;在学校吃午饭,个别学生问我为什么盛得那么少,我回答“吃完了不够可以再加,以免浪费”。通过我的行为,学生培养了保护环境、节约粮食的品德。作为教师,一个小小的行为就可以影响学生。我们要本着“要成才,先成人”的宗旨去教育学生、引导学生,并且加强自身的道德情操建设,为学生做好表率。

三、做一名具备扎实学识的好老师

要想在一个方面有所突破,必须具备扎实的基本功。这就好比蹒跚学步,必须经过几次跌倒,才能慢慢学会站立,能够行走,直至奔跑,做一个被学生喜爱的教师也是如此。

从走上工作岗位的那天起,上学生喜欢的课,做学生喜欢的教师,让青春在讲台上闪光就是我的目标。我一直在思考和探索“学生喜欢什么样的数学课”“怎样能成为学生的良师益友”等问题。我在教学中不断尝试改进,并向同事请教,全身心地投入每一次教研,认真上好每一堂课。

几年来,我对待工作充满热情,牢牢把握学校给予的各种机会。多少个宁静的夜晚,我笔耕不辍,为完成上级交给的紧急任务,加班加点,直到雄鸡报晓;多少个中午和周末,我放弃休息时间,辅导学生参加比赛。做这些时,我并不觉得很累,反而感到拥有一种充实和收获的快乐,每每看到学生的微笑,我就觉得全世界的花儿都开了。

作为一名教师,注定不会有天马行空的自由与任性,不会过于追求物质富足,时刻要把"为人师表"四个字刻在心头。放飞的是希望,守巢的是自己;擦去的是功利,流下的是汗滴。但是,只要是教师,就要把一种责任扛在肩头,既仰望星空,又脚踏实地,就要不怕困难,耐得住寂寞,把小事做好,把简单的事做精。传道、授业、解惑,不断地提升自身的综合素养,适应时代的发展需求,才能把青春绽放在最需要的地方。不断学习,终身学习,把学习当成一种生活常态、一种工作责任和精神追求。

四、做一名有仁爱之心的好老师

做教师之后,我始终密切关注学生的心理健康。随着社会的发展,竞争日益激烈,这就要求人们在拥有各种知识技能的同时拥有健康的心理素质。所以,让学生拥有健康的心理至关重要,因为这是一个人立足社会的基础和保障。

回顾这一路的教学生涯,我接触到了形形色色的学生,其中最让我难忘的还是三年前的一个学生。那个孩子比班里的同学小两岁,但他内心的成熟却远超同龄人。他不爱学习,不愿上课,似乎总有很重要的事情等着他去解决。我对此很好奇,于是与他单独交流,起先我只是告诉他学习的重要性,可他不愿意和我沟通。后来我从学生那里了解到他因为家庭的变故,12 岁时就成了家里唯一的顶梁柱,还要照顾比自己小 7 岁的妹妹。面对家里的变故,他很无措也很害怕。虽然孩子平时的表现有可恼之处,但他的遭遇却让我的心隐隐作痛,我开始和他自然而然地交流,表明我友好的态度,大约半个月之后,他开始慢慢地信任我,话也多了,并愿意和我分享自己的心情。借此机会,我又不断鼓励他,引导他要学会放下,学会打开心结,做更好的自己。如今他是一个开朗又温暖的孩子。直至今天,孩子已走上工作岗位,他经常和我联系,向我倾诉心事,我们已经从良师变成了益友。

成功的教育不应只在乎到底教给孩子多少知识,更要注重心理素质和品质的培养。孩子强大的心理素质和品质,与教师的师德师风有着十分紧密的关系,教师要自觉加强道德修养,率先垂范,既要有脚踏实地、乐于奉献的工作态度,又要有淡泊明志、甘为人梯的精神境界。教书育人,教书者必先学为人师,育人者必先行为世范。教师的职业特点决定了教师必须具备更高的素质,而师德是教师最重要的素质,是教师之灵魂。师德决定了教师对学生的热爱和对事业的忠诚,决定了教师执着的追求和人格的高尚。

教师是一个平凡又伟大的职业,也许没有惊人的事迹,也许没有辉煌的成就,它犹如一块黑板,曾经写满了神奇,最后擦去的都是名和利。但教师的手中却握着无数金种子——学生的未来和希望,这就是教师的全部财富,也是教师这份职业的神奇之处。教师的责任是什么?教师的责任就是要始终把立德树人作为自己的根本任务,培养一代又一代"大写"的人。

做"有理想信念、有道德情操、有扎实学识、有仁爱之心"的"四有"好老师,这是我的追求和愿景。作为一名年轻教师,我要每天都进步一点点,用肩上的责任担当起育人的使命,用深厚的情怀滋润学生的身心,在岗位上做最好的自己!

借上海教育之东风　强万州教育之筋骨

——以重庆万州上海中学为例

邓　辉

（重庆市万州上海中学）

作者简介：邓辉，重庆市万州人，毕业于重庆师范大学中文系汉语言文学专业，中学语文高级教师。

摘要：教育如何参与精准扶贫，除了政府全面改善贫困地区的办学条件，更重要的是进行智力开发。作为教育强区的中学，如何对贫困地区中学进行精准扶贫，这是当前要实现教育均衡所必须解决的问题。如果两个学校相距甚远，那么向贫困地区中学输送优秀师资、派师轮岗或支教都不切合实际，通过培训提高贫困中学师资水平、提供优质课程资源、送教下乡示范启发、分享教育教学新动向、助推创办特色项目、带动教学研究等方式则是我们可循之有效途径。而通过各种途径去提高贫困地区中学的教育教学生产力，这也是一个学校对另一个学校实施精准扶贫的根本所在。本文围绕这些途径进行具体尝试与探讨，从提高教育教学生产力角度来看，取得了不错的效果。

关键词：精准　扶贫　措施　效果

重庆市万州区上海中学和上海市卢湾高级中学，作为两所都带"上海"字样的中学，皆位于长江之滨，一衣带水，可谓"同饮一江水，同筑教育梦"。2014年以来，在上海温暖之风的吹拂下，重庆万州教育之花徐徐绽放。2020年，这花更是香气扑鼻。

习近平总书记多次指出，对口支援工作要"实事求是、因地制宜、分类指导、精准扶贫"，做到"对象要精准、项目安排要精准、资金使用要精准、措施到位要精准、因村派人要精准、脱贫成效要精准"。扶贫政策的精髓，用我们老百姓的话来讲,就是"对症下药,药到病除"。为此,上海、万州共同研究"靶向治疗"方案,为重庆市万州上海中学量身定制切合学校发展的援助方案,促成上海市卢湾高级中学与重庆市万州上海中学结为"兄弟学校",肩并肩、手把手地助推万州教育走向优质。

一、摸清家底,方能描绘助教路线图

万州上海中学前身是鱼泉私立学校,由著名教育家、诗人杨吉甫先生于1945年创办,原校址位于三峡二期水位全淹地。1998年,学校整体搬迁至上海大道298号,更名为"重庆市万州上海中学",2002年被万州区人民政府确立为"万州区重点中学",2009年被重庆市人民政府确立为"重庆市重点中学",属于库区移民搬迁学校,由上海对口支援。学校当时仅有教学班73个(其中高中50个,初中40个),学生5300余名。学校教职工中,高级职称教师占比28.27%,中级职称教师占比40.08%,市级骨干教师占比2.53%,区级学科带头人、骨干教师占比16.86%。2013年结对时,学校获重庆市级一等奖教师只有1人,获万州区级一等奖教师只有3人,在区内影响力不够,更谈不上在市内留名,教师主持的科研课题仅1项,且主要研究人员已调离学校。

二、精准施策,助力万州教育走向优质

立足于重庆市万州上海中学在万州乃至重庆急需提质升位这一实际情况,我们双方约定,由卢湾高级中学帮助打造软硬件,提供师资培训平台,分享先进的教育理念及优秀的教育资源,这样做到了既授之以"鱼",亦授之以"渔"。

(一)"影子培训"提供触碰上海教育高度的机会

"影子培训"也称为"体验培训""跟岗培训"。围绕"立德树人"这一根本任务,以促进校长(教师)的专业发展为主线,以提升校长(教师)的专业素养为核心,重点提升校长的依法治校能力,培育校长和教师的核心素养能力、战略思维能力和教育创新能力。参训校长(教师)与专家校长"如影随形",在现场细致观察导师的日常领导、管理行为以及学校的主要工作,充分发挥主观能动性,感受与领悟导师及基地校的办学思想、理念、制度和方略。2014年以来,万州上海中学共派出11批次共计37人前往卢湾高级中学参加培训,星星之火渐成燎原之势。

(二)线上线下送教上门,让全体教师触摸上海教育

借助互联网技术,万州、上海两地一线牵,通过互联网进行同课异构、异地教

研,上海教师对万州课堂进行在线诊断并及时反馈。同时,上海每年组织专家组亲临万州上海中学实地示范指导,年复一年的传经送宝之旅为万州教育输送了更多的"造血干细胞",为万州上海中学培育了越来越多的教学精英。多年来,卢湾高级中学教师团队不仅给我们带来了可复制可借鉴的课堂教学方法,更让我们感受到了上海教育人的精心和细心。如卢湾高级中学教导处主任曹贻平在重庆市万州上海中学执教高三数学"函数图像信息的搜索与运用"示范课,条理清晰,知识处理精细,活力四射,睿智幽默,更让人敬佩的是:为上好这一课,他十多天前就联系我们快递重庆教材,预先设计练习,提前让学生训练,上课前一晚到达酒店收齐作业批阅到深夜,并把学生的典型问题拍照制作成课件在课堂上答疑。曹主任一丝不苟的敬业精神、精细化的教学风格、幽默风趣的教学智慧,向重庆市万州上海中学全体师生诠释了"好教师"的内涵。

(三) 教育科研培养万州教育人内生动力

万州教育人曾经有一个困惑:高中教师备课上课、批阅作业、辅导答疑、培优提升还来不及,哪有时间搞教育研究? 俗话说:"磨刀不误砍柴工。"找到方法比埋头苦干更重要,找到症结、科学施教比盲目刷题更容易提升教育教学质量。上海卢湾高级中学生化教研组组长张燕静和物理教研组组长王金铎,在重庆市万州上海中学就教研组学科建设问题分别开办了题为"做实校本研修,优化学科教学"和"科研引领,智慧教学"微讲座,用自己成长的例子为万州教师解读了教育科研、智慧施教的重要性,引导万州教师学会反思、学会总结、学会创新、学会向科研要质量。围绕"细化课程标准—优化课堂教学—精细化训练系统",从"课程、课堂、课题"推进"三化"具体实施办法角度,陈屹书记以"三化"为载体作了题为"加强研究,提高效率"的专题报告,深入浅出、生动形象地阐述了"如何上好每一堂课""如何做一个有幸福感的教师""如何办好一所高质量的学校"等问题,向万州教师诠释了上海教育登上国际领先地位的秘密。

(四) 创办特色心理咨询室

随着社会的发展,学生的心理健康逐渐成为教育所关注的一个重要领域。上海卢湾高级中学的心理咨询是上海教育系统的高地,既有上海心理咨询教师的领军人物,又有创办心理咨询室的实际经验。借助卢湾高级中学的力量和经验,万州上海中学创办了心理咨询室。在卢湾高级中学提供情绪宣泄仪、音乐放松仪、沙盘游戏治疗设备和中小学生健康测评系统等硬软件资助的同时,上海市中小学心理辅导协会副理事长、上海市心理学特级教师、上海市黄浦区教育心理名师工作室主持人梅洁校长更是亲自指导重庆市万州上海中学的心理教师,让心理咨询成了学校一大特色,让学校实现了弯道超车的目标。而今,心理咨询已成为万州上海中学的一块金字招牌,在引导学生做一个幸福的合格公民方面发挥了重要的作用。

(五)以新高考为主题,加强点对点专题辅导

2019 年,重庆市全面实施新高考政策,万州上海中学面临新课改。万州所需,上海所能。已历经 5 年高考新政和课程改革的上海教育人立刻组队,举办专题报告,组织学科主题交流会,再次开启了对口支援、传经送宝之旅。"教育成就学生幸福——从高考新政说起""优质教育辐射下的学校成长""高考新政下学科教学的实践与探索"等报告,既为对新高考充满困惑(包括对今天教育的困惑、对招生考试制度改革意义的理解、课程设置和走班制等内容)的万州教育人介绍了上海高考改革的先行先试的成功经验,更帮助校长理解了在新高考背景下"校长"一词的内涵:要做一个终身学习者、专业领导者、文化建设者和教育改革者,要带领全体师生打开以学校更具专业价值的内涵发展来促进学校优质教育辐射下的品牌化成长的模式,尤其在如何聚焦内涵抓学校规划建设、课程建设、队伍建设、文化建设等教育改革方面进行基础教育发展战略转型,为办学生喜欢的学校而不断探索和实践。而"高考改革与高中生涯教育""用扎实的专业基础装点人生——学科教学与学生的职业生涯""知己知彼规划学业成长——班级生涯教育实践"则让全体教师认识到教育的真谛不仅在于教书育人,更在于帮助学生提前了解自己的职业规划甚至人生发展方向,让学生更好地选择学科组合,有目标、有动力地开展高中阶段的学习。

三、收获满园,教育教学质量全面提升

(一)师资队伍建设

重庆市万州上海中学现有教职工 333 人,专任教师中硕士研究生 21 人,本科率 100%,高级教师 112 人,中级教师 148 人,市级骨干教师 12 人,市级骨干教师培养对象 3 人,区级学科带头人、骨干教师 48 人。2014 年以来,重庆市万州上海中学教学教研成绩显著:4 人次获国家级优质课大赛一等奖,1 人次获"一师一优课"晒课活动教育部优课,6 人次获重庆市优质课大赛一等奖,1 人次获"一师一优课"晒课活动重庆市优课,1 人次获重庆市教师科技创新大赛一等奖,14 人次获万州区优质课大赛一等奖,3 人次获万州区班主任基本功大赛一等奖。

（二）教育教学质量

近年来,重庆市万州上海中学教育教学成绩节节攀升,屡屡创下历史新高,连续六年荣获"万州区高中、初中教育质量一等奖",2019年高考重点本科上线人数再创历史新高。

（三）教育科研课题

近六年来,重庆市万州上海中学有10多篇论文获国家级教育学会奖,80多篇论文获重庆市一等奖,600多篇论文获市等级奖,300多篇论文获万州区等级奖;3个市级课题及8个区级课题结题,其中2个课题获重庆市一等奖,4个课题获万州区等级奖;开设"静物素描""中国工艺珍宝""生活技能""平湖春秋""民族传统文化趣览""高考英语解题技巧""平湖万州""生活与地理""葫芦丝吹奏"等20多门校本课程。

2014年以来,重庆市万州上海中学先后获得"全国第二批和谐校园""全国校园足球特色学校""全国重点课题实验基地学校""全国作文教学先进单位""重庆市重点中学""重庆市文明单位""重庆市心理健康教育特色学校""重庆市园林式学校""重庆市示范食堂""重庆市模范职工之家""万州区规范化管理示范学校""万州区德育先进学校""万州区民防教育先进学校""万州区教研示范学校""万州区课程改革基地学校""万州区青少年科技创新教育工作先进集体"等荣誉称号。

"好风凭借力",重庆市万州上海中学凭借上海教育优质资源,教育教学质量全面提升。上海市黄浦区教育专家对万州区各中学管理者、教师进行了多次培训和指导,发扬《上海市黄浦区教育局、重庆市万州教育委员会关于发展基础教育互助成长行动计划的合作协议》精神,助力万州教育迈进重庆教育前列。

二

我们未来的发展方向

学校发展规划是指学校全体成员通过制定和实施学校发展方案的过程,为学校发展提供支持动力,不断探索学校发展策略,持续改进学校教育教学质量而采用的管理方式。在我国基础教育领域,制定和实施学校发展规划已经成为学校的一项常规性工作,是学校开展日常管理和教育改革活动的一个重要抓手。

　　本部分共收录了七篇文章,七位作者将自己在上海的学习所得,因地制宜地整合进各自学校的发展规划过程,认真开展校情分析,在提炼办学思想、形成规划文本、实施和评估学校规划方面进行了积极探索和有效的尝试,为当地学校的变革和发展提供了值得借鉴的经验和范例,产生了积极的区域辐射效果。

(上海市师资培训中心　甘小明)

发挥一贯学制优势　提高教育的可选择性
——上海特色普通高中建设对民办学校差异化发展的启示

史　舟
（浙江省宁波华茂外国语学校）

作者简介：史舟，1973 年 11 月生，中共党员，中学政治高级教师，现任宁波华茂外国语学校常务副校长，曾挂职宁波市鄞州区教育局副局长。

《国家中长期教育改革和发展规划纲要（2010—2020 年）》中提出："要推动普通高中多样化发展；促进办学体制多样化，扩大优质资源；推进培养模式多样化，满足不同潜质学生的发展需要。探索发现和培养创新人才的途径。鼓励普通高中办出特色。"2011 年，上海市教委率先启动上海市特色普通高中建设与评估项目，以项目方式推动本市普通高中多样化、特色化发展，以促进高中教育从分层教育逐步向分类教育转型。

继 2017 年上海市曹杨中学被命名为第一所"上海市特色普通高中"之后，目前上海市甘泉外国语中学、华东政法大学附属中学和上海海事大学附属北蔡高级中学又加入特色普通高中行列。这四所学校分别以环境素养培育、航海文化教育、"尚法""日语见长、多语发展、文化理解"为特色，在学校特色办学理念的引领下，各校在特色定位、课程体系建构、教师队伍建设、资源共享等方面进行了积极的实践探索，形成了各具特色的创建路径和运行机制，在推进学校发展路径与人才培养模式转型方面起到了积极作用。

上海市的特色高中创建真正从学校的实际出发，以自下而上的多样化生长、教育理念的逐渐更新、基层教育改革的不断探索作为其推进的动力，对其他地区各类学校有很深远的指导意义。宁波华茂外国语学校（以下简称"华外"）是一所十二年一贯制的民办学校，学校一直在寻找差异化发展的道路，创新机制、办出特色。上海的做法坚定了华外创特色的决心,并在许多方面指明了方向。华外确立了"承认差异、提供选择、开发潜能、多元发展"16字办学理念。这一办学理念承认,每个学生都是鲜活的个体,每个人的精神世界都是独一无二的,每个人的发展潜质、兴趣爱好、智能特长、成长环境都是各不相同的。承认差异的目的在于研究差异、因材施教,这就决定了学校的教育"供给"必须可选择、多样化,必须克服班级授课制背景下"批量生产标准件"的集约化教学模式的弊端,从小学到高中连续为学生提供多种选择机会,让每一位进入华外的学生自始至终都能得到最适合自己的发展。充分发挥十二年一贯制办学的优势,提供学制、班型、课程和升学通道等多方面的教育选择,打造教育的可选择性,是我校确立的办学特色,并为之不断探索前进。

一、学制的选择——入学的基本定位

华外充分发挥自主办学优势,利用小学、初中、高中并存的一贯制教育教学的有利条件,整合资源,加强衔接,打破固定的传统,在入学前即给予学生学制的选择,提供适合学校实际又体现办学特色的学制模式。

在义务教育小学、初中阶段,宁波地区绝大部分学校采用六三学制,而华外学习借鉴上海的模式,采用五四学制。但它又不完全同于上海市的五四学制,因为我们没有配套的五四学制教材,教学和学习评价最终还将纳入整体的六三学制教材体系。同时,也不同于本区域内其他加快教学进度式的五四学制:这种学制只是将小学六年的课程用五年的时间教完,削弱了教学的有机性和科学性;初中四年时间完成三年的学业,第四年则用来中考复习。笔者认为,这样的教学改变实际上消耗了学生的时间。为了解决这一难题,学校进一步整合资源,形成实施方案,进行了"九年一贯"部分的改造,对教材进行了整合。一是采用PEP和朗文英语教材相结合,解决小学起始年级开设的英语课与初中教材不配套的问题,真正打通教材上的衔接。二是对小学、初中的数学教材进行整合,部分内容适当上移并开设"数学思维训练"课,以夯实学生的数学基础。三是通过开设"经典诵读"课,提高学生在小学阶段的语文素养。四是将自然课程下移到小学二年级开课,为初中科学课程进行教学铺垫。

初中阶段,在浙江乃至全国很少有学校能够提供五四和六三两种学制选择。五四学制下的初中四年制主要面向本校的小学部五年级毕业生,六三学制下的初中三年制面向各省市所有实行六年教学的小学毕业生。一个学校两种学制,彼此学习、取长补短、相互竞争、共同提高。经过五四学制的探索,在四年制初中实施独特的分阶段培养策略。六年级：小初衔接，培养习惯；七年级：明确目标，精耕细作；八年级：优化学习，蓄势待发；九年级：因地制宜，分流选择。所以，五四学制下的初中毕业生优势更为明显。

高中段努力把好教学质量关，实行传统的 3.0 学制和 3＋学制并存的模式，促进从小学到高中的生源质量的良性循环。全面推进十二年一贯制的改革，开展学业提前批选拔考试，使初中品学兼优的学生提前拿到高中入学的"绿卡"，保送编入高中段实验班学习，在初中最后一个学期渗透高中内容，进行初高衔接教学，这就是高中 3＋学制。这不仅能节约时间，减少中考应试复习的重复劳动，为高中课程的学习打下一定的基础，更能为新高考下"七选三"的选科提供充分的空间，更具针对性。这一学制模式下提供的选择，既为我校初中毕业生树立了"勤奋出成果"的励志表率，又保障了我校初中高中提前衔接，巩固发展了高中部分学优生的学业优势，是"一切为了学生"的教育理念的生动体现。

二、班型的创设——目标和差异的结合

选择华外的家长，总体上是对高中教育有着独特理解的群体，他们对孩子的培养有着自己的目标和追求。随着年龄的增长，学生的学业水平、兴趣爱好也出现了日益多元化的差异。针对这样的状况，学校遵循教育教学规律，在入学前除提供学制的选择外，还创设不同类型的班级，以满足不同学生发展的需求。

小学阶段和初中阶段，班级类型包括普通班、实验小班、双语班。实验小班班额小，为学生提供更多的关注和辅导，同时加强生活类、活动类、实践类等课程建设，采用朗文英语教材，开展多种兴趣特长课，如英情课、ART 课、音艺课、韩语课、陶艺课，进一步提升学生英语口语、第二外语、体艺科技等方面的素质和能力。在上海课程专家指导下开设的双语班，为追求国际化教育又不愿意放弃国内基础教育和中华传统文化熏陶的学生和家长提供个性化选择，是一种采用双语言浸润、双文化育人、双通道发展的、与国际主流教育无缝衔接的课程模式。

高中阶段，班级类型包括实验班、彩虹班、公办班、民办班、艺术班。实验班的对象是高中 3＋学制下本校初中保送的优秀学生；彩虹班的对象是省内学业优异、家境贫困、享受学校全额奖学金的学生；公办班和民办班根据不同的中考录取分数，采取不同的收费标准，根据不同学生的学习基础，因材施教；艺术班招收音乐、传媒和美术三项专业特长生，重在大力培养艺术型人才。

三、课程的开发——核心层面的选择

学校为家长和学生提供了学制、班型等不同内容的教育选择,但是在求学过程中如何才能释放学生的潜能以最终实现多元发展呢? 其中课程最关键。华外管理层很早就提出了课堂、课时、课程的"三课"教育思想。"三课"是一个有机联系的不可分割的统一体:课堂是载体,是整个教育教学过程的主阵地;课时是手段,通过不同数量的变化来保证教育教学目标的落实;课程是核心,是体现一个学校办学理念的最本质的内容。

在高质量完成国家必修课程的前提下,学校努力打造具有华外特色的校本必修课程和选修课程。

(一) 引进原版朗文英语课程

采用浸润式的教学语境,全面提升学生的英语听说读写能力。

(二) 推进"立足本土、融合国际、成为终身学习者"的双语教育课程

这是由双语核心课程、中西文化融合课程、个性发展课程等支撑的四大类课程群,覆盖人文、数理、体艺、跨学科四大领域,为不同层次的学生设计中英双语强化内容,强化中英双语阅读、写作与表达、演讲与沟通,并开设 STEAM、社会研习和中西文化比较等课程,提升学生的社会历练水平,增强学生的文化意识、创造意识、动手能力和审美格局。

(三) 引进英国素质教育发展认证中心课程

这是得到英国教育部课程局和英国高等院校招生服务中心授权的课程,为学生提供素质教育认证和领导力课程开发。目前华外已经开设了其中的职业模拟、企业管理和科学探索等课程,这些主题课程深受学生喜爱。

(四) 凸显艺术教育的育人环境

学校建有国内最大的校园美术馆,积极引入校外专业艺术资源,与中国美术学院、浙江音乐学院合作,举办每月系列的华茂艺术大师公开课,开展合唱课程体系和合唱团建设,建立国际艺术班和高中艺术班,助力学生的专业成长。

(五) 构建以"三博四明五实"理念为指导的"英才教育"拓展课程体系,全面体现核心素养的基本要求

三博:博文课程(人文)、博理课程(数理)、博艺课程(艺术)。四明:明心课程(自我认知)、明德课程(立德树人)、明道课程(思维方法)、明世课程(社会实践)。

五实:健体课程(体育之实)、创新课程(未来之实)、百技课程(劳育之实)、万物课程(自然之实)、行走课程(研学之实)。设施先进的华茂科技馆是拓展课程的主阵地,英语口语、航模、机器人等比赛项目屡获国家级奖项。

四、通道的铺设——一贯学制的出口打造

基础教育,说到底就是培养学生的德智体美劳全面素养,同时,也为其升入更高阶段的学习和未来接受更优质的教育、适应社会挑战的成长成才打下扎实的基础。所以,在求学过程结束后能否提供多样化、个性化的升学通道,也成为判断一所学校是否优质的标准之一。

小学实行五四学制,五年级学生完成小学学业后可以直升,选择进入本校初中的普通班、实验小班和双语班。初中学生完成学业后,学校提供国内国际高中课程不同内容和不同方式的升学通道选择。华外实行十二年一贯制,有自己的特色示范性普通高中,具有不同层次的班型;同时,华茂校园里还有宁波华茂国际学校,提供中加课程、中美课程、IB 高中课程的选择,国内国际两种通道并存。在升学方式上,可以在初中毕业班最后一学期保送编入实验班,提前学习初高衔接国内课程,或者保送进入国际学校学习国际课程;可以在初中毕业班第二学期结束之前免中考直升进入高中段民办班;可以享受宁波市的公共教育资源,选择其他公办重点高中的保送就读和所有学校的中考后统一招生。华外是中国美术学院和浙江音乐学院的实验学校,高中艺术班的发展一直具有得天独厚的优势。

总之,学校特色的创建是对《国家中长期教育改革和发展规划纲要(2010—2020 年)》中关于"推动普通高中多样化和特色化发展"要求的落实,也是当前各个学校更好地服务社会经济发展,有效满足学生全面而个性化发展需求的必然要求。上海市作为全国教育的高地,勇立潮头走在了前面,其他地区的学校也要紧跟步伐。对于华外而言,在学生接受基础教育的不同时期,提供各种不同内容的教育选择,这是我们的现实努力;发现学生身上的差异,唤醒学生内在的潜能,实现学生的多元发展,这是我们的永恒追求。

多措并举塑温润良师　精耕细作成坚毅隽才

詹　钰

（江西省上饶市上饶中学）

作者简介：詹钰，中共党员，硕士，上饶中学党总支书记、校长，中学高级教师，在《数学教学》《基础教育参考》《中学数学研究》《上饶师范学院学报》等刊物发表多篇论文，主编系列丛书《甦荷学案》，主持完成国家级课题"班级文化及艺术管理"和省级课题"数学思维心理特征与思维能力的研究"。

上饶中学是上饶市委、市政府全力打造的一所"市内领先、省内一流、区域知名、国际接轨"的示范性高中。学校创建于 2011 年，为全市办学条件最好、师资力量最优的高中，占地面积 287 亩。学校现有学生 6300 人，教职工 443 人，其中，正高级教师 4 人，特级教师 6 人，省市学科带头人 22 人，奥赛教练员 21 人，高级教师 165 人。在上海市教委对口援助和上饶市委市政府的深切关怀下，在市教育局的正确领导、社会各界的大力支持和家长的紧密配合下，上饶中学围绕新时代发展与变革的主旋律，上下同心协力，牢牢把握住教育正确方向，紧紧扣住教育重点和创新亮点，力求在传承中创新，在创新中上进，在上进中崛起，在崛起中谱写美丽上饶教育新华章。

一、不断提升办学成效，办好人民满意的学校

近年来，上饶中学获国家级节能减排示范单位、全国体育工作示范校、江西省绿色校园、江西省人民满意的十大名校、江西省高水平学生艺术团学校、江西省全国中学生生物学联赛团体总分特等奖、上饶市省重点中学高考质量综合测评优胜奖第一名和进步奖第一名等诸多荣誉和奖项。舞蹈节目《傩情》受邀参加中央电视台《一鸣惊人》节目录制。学校每年均取得奥赛金牌、银牌，且竞赛成绩逐年提高，社会声誉和社会影响力不断得到提升。

二、把握新时代改革发展方向，引领教育教学改革

把握教育发展方向，是办教育办学校至关重要的因素。上饶中学牢牢把握新时代教育改革发展的趋势、特点和规律，始终以正确的方向来制定规划和明晰理念，不断提高引领教育教学改革发展的能力和水平。

（一）制定发展规划，指引发展方向

学校制定了"一年制度化，三年精细化，五年品牌化"的五年发展规划，引领方向，统一行动。当前，学校已基本实现"市内领先"的办学要求，正朝着市委、市政府"省内一流，国际接轨"的办学要求奋勇迈进。

（二）明确办学理念，确定办学目标

进入新时代，面对新使命，明确新理念，树立新目标，牢记"为党育人，为国育才"的初心和使命。"培养什么人"是教育的首要问题，作为教育人我们要思考把学生培养成什么样的人、需要什么样的教师、什么样的学校才能培养这样的人。通过探索、积淀与反思，从历史和现实、理论和实践出发，结合我校的实际，确定了学校"坚毅教育"的办学理念和"明德、博学、至诚、笃行"的校训，提出了"创和合名校，为温润良师，成坚毅隽才"的办学目标。

（三）丰富宣传载体，统一思想认识

为使办学理念、培养目标、教学理念、发展规划等得以在全体师生和家长中形成统一认识，学校完善校内文化媒体，每月发行一期《上饶中学校报》，两月发行一期文学刊物《甦荷》，并通过上饶中学微信公众号及时发布学校新闻。

三、多措并举塑造温润良师，促进教师专业成长

上饶中学始终将教师队伍建设作为学校工作的重心，多措并举促进教师专业成长，塑造温润良师。

（一）推进"一课一研"教学改革

全面推进"一课一研"的教学改革，以"一课一研"作为教研的主抓手。"一课一研"教学改革实施三年来，已初步实现了提升教师专业素养、加强团队交流合作、提高学生自主学习能力三大目标，并有了自己的校本教材，有力促进了教育教学质量的稳步提升。在"一课一研"教学探索中，广大教师更新了教育教学理念，增进了学科组教师间的交流、合作与共享，集思广益，相互促进，共同发展，有力提升了教师的专业素养。

（二）举办教育教学系列比赛活动

通过举办青年教师综合素质比赛、教师评课比赛、教师板书比赛、教师命题比赛、教师解题比赛等教育教学系列比赛活动，为广大教师提供互相学习和交流的机会、平台，进一步调动全校教师研究课堂的积极性与主动性，引导教师夯实教学基本功、提高自身素养与能力。活动结束后，学校还精心汇编了在比赛活动中涌现出的优秀作品，以期这些范例能为广大教师提供良好的借鉴，充分发挥其对教育教学的示范、导向和促进作用。

（三）推动交流学习，转变教学理念

高度重视教师的交流与学习，促进教师开阔视野、增长见识、更新理念，为教师专业成长提供助力。实施"引进来"与"走出去"相结合的教师培训机制。一方面，积极邀请国内专家名师（如敬一丹、朱向前、连中国、李镇西、赵东梅、杨雨）来学校指导、讲学、传授经验，开拓学校全体教师的视野，让教师学习先进、高效的教育教学理念、经验、方法等；另一方面，学校每年组织骨干教师超过200人次到全国各地的名校参观学习，从中吸取可供借鉴的做法、经验来助力学校发展。

此外，为引导、鼓励教师"多读书、读好书"，提升教师专业素养，学校每学期为全校教师提供购书专项资金，用于教师购买教育教学类书籍，以开拓教师视野，帮助教师更新教育教学理念，丰富教师精神世界，培养终身学习型教师。

（四）加强人文关怀，提升教师幸福感

建立"教工之家"和"教工社团"。"教工之家"由专人负责，室内整洁，环境幽雅，设施丰富，为教师提供舒缓工作压力和交流娱乐的场所。为践行"每天锻炼一小时，幸福工作一辈子"的理念，根据教师的个人兴趣，成立多种协会并提出锻炼要求。

四、构建坚毅教育育人体系，提升学生综合素养

上饶中学通过把牢方向，抓住重点，创新亮点，努力打造出品牌特色。

（一）打造三色育人体系

学校经过近几年的摸索，已初步构建"行三色教育，成坚毅隽才"的育人模式。通过红色教育，让青少年在丰富多彩的教育实践活动中，继承红色基因，汲取坚毅品质；通过古色教育，让学生加强传统文化学习，塑其坚毅的品质；通过绿色教育，培养学生的可持续发展能力，为学生终身发展负责，初步形成学校的教育教学特色。学校将以"坚毅教育"的办学理念为指导，力争在第三个五年规划

内建成"坚毅教育"的课程体系,努力构建德智体美劳全面发展的教育体系,提升学生综合素养。

（二）抓好强基计划工作

为抓好强基计划工作,成立奥训中心,建立主教练和助教相结合的教练团队,选派竞赛教练至竞赛名校考察学习。制定教练培养计划和管理制度,凭借现有优秀教练帮带指导年轻教练,带动产生一大批优秀教练和学科领军人才。学校近几年来获得奥赛国家级奖牌 16 枚,金牌 6 枚,2019 年 16 人获得一等奖。近几年强基计划工作的开展,为学生参加名校自主招生提供了有力的保障。

（三）推进教育信息化

学校积极探索"智慧课堂"教学模式,在课前阶段以学情分析为核心制作微课导学本,在课中阶段以师生互动为关键突出课中排解重难点,在课后阶段以个性化辅导为重点实施差别化辅导。2017 年 4 月 19 日,上饶市普通高中智慧教育模式创新实践现场会在上饶中学举行,学校就信息化建设、智慧校园建设和智慧课堂建设方面做了具体介绍;学校教师现场进行展示教学,展示出"智慧课堂"高效组织课堂教学的全过程及其优势,受到市领导和与会教师的高度赞赏。

（四）探索国际化教育

邀请专家来校指导,开展国际教育工作。为了积极探索适合国内高考和国外留学双赢的办学模式,培养更多国际化人才,我校与北京智课教育联合办学,开办国际实验班。国际班实行"双轨制"教学模式,既设置国内高考课程,又对接雅思考试课程,高三毕业既可考国外大学又可以准备国内高考。学校还开设了丰富的特色课程。

（五）培养学生自主能力

开设多样化的校本课程,完善 N 个 100％育人体系:100％学生会一项球类运动,100％学生会唱十首歌,100％学生会画一幅画,100％学生做一周志愿者,100％学生参加一次研学活动,100％学生参加一个学校社团。满足学生"人人成才,人人出彩"的需求,全面提升学生的综合素养。开设游泳课、书法课、阅读课、优秀传统文化课、公民道德教育课、爱国主义主题班会课等特色课程,并相应地建设学科教室。学校每年举办新年新诗会、双周音乐会、课本剧比赛等文化艺术活动和成人礼、入团宣誓等仪式。成立由学校团委指导的学生社团联合会,最大程度实现学生社团自治,培养学生"自我管理、自我教育、自我服务"的能力。开展导师负责制研究性学习活动,建立学生自主开展、学校择优选拔的机制。学校研究性学习活动在全省综合社会实践和研究性学习评比中,连续两年获得江西省一等奖。

五、结语

教育是最大的民生,教育引领未来。只有不忘教育初心,牢记育人使命,才能不负时代重托,不负人民期望。上饶中学准确把握时代方向,认真落实立德树人这一根本任务,科学制定发展规划,紧紧抓好塑造良师、培育隽才两项工作重心,努力探索教育改革路径,不断推动教师成长和学生成才,取得了显著成效,成为上饶教育的优秀代表,赢得了全市人民的认可。时代飞速发展,国家日新月异,社会各界对优质教育的期待越来越高,上饶中学力争交出更优异的答卷。上饶中学正在努力成就一批批有理想信念、有道德情操、有扎实学识、有仁爱之心的教师,培育一批批有理想、有本领、有担当的新时代青年。上饶中学人有足够的理由和信心,让上饶这片红色沃土开出最美的教育之花。

规划学校发展

杜雪华

（云南省大理州大理市教育体育局）

作者简介：杜雪华，云南大理市人，毕业于大理师范高等专科学校（今大理大学），云南师范大学函授本科学历，中学高级教师，现任大理市教育体育局督导室主任，大理市人民政府督学，市级名教师，省级教育督导评估专家，主持编制了大理市"十二五"和"十三五"教育事业发展规划。

现代学校管理中，发展规划有着极其重要的地位。国家有战略发展目标，教育领域由教育部制定出台中长期教育发展规划，地方各级教育行政部门制定出台教育事业发展专项规划。为了谋求学校的长远发展，校长应及时制定学校发展规划，集中体现学校在特定时期的发展方向和发展目标，与全校师生共筑发展蓝图，引领学校发展。

一、规划学校发展的概述

（一）基本概念

1. 规划的含义

规划是个人或组织制定的比较全面长远的发展计划，是在对未来整体性、长期性、基本性问题进行思索和考量的基础上，设计出未来整套行动的方案。一般情况下，规划年限设置为五年，以自然年份的"1"和"6"为起始年，也称为"开局之年"，"5"和"0"为结束年，也称为"收官之年"，跟国家的规划年份年限相统一。例如，某某学校"十三五"发展规划，指的是某某学校2016—2020年的发展规划。

2. 学校发展

一般来说，基础教育学校发展指的是学校规模、占地规模、校舍面积、绿化面积、运动场面积、实验仪器、计算机、图书等数量增大及改善,教师队伍数量增加、教师学历和教师职称提高,骨干教师队伍建设增强、艺术特色教师增多,基本办学条件和资源配置显性外观和形式的发展,同时在办学水平、办学效益及办学特色等学校内涵和实质的发展。

（二）规划与计划的关系

学校发展规划与学校工作计划是两个不同的概念,学校发展规划是比较全面长远的发展计划,着眼于未来目标,学校工作计划是比较单一短期的发展计划,重点关注现在或即将发生的工作任务。从这个意义上讲,学校发展规划引领、指导学校工作计划,学校工作计划是学校发展规划的具体化实施。

（三）学校的规划类型

基础教育学校的规划一般包含总规划和子规划两种类型,也就是学校总体发展规划和单独专项规划。学校总体发展规划由校长牵头制定,单独专项规划由学校各相关部门(处室)制定,学校总体发展规划是宏观的规划,明确学校大的发展方向、总目标、主要任务,而学校单独专项规划是相对微观的规划,明确学校工作某一个领域的发展方向、目标、任务。学校总体发展规划包含单独专项规划,而单独专项规划是学校总体发展规划中一个领域的具体化。如学校总体规划标题写为××学校"十三五"发展规划,学校单独专项规划标题写为××学校"十三五"教师专业成长规划、××学校"十三五"校园文化建设规划、××学校"十三五"德育教育建设规划等。

二、规划对学校发展的重要性

学校发展规划既是目前国际上流行的一种全新的管理理念,又是一种全新的管理方式,它对推动我国中小学管理改革、促进中小学教育质量的提高具有十分重要的作用和价值。[①]

（一）规划是学校规范教育教学管理的重要基础

学校发展规划不仅体现着学校自身发展的需求和利益,而且首先应当反映国家对教育的根本要求,体现当今社会的主体价值观。国家的教育法律法规、方针政策为学校制定规划提供了依据,这是学校发展最重要和最稳定的保障。因此,学校的发展必须在自觉遵守国家教育法律法规的基础上追求主动发展,保证

① 顾泠沅,毛亚庆.校长的十二项专业历练[M].北京:北京师范大学出版社,2015.

学校办学行为不偏离"法律"的轨道。制定学校发展规划,是对学校依法自主办学能力的一种释放,同时也是对学校依法自主办学意识的一种考量。

(二)规划是学校实现可持续发展的动力

规划是学校发展的行动指南,是学校师生的行动纲领和蓝图。有了规划,学校发展就有了目标和方向,学校就能持续发展。从这个意义上说,学校发展规划是学校可持续发展的动力。规划一定要符合学校的实际,与时俱进,有前瞻性,有科学性,融入学校的发展理念,得到全体教职工的认可和赞同。学校有了好的发展规划,就能够激励并凝聚全校师生,形成良好的团队精神,保证目标的实现。在现实生活中,有些学校能科学地形成发展规划并切实执行,经过若干年的努力,发展成为全省知名学校,而有些学校制定的发展规划不符合实际,甚至没有发展规划,很难取得进步。十多年来,笔者在对学校教育教学目标的管理工作中见证了一些学校的浮沉,深刻理解了规划对学校发展的重要性。下面以我市3所初级中学(化名)十多年来的发展变化为例进行剖析。

表1　我市3所初级中学2003—2017年发展状况统计分析

学校	2003年发展情况		有无规划及规划落实情况		2017年发展情况			
	目标考核排名	满意度排名	有无规划	落实情况	目标考核排名	满意度排名	学校知名度	校长状况
复兴中学	3	2	无	差	9	8	一般	免职
振兴中学	1	1	规划科学可行	认真落实	1	1	全省知名	省级专家
玉洱中学	2	3	规划不切合实际	浮于表面	13	15	一般	免职

分析:2003年,某市主城区复兴中学(化名)、振兴中学(化名)、玉洱中学(化名)3所市属初级中学的办学规模相当,基本办学条件相当,办学效益基本持平,社会认可度差异不大,知名度旗鼓相当。当时这3所学校的教育教学质量在全市6所城区初级中学中名列前三,在全市24所公办初级中学中名列前三。当年3所学校处于你追我赶、合作共赢的良好发展态势,引领着区域初级中学的发展。2007年,3所学校先后任命了新校长,情况发生了变化。当时我正好承担着省级依法治校示范校的创建工作,2007年年底同时要求3所学校启动创建活动。3个月过去了,我分别到学校检查指导。复兴中学随意应付,简单草拟了自查报告,设置一个资料盒,直接自查为合格,还说太繁忙,不要示范校;振兴中学

的校长高度重视创建工作,形成了规划及工作方案,有创建工作领导组,有创建目标,明确职责,有创建时间表及工作步骤,有详细的自查报告和较完善的创建专项档案;玉洱中学校长直接照搬其他学校的经验,拟定了不切合实际的行动规划,拿出一大堆规章制度,建立了8个没有实际材料支撑的档案盒。结果是,2008年,振兴中学成功创建为云南省首批依法治校示范校,复兴中学和玉洱中学评定为合格。这一年是这3所学校办学质量高低较量的起始年,振兴中学校长思想开明,目光远大,制定了科学的发展规划;复兴中学校长思想狭隘,目光短浅,我查阅他的规划,就拿出来一页纸,直接写着近3年购买多少台电脑,更换多少张课桌等,就像买菜单;玉洱中学校长思想浮躁,胸无大志,制定规划就是简单抄袭别的学校,没有深入研究分析学校的实际。

十年过去,振兴中学名列全市第一,办学规模翻倍,成了全省知名学校,校长成为省内知名专家型校长。复兴中学只知道死抓中考成绩,瞎搞所谓的尖子班,导致教师不团结,学生意见大,社会评价不好,教学成绩下滑;玉洱中学只抓表面工作,不切合实际,教师团队精神差,教学成绩大幅度下滑,被好几所农村初级中学超过,社会认可度低。结果是2017年复兴中学和玉洱中学两名校长先后被免职。

（三）规划是学校得到认可的重要途径

随着教育治理体系现代化的推进,逐步形成学校"管办评"的分离,逐步实现教育治理主体的现代化、治理理念的现代化和治理机制的现代化。随着政府职能的转变,当地政府、上级教育行政部门要真正从"办学校"转到"管学校",就是要从以具体工作管理转到以学校发展规划管理为主。这样的情况下,学校的发展规划是当地政府和教育主管部门了解、指导和支持学校工作的主要途径之一,也是考核校长办学能力和办学水平的主要依据之一。就以大理市为例,在中小学幼儿园的教育教学目标管理考核工作中,对各级各类学校教育目标管理的考核指标中将"有书面的长远目标、近期规划,有学年工作计划、工作总结"作为主要的考核内容。十多年来,见证了一些学校、一些校长的荣辱兴衰,一些学校通过制定与时俱进的可行的发展规划,得到了当地政府、各级教育主管部门的理解、认可,进而得到了人、财、物的大力支持,几年过去学校发生了翻天覆地的变化,而有些学校制定的发展规划不切合实际,得不到认可,经过艰辛的拼搏,几年下来还是停滞不前。下面以我市3所城市小学的发展为例进行对比分析。

表2　我市3所完全小学2012—2018年发展状况统计分析

学校	2012年发展情况		有无规划及规划落实情况		2018年发展情况			
	目标考核排名	满意度排名	有无规划	完成情况	目标考核排名	满意度排名	学校知名度	校长状况
兴国完小	8	8	有特色可行规划	提前完成	1	1	省州示范校	省级专家
明珠完小	10	9	规划科学可行	认真落实	2	2	全省知名	省级专家
龙溪完小	9	10	规划一般	一般	11	15	一般	一般

分析：回顾多年来我市最有代表性的两所小学的成长史，进一步印证了规划引领学校发展的重要性。兴国完小（化名）和明珠完小（化名），2012年以前都是名不见经传的小学校，生源一般，社会认可度偏低，办学效益在全市15所城市小学中排名中偏下。2012年秋季学期开始，两所学校都新任命了年轻校长，我见证了两位校长多年来的风采，也见证两所学校经过多年努力发展成为全市名列前茅的大校，全州、全省知名的学校，两位校长成长为全省知名的专家型校长。

这两所学校的良好发展和两位校长的成功都有共同的特点，都得益于以规划引领发展、以校园文化彰显特色。两位校长年轻有为，思想开明，有创新意识，形成科学的学校发展规划，同时走特色办学之路，拟定特色文化校园发展专项规划，分步实施，全校师生总动员，推动学校发展规划的实施。两所学校通过实施发展规划，成功创建为督导部门组织认定的省州现代教育示范校。特别是2019年，明珠完小成为全市第一所被认定为云南省现代教育示范校的小学，校长成为省级督导评估专家；兴国完小校长被评为云南省首批文化校长，成为省级知名专家。而龙溪完小恰恰相反，同时期进行了整体迁建，办学条件标准化，由于没有切合实际的特色学校发展规划，至今办学效益一般。

（四）规划是学校自我评价的客观标准

学校发展规划在分年度执行、按步骤落实的过程中，需要学校进行阶段性的检查、评估和监测，定期对照发展规划所确定的目标、任务和措施来评估工作的进展情况，查找不足之处，及时采取下一步整改措施，有效推进学校发展。因此，规划就成了学校发展中自我评价的客观标准。

三、学校发展规划的制定

（一）规划制定的依据

1. 国家最新的教育政策

认真学习领会《中国教育现代化 2035》《义务教育学校管理标准》《教育信息化 2.0 行动计划》《中共中央国务院关于全面深化新时代教师队伍建设改革的意见》等文件的精神。

2. 对照评估标准

认真研究国家、省、州(市)规定的基本办学条件，义务教育学校务必研究义务教育优质均衡发展评估指标，高中学校研究办学水平评价标准，义务教育学校和幼儿园务必研究云南省现代教育示范学校(幼儿园)标准。

3. 对照所在地的教育发展规划及评价指标

认真学习研究省、州(市)、县同期的教育事业发展规划，认真学习研究所在地教育行政主管部门的目标考核指标。

（二）学校发展规划的构成

学校发展规划完整的文本格式主要由背景分析、面临的新形势与新挑战、指导思想、基本原则、发展目标、主要任务、保障措施 7 个方面构成，其中最重要的是发展目标、主要任务、保障措施 3 个方面。

1. 背景分析

结合学校前期的研究报告，归纳、整理、分析、总结学校上一阶段的发展情况，主要包括学校的现状、做法及成效、存在的不足。学校的现状包括学校基本情况、主要目标达成情况。做法及成效包括学校的党建工作情况、民主管理工作情况、德育工作情况、体育工作情况、教育管理工作情况、教学管理工作情况、教育科研工作情况、教师队伍建设情况、安全管理工作情况、后勤管理工作情况等。存在的不足包括目标未达成情况、主要任务未完成情况。

2. 面临的新形势与新挑战

第一，教育政策分析。认真学习领会教育法律法规及教育政策，分析新形势下的教育发展方向。第二，学校发展内外环境分析。认真分析校内外环境对学校发展的影响，特别是学校在同级同类学校中的地位。

3. 指导思想

以习近平新时代中国特色社会主义思想为指导，深入贯彻党的十九大和十九届二中、三中、四中全会精神,学习贯彻落实全国教育大会精神,认真落实全国、全省、全州及全市教育工作会议精神,加强党对教育工作的全面领导,全面贯彻党的教育方针,坚持硬件建设与软件建设齐抓,坚持破解教育难题与推进改革创新并举,全面提高教育教学质量,提升学校办学品位,办好人民满意的教育。

4. 基本原则

坚持实事求是的原则、民主集中制的原则、群众路线的原则。

5. 发展目标

发展目标从规划的时间来区分有远期目标和近期目标,从表现形式来区分有定性目标和定量目标,从内容来区分有总体目标和具体目标。

6. 主要任务

以教育教学为主线,以教学质量为生命线,围绕发展目标,突出教师和学生的成长,拟定主要工作任务,特别是专项工作任务(如示范校创建、德育工作发展、骨干教师培养、学科带头人培养、教育科研工作、课题研究)和特色项目建设等。

7. 保障措施

组织保障(如成立组织机构),加强领导,明确职责。经费保障(如将项目经费列入预算),保障规划的制定和实施。长效机制(如进一步加强监督和落实),规划制定、评估及修订的一体化。

（三）规划制定的规程

学校发展规划的制定是一项复杂系统的综合工程,为了协调学校各部门相互配合做好规划,激励全体教职工参与,最终制定出有利于学校长远发展的规划,制定工作需要有一定的规则和流程(简称为规程)。规程应包含制定工作方案、前期研究、拟写提纲、起草规划文本、征求意见、审议、公布实施等方面。

表3　学校规划制定的规程表

序号	项目名称	主要工作内容	牵头领导	责任人
1	制定工作方案	成立组织机构,列出时间表和路线图	校长	办公室
2	前期研究	草拟学校某阶段前期研究分析报告	校长	办公室
3	拟写提纲	拟定未来五年学校的发展目标、主要任务及保障措施	校长、书记	办公室

（续表）

序号	项目名称	主要工作内容	牵头领导	责任人
4	起草规划文本	分项起草专项规划文本,由专人负责统稿,形成初稿	校长	各部门
5	征求意见	召开专题会议讨论	书记	各部门
6	审议	召开教代会审议	书记	各部门
7	公布实施	召开教师大会,公布规划	校长	各部门

1. 制定工作方案

制定规划起草工作方案,成立以校长为组长的领导小组,统一思想,明确责任,列出完成规划的时间表和路线图。

2. 前期研究

组织开展前期专题研究工作,做好动员,鼓励全员参加调查研究,要求各处室、各部门做好全面的业务工作总结,在此基础上,由校长牵头,专人负责草拟学校某阶段的前期研究分析报告,如"某某学校'十四五'前期研究分析报告"。

3. 拟写提纲

拟定规划提纲尤为重要,校长要亲自拟定规划提纲,拟定未来五年学校的发展目标、主要任务及保障措施,然后提交学校领导班子会议讨论,进行修改和认定。

4. 起草规划文本

规划文本初稿的形成至关重要,该环节要由校长总负责,要求各部门分项起草专项规划文本,由专人负责统稿,形成初稿。

5. 征求意见

通过召开专题会议讨论、发放问卷到各处室各部门等形式广泛征求意见和建议,据此对规划初稿进行修改完善,形成规划(审议稿)。

6. 审议

召开教代会,将规划(审议稿)提交会议审议通过,根据教代会提出的意见和建议进一步修改完善,形成规划(定稿)。

7. 公布实施

召开教师大会,公布规划(定稿),要求全体教职工认真贯彻实施。

四、学校发展规划的实施及评估

再好的规划,再好的办法,最后的落脚点是落实。规划,如果没有实施或不能较好地实施,甚至于无法实施,那就成了"鬼画"。那么应该如何实施学校发展规划呢?

(一) 规划的执行

1. 组织学习

组织全校教职工认真学习领会,统一思想,让全体教职工明白学校发展的目标和任务。

2. 形成规划实施工作方案

成立领导小组,明确职责,指定牵头负责人。

3. 细化规划

要求各处室各部门制定各自业务发展的专项规划,特别是学校德育教育发展专项规划、教师专业成长专项规划、骨干教师(学科带头人)队伍建设专项规划、校园文化发展专项规划等,形成点面结合的学校发展规划格局,进一步明确发展的方向、目标及任务,达到以规划引领学校全面发展的目的。

4. 个人规划

鼓励和要求全校教师结合学校发展规划制定个人职业发展规划,这样有利于全员参与,激发教师的主人翁意识,提升教师的精气神,构建团队精神,在教师群体中形成个人与学校荣辱与共的良好氛围。

5. 分步实施

规划年限内,在学校年度计划中形成相应的年度发展目标和工作任务、工作要求及工作措施。要求各处室各部门在年度工作计划中细化年度发展目标、工作任务、工作要求及工作措施;要求教师个人在制订年度工作计划时,体现学校发展规划中的发展目标和工作任务要求。

(二) 规划的评估

1. 年度总结

每年度进行年终工作总结时,对照年度工作目标和工作任务完成情况进行评估,明确主要目标和主要任务的完成率,分析存在的不足和困难,拟定下一步的工作打算。要求各处室各部门对分项主要目标任务的完成情况进行详细分析评估,要求教师也要做好工作总结评估。

2. 中期评估

按照五年的发展规划结构,在第三年的八月份组织开展学校发展规划的中期评估。这个阶段特别重要,校长要亲自负责,组织开展全面的评估,对照规划制定发展目标和工作任务,特别是对主要目标和主要任务的完成情况进行全面评估,评价规划中期目标的完成率,预测再通过两年的努力,规划制定的目标任务能够完成情况,查找不足同时结合新的形势对规划及时进行修订,制订下一步工作计划。要求各处室各部门对分项主要目标任务的完成情况做详细的中期评估,查找不足并制订下一步工作计划,要求教师个人做好中期评估工作。

总之,现代学校管理中,规划是必不可少的。校长为谋求学校的长远发展,需要在每个时期制定学校发展规划,规划学校发展的总蓝图,构筑学校发展的远景,在总规划的引领下,指导学校各部门各处室细化业务工作,制定部门和处室业务工作发展专项规划,在规划的引领下,推动学校全面发展,努力办好人民满意的学校。

为了生命的幸福成长

——遵义市第七中学学校发展规划制定路径探析

唐晓萍

（贵州省遵义市第七中学）

作者简介：唐晓萍，女，布依族，市级骨干教师，曾获市级德育标兵、市级优秀管理者等荣誉称号，省级名校长、名师工作室优秀成员。

遵义市第七中学创建于 1963 年，历经了"三次更名、三次迁址、三次合并"。最后一次合并迁址是在 2016 年 10 月，与另一所初级中学——忠庄中学合并，并迁址忠庄中学办学。学校占地 78 亩，现有教师 140 人，其中高级职称教师 38 人、中级职称教师 62 人。在校学生 1306 人，其中农民工子女占 66%。2018 年，我来到这所学校任职。

党的十九大报告中提出"努力让每个孩子享有公平而有质量的教育"，面对学校力量的薄弱，面对合并校的问题，怎样才能以更快的速度朝着"公平而有质量"的方向发展呢？于是，我们想到了制定学校发展规划。学校发展规划，是学校未来发展的蓝图，于 20 世纪 90 年代引入中国，为我国中小学的发展注入了新的活力，提供了新的发展思路。陈建民说："学校发展规划是学校为应对教育变革和教育发展的双重挑战，通过学校共同体成员的努力，系统地诊断学校原有工作基础，确立学校的办学方向和发展目标，分析学校优先发展项目并制订相应行动计划，促使学校挖掘自身潜在资源，提高学校管理效能和教育质量的一种重要手段。"制定规划不是目的，而是手段。我们要用规划来确立学校的教育理念，统一合并校教师的思想，形成命运共同体。为此，学校在 2019 年初，开始制定三年发展规划（2020—2022 年）。要想制定科学合理、切实可行的学校发展规划，有效的做法是在做好自我评估的基础上，确立学校的发展方向，形成学校发展规划的框架。

一、学校自我评估

学校自我评估,就是以学校自主为基点,以全员参与为形式,以学校的战略规划、具体目标的实施为对象,按照学校认可的评估标准,在学校范围内开展的评估活动。学校自我评估是学校进行自我管理的有效方式,其意义不仅在于摸清现状、发现问题,更具有共识形成、理念引领的前瞻性和引导性。评估的指标和内容,既是学校检核既往努力成效的标准,更是引领教职工进一步改进和提升的方向和目标。

(一) 自我评估的主体

为保证评估的科学性和准确性,我们选取了学校利益相关者和第三方专业人员作为评估主体。学校利益相关者,是指学校的管理者和一线教师。第三方专业人士是指具备专业评估知识和技能,并以"批判性朋友"的角色为学校提供专业评估理论,提供专业的评估结果和建议的人员。

(二) 自我评估的方法

我们成立了自评领导小组,小组成员共同制定自评工作方案,包含自评形式、自评时间、自评对象等。自评方案分三个阶段进行评估,即自查阶段、复查阶段和完善阶段,每个阶段将自评工作进行分解,责任落实到人。各阶段小组自评结束后,将形成的自评报告交由校委会和全校教职工共同讨论。经过评估,我们对学校的基本情况有了深入了解。

1. 学校的优势

(1)硬件一流,学校是改扩建项目工程,2019年学校主体工程基本完成,拥有区内一流的书法室、音乐室、地理实验室以及通用技术教室等;(2)生源向好,学校周边正在修建几个新楼盘,会改变城郊接合部的人口密度,人口结构也会随着人口密度的变化而有所改变,居民的素质会整体有所提高,生源情况会有所改变;(3)政府扶持,学校是市局"壮腰计划"项目和"好课堂"线上项目学习学校,能给教师提供更多学习培训机会。

2. 制约学校发展的因素

(1)生源结构问题,学校农民工子弟占比66%,区外农民工子弟占比呈逐年上升趋势;(2)合并校文化融合问题;(3)家校配合不理想,80%的孩子缺失家庭教育,家长没有时间,更没有能力配合学校培养孩子;(4)经验型教师占比较高,传统型课堂占比较高;(5)管理缺乏科学性。

二、确立学校发展方向

学校发展的根本目标是教师和学生的发展,这种发展不仅是指专业技能和学习成绩的发展,更是心理、身体和品德等的全面发展。李镇西说:"不忘初心,牢记使命。什么是初心?孩子的幸福。什么是使命?孩子的成长。"苏霍姆林斯基说:"人是教育的最高价值。"苏霍姆林斯基的教育理想,就是让每一个从他身边走出去的人都拥有终身幸福的精神生活。人的幸福,不是一时的,是一生的。

基于对教育的认识,在自我评估的基础上,结合国家教育方针,我校最终形成了"七彩教育,幸福成长"的办学理念。所谓"七",既与"七中"之名紧密相连,又包含和谐之意,这是合并校迫切需要的。"彩",即"出彩",寓意让每一位师生都能出彩。宗旨是让每一位师生都学会理解幸福、感知幸福和享受幸福,让每一位师生都有出彩的机会,都能成为最好的自己。在学校办学理念的基础上,确定学校的校训为"和谐大气、博学尚礼",确定七中精神为"乐观向上、奋发有为、追求卓越"。

三、确定学校发展规划的基本框架

戚业国在《学校发展规划的理论与操作》一文中说:"学校发展规划以学校的办学目标为核心,这样的目标体现了利益相关者对学校的要求,目标可以起到引领作用,同时,也是学校对社会的一种承诺,对学校自身具有约束作用,这样的目标推动学校不断进步,也在约束学校的办学行为不偏离方向。"经过深度研究,确定了我校的学校愿景:为了生命的幸福成长。以"七彩教育"为核心,采取年度推进模式,将三年规划分为三个阶段逐年推进,2020年为人文年,2021年为质量年,2022年为品质年。人文年:确定以人为本的思想,打造校园文化,包含环境文化、课堂文化、课程文化、德育文化和管理文化等;质量年:锤炼教师的教育教学技能;品质年:提升学校内涵,走特色发展之路,营造"幸福师生,和谐校园"的育人氛围。发展图式见图1。

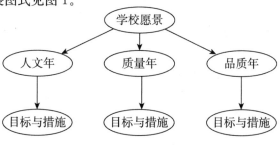

图1 发展图式

（一）人文年

1. 目标

第一,让每一个孩子都喜欢上学。第二,让每一个孩子都能绽放自信的笑容。第三,让师生、生生、师师间和谐相处。

2. 措施

第一,校园绿化、文化工作推进。用绿化和文化,让校园成为美丽的花园和温馨的家园。第二,推进课堂改革,构建"七彩互动课堂"模式。新课程观念,就是让教师将课堂还给学生,提倡自主、合作、探究的学习模式。面对我校传统课堂占比较高的现状,学校提出了"七彩互动课堂"的教学模式改革。这个教学模式,强调教学应该包含自主学习、小组合作、小组展示、检测反馈、教师总结提升几个环节,让教师走下讲台,让学生走上讲台,构建和谐轻松的学习氛围,让师生、生生融合相处,让师生间、生生间学会倾听。同时,此模式强调利用课堂教会学生自主学习的能力,培养学生与人合作的能力,培养学生终身学习的习惯,最终目的是"尊重个性,培养社会性"。第三,实施"七彩课程"。课程是教育的核心,是学校有计划开展的所有教育教学活动的总和。学生未来的路,藏着如今在学校里选择的课程的影子。"七彩课程"涉及德育、活动、语言、科学、美育、社会、实践七方面。学校形成课程推进计划,在国家课程和地方课程之下,充分开发学校教师资源,设定了"四个一"的校本课程计划,即"一个球、一盘棋、一项艺术活动、一项科技活动"。一个球,包含篮球、足球、羽毛球、乒乓球等课程;一盘棋,包含象棋、军旗、跳棋、五子棋等课程;一项艺术活动,包含独唱、合唱、乐器、朗诵、戏剧、书法和绘画等活动;一项科技活动,包含航模、海模、机器人和遥控赛车等活动。每个学生至少选取其中一项课程,期末进行考核和展示。课程的增加,目的是拓宽学生生命的宽度,让学生在这些课程的学习中发现自己、了解自己,找到自己的目标方向。第四,实施"七彩德育"。德育工作是学校工作的灵魂,统领着整个学校的教育。"七彩德育"致力于从"爱国、友善、信念、守法、诚信、谨行和感恩"七个方面,全面培养学生作为社会人的品格。立德树人,知行合一。学生能做到"内化于心,外化于行"是德育工作追寻的最高目标,为了实现这一目标,开展丰富多彩的活动,让学生在一系列主题活动中,能真正明白其中的道理,并能自觉遵守和实践。第五,推行扁平化管理。学校设立了四个中心三个级部,即教师发展中心、学生发展中心、后勤服务中心和信息服务中心,各年级实行级部制管理,年级组长直接对校长负责,每个级部配备教学负责人、学生发展负责人。扁平化管理将一个学校变成了三个小学校,便于级部间的创新发展。考核评价以团队的形式进行,以形成团队精神。

（二）质量年

1. 目标

第一,提升德育质量,让每一个孩子都能将爱国、诚信、友善等化为行动。第二,提升教学质量,锤炼教师的教学技能。

2. 措施

第一,启动多元评价体系,实施"七彩之星"评价机制。在"七彩德育"的引领下,制订学校德育发展年度计划,确定各年级培养目标,启动"七彩之星"评价,让更多孩子感受成功的幸福。第二,狠抓教师培养培训工作。采用"走出去,请进来"的方式,让教师接受新的教育观;校内集体备课要求定时间、定地点、定中心发言人、定主题,实行校领导管理教研组政策,保证集体备课的质量;推行校内优质课和基本功比赛,推行优秀教师的公开课、展示课;实行推门课比赛;与区内优质学校对标,派教师跟岗学习。第三,提升教师的课题研究能力。学校推行校级课题研究,将教学和德育中遇见的问题变成校级微小课题,让人人参与课题研究,引领教学向更深更远发展。

（三）品质年

1. 目标

第一,打造优秀团队。第二,凝练特色文化。

2. 措施

第一,构建教师专业发展体系,不断推进学习型教师团队建设,打造"有理想信念、有道德情操、有扎实学识、有仁爱之心"的"四有"好老师队伍。把向榜样学习形成常态,组织教师观看最美乡村教师视频,观看最美杭州人陈立群校长视频,观看黄文秀敬业爱岗视频;同时树立校内优秀标杆,让教师向身边的优秀同行学习。为促使教师的教育思想跟上时代,学校为教师购买教育书籍,如《给教师的建议》,举办中青年教师"新时代教师成长"论坛和校内专家主题讲座等。学校专门成立教师发展中心组,助力教师发展。第二,打造优质班主任团队。班主任是学校班级管理中最小的个体,一个优秀的班集体,一定离不开一个优秀的班主任。我校年轻班主任居多,缺乏管理经验。同时,问题孩子常常让班主任们心力交瘁。为了提升班级管理的质量,学校重点关注班主任的培养培训工作,定期组织班主任研讨,让班主任交流管理经验,聘请专家为班主任开办专题讲座,为班主任购买学习书籍,轮流派班主任到优质学校跟岗学习等。第三,打造优质管理团队。管理团队是学校的核心,而管理也是一门高深的艺术。在学校,一般都是"教而优则仕",从教学岗位走上行政岗位的干部,大都不懂管理。所以,对于管理人员,同样需要定期进行培训,抓住机会,将管理人员派到其他学校学习。同时,学校推行"走动式管理"模式,让管理人员走出办公室,走近教师与学生。管理者一定要接地气,才能做出准确的决策。第四,立足"七彩教育",打造科技特色。我校的学生基础薄弱,学习不够自信,但是对于动手方面的科技项目(如航模、海模、遥控汽车、遥控飞机等)却比较喜欢,再苦再累都愿意做到更好。近年来,我校学生在省市区获奖不少。参与这些赛事的孩子,并没有因此影响学习成绩,反而促进了他们学习的劲头。目前,学校在这方面也具备了一定的师资力量,便把科技活动作为未来的特色发展项目。

在规划过程中,全校教师已经形成了思想上的共识。我们欣喜地看到教师的课堂更生动有趣了,教师在课堂上的笑容更多了;学生在课堂上的发言越来越精彩,在课间下棋看课外书的人更多了。我们将以规划为纲,扎实做好每一项工作,向品质学校逐步迈进。

时代是出卷人,我们是答卷人,人民是阅卷人。走进新时代,国家将办好教育提到了新的高度,作为教育人,我们要做的就是踏实走好每一步,帮我们遇见的孩子扣好人生第一粒扣子,把我们的学校办成老百姓家门口满意的学校。

参考文献:

[1] 乐毅.学校自我评估的意义、问题及建议[J].中小学管理,2004(2).

[2] 李凌艳.学校"体检":基于学生发展的学校自我诊断[J].中小学管理,2017(8).

规划学校发展　提升办学水平

尼玛扎西
（西藏自治区日喀则市第二高级中学）

作者简介：尼玛扎西，男，藏族，西藏自治区日喀则市第二高级中学副校长，2005 年参加工作至今一直坚守在基层学校教育教学工作岗位上。

2016 年 8 月本人很荣幸与 30 名来自日喀则不同学校的骨干教师和骨干管理人员一同前往上海参加为期一年的影子跟岗学习，返岗后我被组织调到日喀则市第二高级中学任德育副校长。日喀则市第二高级中学是一所年轻的高中，筹建于 2000 年 9 月，2004 年 10 月正式成立，是日喀则市教育局直属、面向全市农牧民子女招生的一所全日制寄宿制普通高级中学。经过十几年的努力，在几届领导班子的坚强领导下，学校生源逐年好转、办学条件逐步改善、教育教学质量实现飞跃发展。经过上海的培训，我对学校发展和教育教学工作有了新的感悟。特拟写此篇，供交流探讨。

一、坚守理想信念，提升道德素养

理想信念是一个民族、一个国家的精神支柱。一个民族、一个国家如果没有自己的精神支柱，就等于没有灵魂，就会失去凝聚力和生命力。作为教育工作者，特别是从事教育管理的人员，必须具备较高的理想信念和道德素养，应该以身作则，成为教师和学生的榜样。西藏作为祖国的边疆地区，在此任职的我们更有责任去培养具备坚定理想信念、忠诚于党的教育事业的教师，去培养热爱祖国、为治边稳藏做出贡献的学生。

（一）坚定理想信念，忠诚于党的教育事业

习近平总书记 2014 年 9 月 9 日视察北京师范大学时指出，我们的教育是为人民服务、为中国特色社会主义服务、为改革开放和社会主义现代化建设服务的。党和人民需要培养的是社会主义事业的建设者和接班人。作为教书育人的教师和从事教育教学工作和管理的校长，首先应该忠诚于党的教育事业，贯彻落实党的各项教育政策，唯有这样，才能培养出合格的下一代。

（二）不忘教育初心，牢记育人使命

作为管理者，是从教师慢慢成长起来的，离不开教书育人的使命，因此更应该不忘初心，牢记使命。坚定理想信念，提升道德素养，需要我们牢记从教初心，恪尽职守，遵守职业道德，牢记育人使命。

（三）坚持为人师表，身先垂范

我校一直提倡全员育人、全程育人、全面育人。教师在育人过程中必须要有较高的道德素质，在传授知识的过程中做到"传道、授业、解惑"，培养学生的创新能力、实践能力，传承中华民族优秀文化，弘扬爱国主义精神，在日常行为中处处规范自己，身体力行，坚持为人师表。

二、营造育人文化，加强全面育人

西藏各个学校的校园文化建设在上级领导的大力支持下已被重视与推广，并取得了不俗的成绩，但是也有学校在文化建设上花费了很多时间、投入了不少资金、耗费了不少精力，可育人效果还是不太理想。什么原因？不切实际的套话多，不适合自身的形式多，虎头蛇尾流于形式。基于这一问题，在培训期间我注重观察和反思上海很多学校的校园文化建设情况，它们的立足点在于"润物细无声"——育人于无形中，我想学校应该结合本校的校情和地域特点，在营造育人环境的过程中，创建一套既体现社会主义核心价值观又切合本地区、本校学生身心发展规律的学校德育工作体系，精心创建校园文化。探索一些适合本校的行之有效的德育工作新途径，确保学校文化建设不流于形式，而能够深入校园的每个角落，深入每个学生日常的学习和生活当中。我校在育人文化营造方面具体有以下举措。

（一）举办各种校园活动，丰富活动内容，提高活动品位

加强课外兴趣小组和学生社团建设，开展优秀影视剧作品和传统文化进校园、进课堂、进教室活动。每年定期举行校园文化艺术节，深入开展"阳光体育"活动，并结合日喀则市教育局的有关要求，切实落实其他艺体活动，丰富校园生活。

（二）积极引进创新管理机制

组织"最佳主题班会、最佳团队活动"设计和"优秀教育案例、优秀班主任、优秀学生管理干部"评比活动,促使班级创新管理更上一个台阶。交流、探索和编写德育常规教材,积极开发体现"生命教育"主题的德育特色材料。

（三）利用走廊文化、校园广播、德育室等途径,加强校园文化建设

在德育室建立各种板块,进行各方面的宣传,营造良好的文化氛围和育人环境。

此外,学校在原有学生社团的基础上对学生课外活动进一步规范化和常规化,同时正在筹划第二课堂的开发和应用。

三、领导课程教学,提升教学质量

教学工作作为学校工作的中心任务,提升课堂教学质量的重要性无须赘言。作为学校领导,在领导课程教学方面要从三方面入手。

（一）形成行之有效的教学计划,课程标准校本化

根据国家规定的课程标准,结合学校实际情况和学生的实际学习能力,制定切实可行的教学计划。这一计划需要针对学校实际情况,从整体出发,均衡分配师资力量,引导教师整理出学生学习过程中存在的知识难点,形成自己学校的教学特色。

（二）提升专业素养,为全校教师引领示范

校长不仅要提升对学校的管理和组织能力,还要提高自身专业素养,努力成为全校教师的典范。在专业素养方面,校长不仅要做关于专业知识的研究和学习,更要进行学生学法、考试考法、教师教法等方面的研究,同时对教师备课、评课等进行指导。

（三）学习课程实施,符合办学理念和目标

在实际教学中,每位教师的教育方式、教学方法和手段各异,学生的三观也存在差异,作为校长,应引导教师在实际教学中做到心中有办学理念,行动上力争实现办学目标。

四、引领教师成长,提升教师价值

教师是学校最重要的资源,没有一批师德师风良好、专业素质过硬的教师,

就无从谈及学校的发展。教师发展了,学校的发展才有希望,因此为教师的发展创造平台是学校管理中一项很重要的工作。作为校长,应大力表彰在深化基础教育教学改革、全面推进素质教育中做出突出贡献的集体和个人,充分发挥其典型示范作用。发现并培养具有创新精神和跨学科教学能力的骨干教师,促进教师队伍整体素质的不断提高。认真总结经验,树立先进典型,创造条件、提供舞台,不断推出一批在我校、我市乃至全区有影响的名师。

我所在的基地学校——上海复旦附中有一项校本培训项目,是对新教师的岗前培训,学校把它纳入校本培训课程,并采取登记加分制,有效地保障了参加培训教师的到位率。此培训可以让年轻教师受到一次岗前集训,主要目的是让教师从中学到大学课程里很难学到的教育教学经验。同时,让有经验的学科带头人或优秀班主任教师给年轻教师开讲座或传授经验也是给讲授者本人一次展示和锻炼自己的机会,有助于讲授者个人的发展进步。这种校本培训方式也完全可以在西藏的学校实施。

由于师资紧缺,学校的班主任大多是刚从大学校门踏出来的年轻教师,这些教师信息量充足、理论知识储备充足,但是在管理班级的工作方面存在诸多问题,加之大家工作繁忙,很难有机会从前辈身上学习有用的经验。对于这一问题,我认为可以借鉴上述校本培训方式,组织年轻教师向优秀班主任学习班级管理经验,抑或每周组织全体班主任开展主题交流活动,让年轻的班主任迅速地成长起来。与此同时,也能促进老班主任随时对自己的工作自查自纠,总结经验和反思。①

五、优化内部管理,深化组织领导

建立并完善学校管理体制,逐步推进人事制度改革,努力达到"三个有利":有利于调动广大教职员工工作的积极性和主动性,有利于促进教师、学生的发展,有利于促进学校的发展建设和办学水平的提高。我校在学校管理上计划从五个方面进行加强。

(一)校长和副校长"包干"年级和科目

我们考虑形成竞争机制,责任落实到个人,促使各分管副校长时时督促相应

---

① 从上海培训返岗后我发现我所到的日喀则市二高 44 个班级的班主任教师平均年龄在 28 岁左右,平时教学任务和学生管理工作任务繁重,校园里也没有班主任工作经验交流平台。发现这一问题后,我在校务会议上提交议题,通过后立马筹备组织论坛,效果显著。

部门,使得工作不留死角,避免出现个别部门工作上懈怠的情况。我校实行校长和副校长"包干"年级和科目的方法初步形成,目前还未真正投入。计划由校长总负责各年级,重点负责高三年级,其他分管副校长各自分管相应年级和科目,特别是相关薄弱学科的攻坚,从而提升办学水平。

(二) 调整和优化中层干部队伍

进行新一轮中层干部竞争上岗,把业务精干、乐于奉献、群众基础好的同志选拔到中层岗位上。明确每位中层干部的岗位职责,进一步完善各部门的管理制度,进一步调整和补充中层干部队伍,初步制定中层干部考核机制,对慢作为、不作为的干部及时调整,提高学校行政服务效率。

(三) 建立和完善教师培训、教师评价体系

加强教师、教研组长、学科组长、年级组长和中层干部的考核评价,全面推行教师教育教学质量评价办法、教师评聘办法和激励机制。

(四) 构建网络化管理模式

利用打造重点高中的契机,凝聚人心,广泛联结社会各界资源,扩大影响,营造良好的内外部环境。构建网络化管理模式,在教学、学生管理、财务、图书馆和行政档案等方面全面实行计算机网络化管理,通过校园网实行能充分体现"人本"特征的管理,让全体教职工、家长和社会能更广泛地参与和监督学校管理。

(五) 加强年级组管理,优化班主任队伍

我校分年级管理的模式在日喀则教育领域应是首创,得到了广泛的认同,也被许多学校借鉴学习。我校的年级组管理模式需要进一步优化和提升,同时要加强班主任队伍建设。因为在年级组分管模式中班主任是中坚力量,优化班主任队伍将是进一步推动和提升年级分管的关键。

六、调试外部环境,充分利用资源

(一) 家校联合

现在西藏有不少学校已经成立了家长委员会,在成立家长委员会的前提下,学校要制定章程并确立固定的家委会接待日(每周两个半天接待家长来访,家委会人员接待家长),根据学校的地域特点进行探索:开设家长指导课、组织开展"家长上讲台""家长义工""家长互相指导"等家校活动。例如,"乡土校本课程",

让家长进课堂讲家乡,这种课程能让家长产生积极性,能对学校的育人工作起到事半功倍的作用。应充分认识到家庭是学校教育重要的合作伙伴,积极争取家长的理解、支持和参与,促进家校联合。密切家校联系,创设多种形式的家校合作模式,通过家长委员会、家长学校、家长接待日、家访等形式与家长建立经常性联系,不断完善家校育人新机制。

（二）重视实践

注重引导高中学生参与社会生活,丰富生活经验,帮助学生发展社会性,让学生学以致用。我校利用各种活动,联合共青团日喀则市委员会成立了青年志愿者队伍,参与社区服务、社会实践等,让学生更好地走出课堂、走进社会、关心时事。

（三）开放办学

建立学校对外合作与交流的机制,开放办校,形成学校与家庭、社会(社区)及校际间的良性互动。我校经常组织和参与教师送教下乡活动,设立校园开放日等。

（四）平安建校

加强与相关社会机构及部门的沟通联系,促进平安校园的建设。积极联系食药局、质监局及派出所等,对相关场所和学校附近场所进行介入,联合社会力量整顿周边环境,营造安全可靠的办学场所。对学校超市和食堂的食品安全进行定期检查,常态化推进学校水质监测工作。

农村学校发展规划的制定与实施探索

蔡大军

（贵州省遵义市余庆县龙家小学）

作者简介：蔡大军，贵州省遵义市余庆县人，毕业于贵州省凤冈师范学校普师专业，贵州师范大学汉语言文学专业函授本科学历，现任余庆县龙家中心校支部委员会书记、余庆县龙家小学校长。

学校发展规划是学校长足发展的蓝图，是指导学校各项工作的纲领性文件，体现着学校的办学思路。对于学校管理者而言，学校发展规划的制定至关重要，它源于学校实际情况，确定学校的办学方向和发展目标，推动学校平稳和持续发展。

贵州省余庆县龙家小学是一所乡村学校，办学历程长达 110 年。在学校发展的过程中，制定了行之有效的学校发展规划，让这所学校发展成了全国有名的百年名校。学校先后荣获"全国中小学德育工作先进集体""全国敬老爱老先进集体""全国爱粮节粮示范基地""国际生态学校""全国第五届母亲河奖先进单位""贵州省绿色学校""贵州省关心下一代工作先进集体""遵义市文明学校""遵义市平安校园"，两项世界纪录（保存学生书信最多的乡村学校、毛笔手抄校史字数最多的乡村学校），遵义市首届及第二届名校长培养基地，教育部九五至十二五期间农村基础教育国家级课题实施单位。这些荣誉的取得，与学校长足的发展规划密不可分。现就本校发展规划的制定与实施，粗浅地谈谈做法。

一、征集发展问题线索

2019 年，为了使各项工作均衡发展，学校在原发展规划的基础上，面向教师、学生、家长、社会征集发展的意见和建议，广泛采纳多方意见，集思广益，共同为学校的发展建言献策。主要收集了以下意见:(1)学校发展过程中的优势;(2)学校发展过程中的问题(教师队伍建设、德育体系建设、课程体系构建、硬件设施建设等方面)。

二、组织专家会诊问题

(一) 学校发展的优势

1. 德育管理重实效

近年来,我们着眼于学校内涵品质发展的提升,坚持以依法治校、立德树人为根本,形成了一套较为完善的管理制度,厘清了学校的发展方向。特别是近五年,我们重点突出"润育百年名校文化,建设乡村生命校园"的办学理念,坚持以"制度+人性"的现代管理模式,推动学校的全面发展。

2. 队伍建设有突破

在教师队伍建设上,学校本着"以研促学、骨干带动、全员提升"的发展思路,通过鼓励教师参加名师名校长工作室、参加校本教研等,对教师进行分类指导,不断提升教师的专业素养;通过"青蓝工程"师徒结对、制定青年教师培养目标、优秀教师带动新教师等形式,助推青年教师迅速成长,帮助他们找准自身专业发展的立足点,尽量让青年教师少走弯路,早日实现教书育人目标。近五年,有 7 名教师取得副高级职称,1 名教师获省部级表彰,3 名教师获市级表彰,30 余人次获县级表彰,1 名教师被评为市级骨干教师,8 名教师被评为县级骨干教师,1 人获省管专家和遵义"15851"第二人才,3 人获余庆县"851"第二层次人才,2 人获余庆县"851"第三层次人才。有 1 人获全国体育课堂教学优质课评选二等奖,参加余庆县优质课竞赛 6 人获一等奖、4 人获二等奖,在全县的教师基本功大赛中,1 人获一等奖、2 人获二等奖、2 人获三等奖。教师指导学生参加教育部门组织的竞赛活动,有 100 余人次在市、县级活动中获奖。

3. 课程建设显特色

作为一所全国德育名校,学校坚持以国家课程为主导、校本特色课程为支撑的课程建设理念,以学生发展为本,充分挖掘学生潜能,促进学生个性特长发展,借助读书节、体育节、科技节、艺术节、课外兴趣小组等校本特色项目,提升学生的课外学习兴趣。目前学校课外兴趣小组已启动 12 个特色项目,涵盖学校所有学生,师生人人参与。其中学校的门球兴趣小组成绩显著,近五年来 3 次获县级一等奖、2次获县级二等奖,曾3次代表贵州省参加全国青少年门球锦标赛。

4. 德育工作重内化

学校本着"立德树人"的理念,从学校实际出发,借助百年名校的有机载体,积极探索适合学校发展的德育课程、促进学校德育工作持续发展,创新性地开展学校德育工作。在过去的五年中,学校在余庆县教育局及龙家镇党委、镇人民政府的支持下,建设了"童心向党展览馆""世纪长安馆"等德育实践基地,拓宽了学校德育教育的载体,有400余人到校参观。2018年全县关心下一代工作委员会会议在我校召开,我校作为参观点,迎接了100余人到校参观。草原英雄小姐妹龙梅和玉荣来校开展德育实践活动,为学生面对面讲解爱国故事。

5. 教育质量见成效

学校教育教学工作遵循"以质量推动学校发展"原则,以课题研究促进教师专业发展,有效提高课堂教学质量。过去的五年中,学校教学质量处于全县中等水平,部分学科名列前茅,30余位教师获得教学成绩一、二、三等奖。

(二) 学校发展过程中的问题

1. 教师队伍建设有待优化

从教师的年龄结构来看,45岁以上教师占55%,相当一部分教师出现职称到手后安于现状、不思进取的职业倦怠现象,教师的老龄化在一定程度上制约了学校的发展。因此,加快青年教师的成长速度,发挥骨干教师的辐射作用,激发年老教师的工作热情,是学校在形成新三年发展规划时应重点思考的内容。

从教师的知识结构来看,大部分教师的知识结构过于单一,专业化发展受到限制,导致教师不能适应课程改革的要求。教师需要打破学科界限,在精通本学科知识的基础上,掌握多门学科的知识,以满足培养学生综合素养的需求。

从教师的教育理念来看,部分教师教育观念、教学方法和教学手段相对落后,创新意识和研究能力不强,导致课堂效率较低。尽管近几年通过课题与教学相结合,部分教师调整了教学行为,重视了学生学习习惯的培养,但是面对新课程改革,教师的教育观念还有待进一步更新。教师要善于引导学生探究和主动学习,支持学生自主学习,要从教知识、教方法、教思想等方面出发,开展有效的教学。

2. 德育工作有待创新

尽管学校以德育为特色取得了不少成绩,也探索出一些增强德育实效的机制,但由于社会不良风气及网络负面影响的压力、家庭教育的缺失等问题,给学校的德育工作带来很大挑战。

3. 课程体系有待完善

虽然学校每学期开设十几门兴趣小组学习活动,但由于缺少整体规划和顶层设计,使得课程有些应付,在层次性上和实践上存在问题。

4. 硬件设施有待改进

由于学校整体布局不规范、资金不足等,导致许多硬件设施不到位,表现在班额偏大、教室偏小、教师办公场所紧张、功能教室设施未到位、信息化建设受到限制等,这些都阻碍了学校的发展。尽管在过去的五年中,加强了校园环境工程建设,完成了新校区的建设,新修了综合楼、食堂、男生宿舍,美化了女生宿舍等,使校园面貌焕然一新,但是面对教育发展的需求,学校的硬件设施有待进一步改善。

三、形成学校发展文本

经过多方面聘请专家对学校发展规划会诊后,确定了学校发展的总体目标,并按照学校各项工作的特点将发展目标进行有机分解,逐步确定了学校各项工作的具体目标。例如:以打造"四有"好老师为目标,以师德建设为核心,以教师专业化发展为主线,创设促进教师全面发展的环境,探索促进教师专业素养和教学能力持续发展的新机制,精心打磨一支"师德高尚、理念先进、业务精湛、团结协作、敢于探索、勇于创新"的智慧型教师队伍,形成"第一做学生的朋友,第二做学生的先生"的教风;学生培养目标——引导学生践行"胸怀祖国,放眼世界,带着理想从这里出发"的校训,营造"乐学善思,乐行善悟"的学风,塑造符合新时代要求的优秀龙小学子。根据总目标和具体分目标,形成系统的学校发展规划文本,之后交由职代会充分讨论通过。

四、实施过程宏观调控

职代会通过后,学校正式以文件的形式将规划下发到各部门,要求各部门根据规划的总目标和各项工作的分目标具体进行实施,做好学校发展规划实施中的过程性资料收集,保证规划有序、有效实施,及时进行阶段性总结。对实施过程中发现的不足,及时进行提炼,这样有助于进一步完善和修订学校发展规划,有助于进一步发现问题、诊断问题,达到解决问题的目的,让学校的发展规划更加优化,能更加有效地指导师生为百年名校的发展找准方向。

五、评价完善发展规划

在逐步实施的过程中,学校原制定的发展规划一定会存在一些弊端,也不可能一次性成形,形成终极版的学校发展规划,需要在实施的过程中一步一步地更新,最终形成较为完善的学校发展规划。所以,在实施中评价学校发展规划是一个非常重要的过程,同时要结合社会发展的趋势,不断完善发展规划,尽可能让规划尽善尽美,为百年名校的发展制定一个较为完善的顶层设计,让百年名校的特色得以充分彰显,体现农村学校在全国教育发展中的生机与活力。

学校能获得今天的众多荣誉,成为全国的德育名校,与形成了科学、长远的学校发展规划分不开。在实施的过程中,学校结合实际校情,及时调整规划方案,在保障人员、经费和安全的前提下,有序推动学校发展,让学校、教师、学生都得到了进步。在今后的学校发展中,将继续以学校发展规划为蓝本,科学调整、适时优化,为让百年学校更显光彩而不懈努力。

教以育人为本 生以成材为志

——莎车县牌楼小学发展规划

黄玲春

（新疆维吾尔自治区喀什地区
莎车县托木吾斯塘镇中心小学）

作者简介：黄玲春，汉族，中共党员，1981 年 9 月 10 日生，中级教师，2005 年 3 月参加工作，2005 年 9 月任莎车县牌楼学校教务主任，2017 年 4 月任校长，现任托木吾斯塘镇中心小学书记。

摘要：随着教育改革的不断深入，传统的学校教育正在面临新的变革。为进一步丰富办学内涵，提升办学水平，更好地满足人民群众日益增长的教育需求，让学生满意、家长放心、社会赞誉，使学校与经济发展相适应，学校在认真分析校情的基础上，坚持科学时效、广纳群言、实事求是、面向未来的原则，寻找发展变革的突破口，使学校的办学目标更具针对性，使近期目标与远期发展规划定位更准确，措施更具体。

关键词：优劣分析 发展规划 办学特色

学校在原有基础上，站在全面建设和谐师生关系、促进学校发展的高度进行思考，以学校发展为主题，以全面提高教育质量为根本出发点，进一步创新学校管理，依法办学，依法治校，依法执教，构建现代化学校管理机制，进一步深化新一轮课程改革，不断提高教育教学质量，全面实施素质教育，推进国家通用语言文字教育全覆盖，力求办人民满意的学校，结合 SWOT 分析法，制定学校发展规划。

一、学校发展的优势与劣势分析

（一）学校发展的优势分析

1. 学校的基本情况

我校距离莎车县县城 80 公里，是一所九年一贯制学校。学校始建于 1965年，于 2001 年正式移交莎车县教育局管理，更名为莎车县牌楼学校，2019 年中学部并入墩巴格乡中学后，再次更名为莎车县牌楼小学。学校现有 25 个教学班，在校生 886 人，生源来自附近的荒地镇、良种场以及麦盖提西依提墩乡，90%的孩子寄宿。学校现共有教职工 62 名，其中汉族教师 5 人，民族教师 57 人。学校占地面积 25340 平方米，建筑面积 3688 平方米。

2. 学校教学水平提升

在几任校长与全体教职工的努力下，学校的各方面工作蒸蒸日上，教学成绩居于全县前列，在 2017 至 2018 学年第二学期全县期末测试中排名第八。学校先后多次被评为先进学校，2012 年被评为德育示范学校。

3. 校舍改造顺利完成

在国家校舍安全与对薄弱学校建设的"20 条底线"的大背景下，通过地区及教育局的努力，2015 年新建了 1700 平方米学生公寓、300 平方米食堂，2017 年新建了 1800 平方米少年宫，2018 年开工建设 3200 平方米新教学楼，教学点1100 平方米的新教学楼。学校基础建设全部完成，学校环境及硬件设施大为改善，学校把工作的重点转向内涵发展。

4. 学校管理渐趋规范

学校加强了依法治校，拥有一支完备的干部队伍，年龄及业务结构比较理想，富有朝气，整体水平较高，有一定的理论素养及管理能力。中层干部各尽其责，各部门工作协调统一，教研组形成合力。学校不断完善各项管理制度，民主和谐、求真务实、凝聚力强的团队氛围已经形成。

5. 德育工作特色鲜明

学校的德育工作成效显著，以习惯养成和读书活动为主要抓手，落实"读书启智、习惯奠基"的理念。同时，以值周工作、评优机制、校内外各种主题活动等为载体，使学校德育工作有层次推进，不断拓展德育活动空间。以校园文化和班级文化创建活动为内容，形成了"自主参与，自主管理"、由"他律"到"自律"的德育工作模式。

（二）学校发展的劣势分析

1. 师资队伍老化，专业教师缺乏

目前，我校教师中国语水平不达标的比例很大，在 2017 年的教师国语教学能力测试中，合格率仅有 45.9%，并且新教师得不到及时补充。由于学校距离县城较远，地段偏远，外出学习的机会不多，教师缺少活力，思想观念落后，教学方法滞后，教育教学质量已经呈下降趋势。由于音乐、美术等专业教师匮乏，村小几乎不能开设艺术类课程，也使学校的发展面临窘境。

2. 配套设施不完善

校本部的硬件条件相对较好，村级小学虽然新建了校舍，但是相关配套设施还不够完善，教学设备缺乏，体育场地、体育器材等均不能达标。

3. 学校住宿条件有限，外地教师生活困难

我校 30% 的教师来自附近的县市，由于学校离管辖的墩巴格乡有 30 公里，因此教师无法入住教师周转房，现在所有教师借住在一家商贸公司内。住宿条件较差，很难留住新聘教师。

（三）学校发展的机会分析

1. 国家对基础教育特别是农村教育加大投入为学校发展注入活力

《国家中长期教育改革和发展规划纲要（2010—2020 年）》的出台，以及"改薄""义教均衡""国检""创强"等一系列利好政策对农村教育的发展是很好的机遇，在这样的大背景下，学校的硬件建设必将迎来快速发展的春天。农村教师补助及特岗教师政策的落地也必将为农村学校师资的优化与稳定提供保障。

2. 家长和社会对教育的关注与重视给学校带来发展空间

家长和社会对教育的关注达到了空前的程度，在依法治校的前提下，充分发挥家长与社会的教育资源，形成有效的教育合力，打开校门办教育，会同社会力量谋求教育的发展已经成为可能。

（四）学校发展的挑战分析

1. 优质生源外流，学校布局不尽合理

由于教育发展的不均衡及家长对教育的高期望，出现了"有能力"的家长把相对优质的学生竞相转学的现象，乡里的进县里，县里的进市里，使得留下来的生源数量与质量不断下降，且困难家庭儿童居多。我们乡镇地域广阔，交通不

便,村小学生数量逐年下降,2018 年我校村小仅有 100 名学生,导致村级小学成了"鸡肋",无法配齐优秀师资。

2.教师学习意识不强,敬业精神不够

农村教师的福利待遇低,外出学习机会少,教师参加校本培训的热情和内驱力不强。加之科学有效的教师评价新机制尚未真正形成,教师工作和生活压力大,职业倦怠严重,制约了学校的发展。

二、学校发展战略定位

（一）三风一训

读书启智,习惯奠基。学校致力于培养学生的良好习惯,奠定学生幸福人生。

校风:团结、守纪、勤奋、求学。团结是和谐人际关系的彰显,守纪是学校德育教育的关键体现点,是中小学生自身约束力的体现,是和谐校园的主要条件,勤奋学习,打好人生的根基,吃苦才能成大事,热爱学习是取得成功的动力。

教风:敬业、爱生、探索、奉献。我校教师用他们兢兢业业的工作态度、无怨无悔的工作热情成就了我校的辉煌,形成了良好的教风。"敬业"是工作态度的精华体现,"爱生"是教育工作者的情感升华,"探索"是对工作精益求精的追求,"奉献"是社会主义教育工作者思想境界的体现。

学风:自信、求真、乐学、创新。自信是成功的基础,求真是求学、做人、做事的态度,乐学是学生个体具有旺盛求知欲和孜孜以求的学习精神的动力,自信、求真、乐学是创新的基础。

校训:教以育人为本,生以成材为志。

（二）办学理念和管理目标

办学理念:为学生的终身发展奠基。教育的核心不是传授知识,而是培养人的健康人格,良好的习惯正是健康人格的基础。知识改变命运,习惯成就未来,坚持以良好习惯的教育来促进学生健康人格的形成。在日常学习和生活中不断培养学生基本的做人、做事的良好习惯,为学生身心的全面发展奠定坚实基础。把课堂还给孩子,把安全还给孩子,把健康还给孩子,把快乐还给孩子,把未来还给孩子。

管理目标:安全、规范、质量、和谐。做好教育及服务。学校应对每位孩子负责,为他们的健康发展、和谐发展和终身发展打下坚实基础。

三、学校发展目标

（一）办学目标

办学目标是让每一个学生感受成长的快乐，让每一位教师享受成功的幸福。

（二）育人目标

初步培养学生良好的生活习惯、学习习惯和行为习惯，对学生进行"养成教育"，帮助学生形成良好的行为习惯和道德品质。培养学生良好的意志品质、健全人格和远大理想。帮助学生初步树立正确的人生观、世界观和价值观，培养自尊自爱、诚实守信、积极进取、经受挫折等心理品质和一定的明辨是非、控制不良影响的能力。

（三）近期目标

完善校舍改造与硬件建设，调动广大教师的工作积极性，培养教师终身学习与教学研究的意识，形成和谐向上的工作氛围。

（四）中远期目标

办学条件与教育质量均达到标准，形成鲜明的办学特色，使村小和校本部一样，达到真正的均衡发展，成为社会认可、人民满意、教师幸福、学生快乐的一流学校。

四、学校发展项目

（一）重点发展项目——校舍改造与设备更新

指导思想：依法依规，开源节流，质量第一，安全至上。

年度目标：2018年牌楼学校完成校舍重建并投入使用，其乃巴格教学点完成重建并投入使用。2019年装备牌楼学校的图书室、微机室和实验室。2020年力争完成牌楼学校校舍改造，对运动场和体育器材进行改造，在教学点修建适合校园足球的运动场地与设施。

（二）基础发展项目

1. 师资队伍

第一，着力提升教师的师德修养。确立"教师素质，师德为本；教师教育，师德为先"的观念，开展以"热爱学生、教书育人"为核心，以"学高为师、身正为范"

为准则,以提高教师思想政治素质、职业理想和职业道德水平为重点的师德教育。

第二,掌握现代教育技术。借助三通两平台和晒课开展校本教研活动,开展课件制作等活动,提高教师的信息技术与课程整合能力。

第三,着力推进校本研修活动,努力打造名师工程。在系列活动中实现骨干教师引领、师徒结对、实践反思、循环改进的校本研修,激发教师专业自主发展的内驱力。

第四,实施专业发展奖励机制。通过各层面的课堂教学等基本功竞赛,让教师在竞争中自主发展,促进教师专业发展。

第五,搭建平台,开展内部展示交流、外部聘请活动,建立专题讲座、课堂教学展示等研究展示平台。

2. 德育工作

指导思想:走德育特色之路。

工作目标:从小学生的在校学习时间、年龄特点和成长规律出发,阶段化实施德育目标和特色建设活动的目标,分别由近期(一年)、中期(两年)、远期(三年)三个阶段来完成。

远期目标:"养成教育"的德育特色享有盛誉,活动具有广泛影响力,校园文化有品位、上档次。以学生在校学习满 6 年为远期目标。

中期目标:出形象,有成果,家长满意,学生优秀。通过养成教育,在教师的帮助下以《小学生行为规范》来约束行为,初步培养学生良好的生活习惯、学习习惯和行为习惯,培养学生良好的意志品质、健全人格和远大理想,帮助学生初步树立正确的人生观、世界观和价值观,培养学生自尊自爱、诚实守信、积极进取、经受挫折等心理品质和一定的明辨是非、控制不良影响的能力。

近期目标:以每学期的值周工作和学校各项活动为主渠道,通过常规德育管理培养学生的良好行为习惯。

主要措施:第一,德育特色。开展以"养成教育"为特色的德育特色学校创建工作,对学生进行"养成教育",培养学生良好的行为习惯和道德品质。开设校本德育课程——"养成教育"。按"养成教育"的要求,指导学校德育工作的开展。第二,抓班级文化建设,创文明校风。从常规训练入手,使文明具体化。根据学生的身心特点,结合各年级实际,有针对性地开展德育活动,使各年级德育内容专题化、规范化。每学期开学的第一个月为"规范教育月"。根据年级德育主题,把小学生行为规范和守则的内容细化成训练表,按时间分月、周、日,按内容分卫生、课间操、路队、文明,然后列出相应的训练要求。例如:上学、放学的路队和全校性集合排队、进退场秩序的训练,每天进校时敬礼、问好姿态的训练,倡导队员们在实践体验中着重培养 10 个道德好习惯。各年级按照训练表开展德育主题活动,力求使本年级德育内容具体、细致,具有可操作性而不致流于空泛和说教,使学生易于接受。第三,多元的激励评价。以学生自评、小组评价、班级评价、班主任评价、学校检查评比等形式,形成"班级递进式""学校多样化"的评价模式。第四,创设校园德育文化。成立学校"红领巾广播站",利用周四中午的课间时间,对全校学生进行德育宣传,对学校涌现的好人好事进行表扬,各班利用学校的"红领巾广播站"宣传本班的德育活动。第五,建立督导机制。成立"红领巾监督岗",建立学校值日检查评比制度,对全校各班级学生的日常行为进行监督检查和评比,并每天对全校各班级的评比结果进行公布,每月对全校各班进行"星级"评比,并且与班主任的考核挂钩。

3. 教学工作

学校努力构建"目标导学"的高效课堂教学模式。

责任部门:教务处。

指导思想:以新课程理念为指导,遵循学生的认知规律,遵循学科教学的特点与规律,遵循实际,旨在高效。

工作目标:形成简单易行且行之有效的"目标导学"高效课堂教学模式。

主要措施:(1)开展校本培训,学习新课程理念;(2)组织教研活动,论证新教学模式;(3)走出去,请进来,提高应用能力;(4)开展课堂教学竞赛、展示、观摩、汇报、经验交流等活动。

4. 教研工作

继续深入搞好"大学区捆绑式"教研形式,重过程、重实效。夯实每月一次的主题集体备课活动,每两周一次的全镇大学年组集体备课活动,以及每周一次的本校内学年组集体备课活动。借助校际间交流、培训基地校学习等活动推进我校教研工作。

5. 学校课程

严格执行国家课程设置标准,适当安排区级课程内容,结合本校实际积极开发校本课程,内容主要为阅读、写字、安全教育、开心农场等,力争每周每班开设一节校本课程。

6. 学校文化

我校将以校园文化建设为载体,在好习惯养成教育方面,积极探索,积累经验。通过活动宣传促明理、校园文化重熏陶、以人为本促自省、制度全面促养成、规范管理定习惯、争星评价促发展等方法和措施,使我校的好习惯养成教育取得显著效果,走出一条适合我校德育发展的新途径。

五、实施保障系统

(一) 组织保障

成立实施发展规划领导小组。

以规划目标和任务为导向,明确分工,落实到人。校长为实施规划的第一责任人,侧重把握战略规划;副组长具体负责,组织相关部门对规划中的课程改革、教学质量提升、校本课程开发、骨干专长教师的培养等具体工作进行实施,形成管理与实施的组织网络。

(二) 思想保障

通过广泛的学习宣传和深入的交流讨论,在全体教职工对学校三年规划充分认识的基础上,由部门制订出职能工作计划,由个人制定出自我职业发展规划,并认真落实规划,力争在最短的时间内统一思想、达成共识。

1. 环境保障

通过面向社会的广泛宣传,不断提升学校的社会声誉和办学特色的知名度,营造良好的社会环境,取得各界的支持及参与。

2. 物质保障

通过多方努力,力争得到上级财力的大力支持,不断地改善办学条件,增添设施设备,保证学校规划的顺利执行。

3. 安全保障

通过强化责任,形成突发事件处置预案,对影响安全和稳定的因素进行全面排查、防范控制、主动化解,确保万无一失。

未来三年校园发展的蓝图已经绘就,而通向共同愿景的道路更需要我们踏踏实实、科学创新、与时俱进。这个过程不仅会改变和提升校园的未来,也将影响和提升我们每个人的未来。让我们一起努力,打造特色品牌,构建和谐校园,共创完美明天。相信学校的明天会更加美好!

点　评

　　把规划学校发展作为对口支援校长培训课程的重要内容,将其纳入课程体系,可以说抓住了提升校长领导力的"牛鼻子",是促进学校发展的关键。

　　七位作者很有代表性,分别来自东部、中部和西部不同地区;涵盖十二年一贯制、普通高中、初中和小学等各种不同学制及公办、民办不同体制学校;有高水平的标杆校,也有以农民工子女为主的学校;有新建学校,也有百年老校;作者中既有省级名校长,也有督导专家,更多的是处于成长期的校长和分管校长。他们是我国基础教育多样性、差异性、不均衡性的缩影。他们有一个共同的特点:经过培训,对于学校的发展规划有了正确而清晰的认识,进行了独到而系统的思考。

　　七篇文章集中呈现了规划培训的初步成果。一是文本牢牢把握教育事业的育人本质,把立德树人作为出发点和归宿。二是作者均为有思想的实践者,他们积极思考如何从学校实际出发,把先进的办学理念转化为育人举措和办学成效,体现了制定规划所特有的前瞻性、针对性和操作性。三是都重视办学主体——教师队伍的建设,注重育人主渠道——课程教学的改革,把教学质量作为学校发展的生命线,研究学校、教师、学生,追求以自己的方式教好每一个学生,成就每一位教师。四是注重思维方法,讲究工作策略,有主有次,重点突出,体现追求自主办学和特色发展的思维品质。

　　七篇文章都是作者发自内心的实践反思后的个性化表达。规划就是要唤醒校长自主发展的意识,激发学校办学的积极性、主动性和创造性,这一点在文本中很好地得到了体现,也是培训特别让人欣慰的成果。

(上海市黄浦区人民政府教育督导室主任　张瑞田)

三

我们共生的育人文化

学校文化是有形的,更是无形的。学校文化建设的核心是精神文化建设,它弥漫于学校的每个角落,渗透在每个人的行为里。文化对人的影响不在于灌输,而在于熏陶与浸润。真正的教育从来都是"润物细无声"的,触动人心灵的教育从来都是"当春乃发生"的。一个人拥有了文化,那种挥之不去的文化气息就会如影随形地环绕在他的身边——言谈举止,都有文化的能量。

　　本部分共收录了五篇文章。五位作者根据自己在上海学习所得,结合各自学校的办学特色,提炼学校的育人理念,营造良好的育人文化。文章内容涵盖幼儿园、小学、初中的育人管理实践,从理念构建到实践探索,无不体现了各地各校的学校文化特色,一定能为同区域的学校提供实践经验和范本。

(贵州省遵义航天中学恒大分校　刘　玲)

让每一个生命都自由舒展

——"温润德育"文化理念的构建与育人路径的探索

刘 玲

（贵州省遵义航天中学恒大分校）

作者简介：刘玲，贵州遵义人，毕业于贵州省南白师范普师专业，贵州师范大学教育学专业函授本科学历，现任遵义航天中学恒大分校副校长，中学语文高级教师。

习近平总书记在全国教育大会上指出：要努力构建德智体美劳全面培养的教育体系，形成更高水平的人才培养体系；要把立德树人融入思想道德教育、文化知识教育、社会实践教育各环节。

遵义航天中学恒大分校是一所新学校，于 2018 年 8 月建校。学校以"办有温度的教育"为办学理念，以人为本、立德树人，关注学生全面发展，尊重每个学生个性发展，力求建成一所飘逸书香、植养人文、倡导习惯、善知善行、传递温情、高标准、高品位的学校，让全体师生过上一种幸福完整的教育生活。

一、"温润德育"文化理念的整体构架

建校之初，集全校教师的智慧，构建了学校的文化理念框架，在学校文化理念框架下，构建了"温润德育"的理念。

办学思想：办有温度的教育。

办学理念：以成长陪伴成长。

育人目标：让每一个生命都自由舒展。

学风：至勤至善，各美其美。

德育模式：陪伴唤醒，温润德育。

学子形象:仪容美、语言美、行为美、个性美、心灵美。

"三全"育人模式:全员育人、全程育人、全方位育人。

"二分一合"阶梯式、序列化育人目标:"二分"即年段目标分层、具体目标分解;"一合"即全员合力,参与实施育人目标。

根据年级学生差异,确立具有年级梯次、叠加式的育人目标:七年级:温润心灵　培育大美学子——仪容美、语言美、行为美;八年级:温润品德　培育知行君子——知礼仪、知孝悌、知感恩;九年级:温润人格　培育精恒骄子——大视野、大格局、大情怀。

根据中学生的年龄特征,结合学校文化理念,提出六大育人方式:以入学四礼书写孩子的人生底色;以规范管理塑造孩子的行为习惯;以传统文化涵养孩子的道德底蕴;以艺术活动升华孩子的气质品位;以家校共育浸润孩子的品性修养;以温润课程润泽孩子的生命灵魂。

二、"温润德育"文化理念的具体阐释

(一)"温润德育"理念的理论支撑

培养什么人、怎样培养人、为谁培养人等问题,是新时代教育的核心问题。落实立德树人的根本任务,坚持教育为人民服务、为中国共产党治国理政服务、为巩固和发展中国特色社会主义制度服务、为改革开放和社会主义现代化建设服务。努力培养能担当民族复兴大任的时代新人,培养德智体美劳全面发展的社会主义事业建设者和接班人。

根据学校的办学思想,学校提出了"陪伴唤醒,温润德育"这一教育模式。实际上,教育本身就是一个不断唤醒的过程。作为师者的我们,面对新时代的初中生,需要一种彼此尊重、共同成长的陪伴,更需要一种春风化雨、润物无声的影响,让其成为他自己。

(二)"温润德育"的定义

以关爱和尊重为精神内核,通过基于温暖的学校氛围、温馨的环境设置及自由舒展的学习生活方式,通过学生自我接触、自我体验、自我感悟来自觉改变行为的一种德育模式。

(三)"温润德育"的特征

和风细雨、润物无声、静待花开。

（四）"温润德育"的氛围

温暖、温馨、祥和。

（五）"温润德育"的方式

浸润。

（六）"温润德育"的原则

尊重学生身心成长规律,降低重心让德育回归学生生活;营造有利于学生自我吸收的德育氛围,感染、激励学生;淡化说教,找准载体;强调学生自主学习,注重在体验和感悟中实现"润德"。

（七）大美学子形象

仪容美:容貌整洁、服饰得体、端庄稳重、朴实自然、优雅尚美。

语言美:真挚文雅的话语,亲切和气的交流,触碰心灵的沟通。

行为美:行之有道,为之有理;举止大方,既美且善;温文儒雅,彬彬有礼。

个性美:内敛而不内向,活跃但不张扬;英勇刚强、果断坚毅、朝气蓬勃、敢于质疑,崇尚真理、勇于创新。

心灵美:内心丰盈、灵魂清澈;有海纳百川的格局,为他人着想的善良,美人之美的胸怀。

（八）"三全"育人模式

全员育人,是指由学校、家庭、社会、学生组成的"四位一体"的育人机制。学校成员包括学校管理干部、班主任、任课教师、图书管理员、宿管教师、食堂工人、门卫教师、后勤服务人员等;家庭成员主要是指父母亲;社会成员主要是指校外知名人士、优秀校友等;学生是指全体学生。

全程育人,是指学生从进校门到毕业,从每个学期开学到结束,从双休日到寒暑假,学校都精心安排思想政治教育、班团队课、德育活动课程、传统节日文化教育等,贯穿始终。

全方位育人,是指充分利用各种教育载体,主要包括学生活动、自主管理、社团建设、课程设置、校园文化建设、学风建设、诚信教育、社会实践等,并将德育寓于其中。

（九）"二分一合"阶梯式、序列化德育目标

"二分"即年段目标分层、具体目标分解;"一合"即全员合力,参与实施学校

德育目标。根据年级学生差异,确立具有年级梯次、叠加式的德育目标。

（十）"一课四化"的育人路径

"一课四化"是指德育综合课和养成教育规范化、劳动教育生活化、主题教育系列化、德育活动课程化。

1. 德育综合课

每天开设一节全校性的德育综合课,内容包含主题教育、体育锻炼、学生展示,见表1。主题教育涵盖思想教育、纪律教育、安全教育、国防教育等。体育锻炼包含自编韵律操、自编跑操、体能锻炼等项目。学生展示是通过朗读者、梦想舞台秀、歌舞、相声、小品、器乐、演讲、朗诵等形式引导学生展示个性特长,让学生各美其美,自由舒展。

表1　德育综合课

时间	课程内容	课程流程
星期一 上午 10:20—10:50	1. 升旗仪式 2. 国旗下讲话 3. 上周小结	1. 学生在教室门口列队,两名学生分别举班牌和连旗 2. 学生伴着音乐跑步进场,到达本班位置,进行队列训练 3. 随音乐提示音,开始做韵律操 4. 音乐换后,学生做体能操,达到中考体育项目的训练目的 5. 师生代表进行主题教育发言或组织观看有关视频 6. 学生以歌曲、舞蹈、演讲等形式进行特长展示 7. 学生伴着音乐伴奏版整齐退场 注:整节德育综合课主要用音乐指挥,教职工同步参加德育综合课
星期二 上午 10:20—10:50	1. 礼仪教育 2. 体育锻炼 3.《朗读者》活动	
星期三 上午 10:20—10:50	1. 法治教育 2. 体育锻炼 3.《梦想舞台秀》活动	
星期四 上午 10:20—10:50	1. 红色教育 2. 体育锻炼 3.《长征故事进校园》活动	
星期五 上午 10:20—10:50	1. 安全教育 2. 体育锻炼 3.《国学经典》活动	

2. 养成教育规范化

新生进校以国防教育和行为规范教育为主线,针对"养成教育"设计活动、系统训练达到了"养成教育规范化"的效果。在平时学习生活中,主要通过每天一节德育综合课等形式,对学生尊敬师长、文明礼貌、遵纪守法、学习锻炼、卫生仪表等开展教育,以提升他们的个人基本素养。

3. 劳动教育生活化

让学生学会"四会":学会做事,从扫地开始;学会做人,从感恩开始;学会健身,从做操开始;学会礼貌,从问好开始。立足学生劳动行为习惯养成,逐步将打扫卫生开发为学校的劳动课程。

4. 主题教育系列化

将学校的主题教育分为三个篇章,倡导全员参与原则,让每一个学生都能参与到活动中来,让每一个学生都能成为活动中最耀眼的明星,要为每一个学生打造属于他们的德育大舞台,来充分展现他们最好最美的一面。

节庆篇,利用民族传统节日及重大节庆等纪念日,组织学生开展节日文化主题活动。如"欢欢喜喜闹元宵""红领巾义卖""清明故居寻访""五月感恩季""六一快乐活动日""我心中的好教师""国庆中秋话团圆""快乐迎新",让学生在丰富多彩的活动中受到潜移默化的影响。

成长篇,落实"三点"教育。即七年级的起点教育,引导学生确立目标,认同学校的价值理念,落脚点是新生入学教育和"迈好成长第一步"主题活动;八年级的拐点教育,引导学生学会感恩,坦然面对青春的困惑,落脚点是"感恩教育"和"十四岁生日"主题活动;九年级的点石成金,引导学生合理定位,实现自己的人生规划,落脚点是心理辅导系列活动和毕业典礼等。

特色篇,设立我们自己的节日。如"航中恒大分校最美学子节""航中恒大分校生日"。

5. 德育活动课程化

开发德育校本课程,根据学生的年龄特征,将琐碎、零散的德育活动归为课程,以课程育人。

以针对性活动为龙头,开发"遵义航天中学恒大分校学生入学指南"课程,实施养成育人。新生进校以国防教育和行为规范教育为主线,开发"遵义航天中学恒大分校学生入学指南"课程。

以家校联动为契机,开发"遵义航天中学恒大分校家校共育"课程,实施全员育人。由于我校是城市寄宿制学校,每周举办一次家校共育活动,学校形成了《遵义航天中学恒大分校家校共育读本》,形成学校、家庭共同育人的局面,陪伴孩子成长。

以社会性活动为契机,开发了"遵义航天中学恒大分校学生自主管理"课程,实施自主育人。以学校团支部—学生会—班团队—小组合作等团队方式,走出校园、走进社区志愿服务,实现学生自我发展、自主成长的目的。

以评价性活动为动力,开发了"榜样在身边"课程,实施激励育人。学校将建立"大美之星"学生评价体系,以"大美之星"评选为载体,让一个又一个学生成为学生身边的"明星",既让"明星"们体验到成功的喜悦,又引导其他学生向身边的"明星"学习。如设置礼仪之星、阅读之星、勤劳之星、美术之星、运动之星、服务之星、善良之星等,让学生在这样的活动激励下,不断提升自我,实现润物无声的润德,进一步体现我校"让每一个生命都自由舒展"的育人目标。

三、"温润德育"育人路径的实践探索

(一) 构建"人人都是德育工作者"的全员育人氛围

全体教师都是德育工作者,每个班三名班主任,一名正班主任,一名副班主任,一名见习班主任。每名教师做到十知晓,具体内容为:(1)知晓学生的姓名含义;(2)知晓学生的生活习惯;(3)知晓学生的性格特点;(4)知晓学生的行为方式;(5)知晓学生的兴趣爱好;(6)知晓学生的困难疑惑;(7)知晓学生的情感渴盼;(8)知晓学生的家庭情况;(9)知晓学生家长的思想;(10)知晓学生家长的愿望。

(二) 探索"654321"常态育人模式

三年"6个1":每个孩子在校学习三年,至少有一项体艺特长;每个孩子至少参加一个社团;每个孩子至少参加一次社区服务;每个孩子至少参加一个课题研究;每个孩子至少参加一次红色文化传承活动;每个孩子至少参加一次采茶学农生活实践体验。

一年"5个1":每年由学校召开一届班主任论坛、一届艺术嘉年华、一届体育健康节、一届书画展、一届毕业典礼。

一学期"4个1":每学期学校将组织一次社团展示、一次最美学子评选、一次优秀班级评选、一次家长学生评教。

一个月"3个1":每个月学校将进行一次最美班级评选、一次大美学子评选、一次家校共育活动。

每周"2个1"：每周进行一篇经典诵读，观看一部励志电影。

每天必有"1"：孩子在校每天运动1小时。

（三）探索六大育人路径

路径一：养成习惯，管理育人。通过"入学四礼"——升旗礼、见面礼、就餐礼、出行礼的文明礼仪教育，养成良好习惯。让孩子养成良好习惯，逐渐形成良好的班级常规：桌椅摆放成一条线、抽屉书柜收整齐、校服杂物放规范、考场内外守规范。寝室常规：被子床单、拖鞋、牙膏口杯、毛巾、盆、热水瓶"六个一条线"。锻炼常规：锻炼孩子意志品质从每天跑步开始，相同的时间由原来的两圈增加到四圈，每日晨会干部、教师激励打气，建立标准。每天三跑——晨跑、德育综合课折返跑、下午体能训练长跑。

路径二：温润心灵，课程育人。一所学校的课程是学校文化的符号，也是这所学校办学特色的名片。课程应该是满足各层次学生多元需求，以学生健康成长和终身可持续发展为目的的立体课程。课程即跑道，是为不同学生设计的不同轨道。学校开设了德育活动课程"民族精神类——为了忘却的纪念""生命教育类——为了生命的璀璨""人文艺术类——为了修养的提升""公民意识类——为了肩负的责任""科学创新类——为了能力的提升"。

路径三：全面发展，活动育人。学校不仅注重学生学业发展，还让学生参与到活动中，以活动育人，以活动育心。学校根据各项主题，组织多种集体活动，让学生全员参与，在活动中获得全面成长。

路径四：多元评价，文化育人。根据我区"康乐、书香、文明、平安、智慧"五好校园的要求，学校结合校训精神进行优秀班级和个人评选。两周评一次知行合一康乐班级、书香班级、文明班级，每月评选善知善行、最美班级，每学期评选至精至恒、优秀班级。每学期评选"温润之星"七星级师生，包括学习领航星、学习习惯星、行为习惯星、生活习惯星、体育艺术星、安全习惯星、德艺双馨师。

路径五：众慧致远，协同育人。成立学校家长委员会，每月召开家长委员会会议，每周五确定为家长开放日。家长从早到晚在学校共同治理学校，进课堂、进食堂、参与跑操，为学校各项工作提出建设性意见，努力构建共生互补型家校协作的范式。

路径六：提升能力，实践育人。将德育延伸到校外，开展假期亲子活动"十个一"工程，开展校外亲子实践拓展活动。

两年来,我校逐步形成了温润德育的理念框架,孩子养成习惯初见成效,得到家长的支持与好评,孩子用细小的行动温暖着教师的心,温润心灵,温润灵魂。教书双育,育人育己。作为师者抑或父母,我们要努力让孩子做一个心灵有温度、精神有高度、思想有境界、灵魂有内涵的人。让我们与孩子一起成长,一生温暖纯良,不舍爱与自由!

办好"有道教育" 营造育人文化

——赴浙沪研修后的德育工作实践

周守勤

(江西省上饶市广丰贞白中学)

作者简介：周守勤，江西广丰人，毕业于江西师范大学教育管理专业，中学正高级教师，现任江西省上饶市广丰贞白中学党总支书记、校长。

习近平总书记强调，"要坚持把立德树人作为中心环节，实现全程育人、全方位育人""要把立德树人的成效作为检验学校一切工作的根本标准，真正做到以文化人、以德育人"。2018年9月17日至21日，上饶市部分高中学校负责人在市教育局副局长的带领下，前往浙江、上海的一些高中学校考察，学习两地高考改革的经验。通过学访，我们对新的高考改革背景下，先进区域学校在课程设置、选课走班、创新育人、德育模式、智慧课堂等多方面的变化有了初步了解与把握，对今后启动新高考改革的认识和应对能力有了很大提升。

从某种意义上说，课程设置、选课走班等属于技术性问题，通过学习是可以短时间内掌握的，但新时代背景下如何进行德育并创新德育模式，则是一个需要思考并长期探索的问题。

一名优秀校长需要具备较高的素养，其中一个维度就是能营造学校的育人文化。校长必须树立正确的育人观，必须制定可行的育人措施，必须构建完善的育人体系。通过研修，让我感触最深、最引发我思考的，是新时代新高考背景下学校如何开展德育工作，如何贯彻习近平总书记关于育人的指示精神，走出一条适合贞白中学校情的德育之路。

一、为谁培养人——我们的德育定位

我们把贞白中学的德育定位为"有道教育"。"有道教育"取意于王贞白字"有道",与王贞白紧密相连,是王贞白道德品行的象征和追求。"有道"二字便蕴含着王贞白身上的优秀品质。贞白中学以他的名字命名,意在继承和发扬以王贞白为代表的先贤身上的优秀品质,将中华优秀传统文化与现代文明相结合,为党育人,为国育才。

广丰地区人文底蕴厚重,历史文化丰厚,许多文人墨客都曾在此留下足迹,如苏轼、朱熹、辛弃疾、杨万里、李清照、蔡元培等,并有大量的文稿留存。这些先贤雅士在广丰地区留下了许多精神财富,同样也成为广丰教育的重要文化资源。广丰地区,地广物丰,人民俭朴,意志刚毅,具有强烈的创业精神。在创业方面,广丰人民更是享有"江西之温州人、中国之犹太人"的赞誉。"君子爱财,取之有道",广丰人之所以能有此美誉,正因为坚持着自己的为商之"道",坚持艰苦创业、宽容协作的精神,善于把握时机、敢于创新。这种具有鲜明地域特色的文化,也在影响着学校教育,并为广丰人所自豪。广丰贞白中学作为广丰的一流名校,同样也要结合本区域的文化,发扬这种创业精神。"有道教育"正是对广丰人民创业之道的传承和发扬。

"道"最初的意思是道路,后来引申为做事的途径、方法、原则、规律、境界等,是一种方法、一种规则,更是一种道德追求。"有道教育"便在于使个体在求学、为人、处世、生存等多方面行之有道,最终实现人与自我、与他人、与自然、与社会的和谐相处。具体而言,"有道教育"的内涵是求学有道,惜时善用,勤学乐学;为人有道,守正向善,诚实担当;处事有道,遵纪守法,求实创新;生存有道,尊重自然,呵护生命。

同时,我校把培养学生的目标定为"学识广博、精神丰润"。其中"精神丰润"强调学生在精神层面上有高尚的道德品质,具有人文情怀、科学精神等素养,寓意是让每一个贞白中学的学子在广丰地域文化的熏陶中成长。

总之,"有道教育"符合社会主义核心价值观,符合学校事业发展实际,体现"立德树人、以人为本"的思想,旨在培养一代又一代拥护中国共产党领导和我国社会主义制度、立志为建设中国特色社会主义事业奋斗终身的有用人才。

二、怎么培养人——我们的德育模式

政策的生命在于实施。学校整体布局,谋定而动,层层推进,从而使"有道教育"建设释放更大的内动力,学校的德育格局也发生着翻天覆地的变化。

首先,我们健全德育制度。学校先后出台了《广丰贞白中学"有道教育"建设实施意见》等文件,建立了"有道教育"定期学习制度,人人撰写"有道教育"学习心得,建立了"有道教育"建设评价机制,制定了"有道教育"建设考核表,对师生学习、参与"有道教育"建设情况进行考核。

其次,我们整合德育资源。学校在狠抓养成教育的同时,把原来零散的教育活动归结到"四位一体"之中。以思想政治课为主阵地,通过政治认同、文化引领,引导学生追求人生价值。如深入挖掘政治教材,因势利导对学生进行政治思想道德教育;关注生活时政,捕捉德育契机;利用科技艺术节期间举办"时政脱口秀"活动;利用选修课,推出"热点聚焦"专题;通过"党的十九大精神教育进课堂"、专题讲座、红色绿色文化进校园、五四青年节团员先锋队活动等形式,对学生进行思想引领。

再次,我们抓好德育常规。学校做好德育的常规动作,举办系列师生喜闻乐见且寓教于乐的主题活动,让师生在活动中认知、认同、践行"有道教育",不断赋予"有道教育"新内涵。

一是发挥宣传引导作用。学校先后创作了校歌《点燃梦想》,编印了《有道健康教育读本》等校本教材,编辑刊印了"有道教育"宣传图册,充实了校内宣传栏,定期更换德育内容,同时利用校内电子屏滚动播出,不断提醒学生践行"有道教育"。

二是利用大型活动进行德育。利用开学典礼、毕业典礼、励志演讲、国旗下的讲话、"国庆""元旦""清明"等重大节日活动,创造性地将这些主题教育活动与"有道教育"建设活动有机融合起来。举办"有道教育"歌咏比赛、"有道教育"书画展、"有道教育"元旦文艺演出、"有道教育"教师演讲比赛、"有道教育"朗诵大赛、"有道教育"主题班会评比等主题活动。

最后,我们创新德育方法。围绕"有道教育"内涵,学校征集各建筑楼的命名;开展"文明寝室"创建活动,营造家的氛围;要求学生主动投入"垃圾银行兑换"活动;要求学生候饭带书看书,惜时向学;家长、学生参与监督;各年级学生投票评选"十佳班长""十佳新星";期末评选"三轻"教育之星和"有道后生";举办"有道讲坛",邀请名家讲学;打造高效"有道课堂";举行高三学生成人礼活动;高考结束后举办"爱与知识的传递"高三义卖活动;打造寝室学习生活共同体。

我校实行全员德育导师制,再加上各类社团的各种活动,教师的教育过程、学生的学习过程、德育的实施过程有机结合、相互渗透,"立德树人"有了多种落地路径。

三、培养什么人——我们的德育成效

经过探索与实践,学校"有道教育"取得了显著的成效。"惜时问学,守道向善"成为全校师生共同的价值追求,"博文约礼,悟道修身;厚德治学,传道垂范;学思忘情,笃道力行"的优良"三风"业已形成,"有道教育"成为推动学校持续走内涵发展之路的强大精神驱动力。

学校的育人质量显著提升,德育工作迈上了新台阶。学生的文明素养、道德品质显著提高。学校涌现出大量先进学生典型,他们引领规范着全校学生的思想行为。

贞白学生心有规矩,行有尺度。校园里处处都有他们拼搏的身影,一流的学风、校风,赢得了家长的认可、社会的称道。"有道教育"的成效重点体现在四方面。

一是学生求学有道。惜时观念深入人心,课堂上,学生听课状态良好,精神饱满;排队时,学生能自觉看书等候;能合理规划管理学习时间,什么时间段做什么,每个学生都有计划;学生遵守考风考纪,考场违规率极小,考试风清气正。

二是学生为人有道。贞白学生精神面貌很好,善于与人交往,懂礼貌,识大体。善良、诚信、宽容等品质根植在学生心中,他们与家长、与教师、与同学、与社会的相处和交往大都能不卑不亢,守正友善。

三是学生遵纪守法。贞白中学办学三年来,学生能进社区、敬老院参加各类志愿活动。学生进取阳光,校园平安祥和,学校也被评为"上饶市文明校园""区综治先进单位"。

四是学生与自然相处有道。贞白学生爱护自然,具有很强的节能减排意识,他们随手关灯,爱护生命,敬畏生命,校内干净整洁,教室窗明几净。一花一草,一人一物,贞白学生都能与之友好相处。

与时俱进的中华优秀文化,有着穿越时空的恒久生命力,不断为中华民族提供持续的精神动力和丰富的文化滋养。站在新的历史起点,广丰贞白中学将继续努力营造风清气正的"有道教育"校园文化氛围,不断开创"有道教育"建设新局面,使"有道教育"精神之花越开越红,越开越艳,为学校各项事业的腾飞保驾护航。

结合办园特色　营造育人文化

聂晓华

（云南省西双版纳州机关幼儿园）

作者简介：聂晓华，女，云南省西双版纳傣族自治州景洪市人，毕业于昆明幼儿师范学校，云南师范大学学前教育专业函授本科学历，高级教师，从事幼教工作24年，现任西双版纳州机关幼儿园党支部书记、园长。

词典中对育人和文化的解释分别为：育人，指对儿童进行德育、智育、体育、美育；文化，指人类创造的物质财富和精神财富的总和，特指精神财富。我所理解的幼儿园育人文化是指幼儿园中所创设和营造的、对儿童德智体美劳全面发展发挥重要影响作用的物质环境和精神环境。《幼儿园教育指导纲要（试行）》中指出，"幼儿园应为幼儿提供健康、丰富的生活和活动环境，满足他们多方面发展的需要，使他们在快乐的童年生活中获得有益于身心发展的经验"。由此可见，育人文化指的是一种环境，它包括了物质环境和精神环境，而幼儿期环境对孩子身心的成长和发展起着非常重要的作用。

幼儿园教育是孩子接受学校教育的开端，是为孩子一生发展奠基的教育。孩子的身心发展特点决定这一阶段的孩子好奇、好问、好模仿，易受周围的人、事、物的影响。古有"孟母三迁"的故事，告诉我们环境对孩子的成长有多么重要。孩子自上幼儿园开始，一周有五天的时间在幼儿园中生活和学习，因此在幼儿园营造良好的育人文化，是非常重要和必要的。

每一所幼儿园都会因地域、发展历史、人文建设等多种因素，而形成各自不同的园所文化。只有根据各自不同的园所文化来营造不同的育人文化，才能让每一所幼儿园的园所文化散发出它迷人的魅力和得天独厚的优势，才能更好地发挥其独特育人价值。下面就以我所在的幼儿园——西双版纳州机关幼儿园为例,说说我们理解的幼儿园育人文化建设。

西双版纳州机关幼儿园地处祖国西南边陲美丽的西双版纳景洪市。西双版纳被誉为镶嵌在祖国南疆的一块璀璨的绿宝石,素有动物王国、植物王国的美称。这里典型的热带雨林气候、丰富的动植物资源、浓郁的民族风情,都是我们得天独厚的特色资源。很长一段时间里,幼儿园的几代管理者和教职工都在思考着如何结合我们的地域特点、人文资源来办适宜孩子健康成长的优质幼儿教育。

一、为孩子提供适宜的物质环境

(一) 自然而优美的环境熏陶孩子的身心发展

《幼儿园教育指导纲要(试行)》中要求"引导幼儿接触周围环境和生活中美好的人、事、物,丰富他们的感性经验和审美情趣,激发他们表现美、创造美的情趣"。给孩子的美育并不仅仅是在课堂中用优美的语言去讲述,或是给孩子欣赏名画、美景,而是要将我们对美的理解和感受融入身边的环境当中,让孩子能看得到、摸得着、感知得到。因此在校园的环境创设中,要尽量做到处处都是美的体现。就以幼儿园的教学楼造型和颜色来说,我们园里各幢教学楼的建筑造型都充满童趣和民族特色:具有傣家竹楼建筑特点的屋顶高高耸起,像一只展翅飞翔的孔雀;各班级的窗框和门框上镶嵌着色彩艳丽的西双版纳吉祥动物——大象和孔雀造型的浮雕;整个建筑群的颜色以具有浓郁傣族风情的红色、橙色为主调,再配上金色,远远看上去像盛装的傣族王宫。园里有可以让孩子尽情奔跑、游戏的绿色草地;栽种了四季常绿的亚热带植物和各个季节盛开的花,如狐尾椰、荔枝树、杧果树、三角梅、鸡蛋花等。这样的环境常常引得路过的游人驻足欣赏、拍照留影,更让生活在这里的孩子,从建筑造型和环境当中了解家乡的建筑风情和热带植物。在一次校园改造中,为了安放孩子们的大型玩具,又不舍得挖掉园里栽种了几十年的荔枝树,我们便自己设计一组木制攀爬架,把荔枝树和大型玩具有机联合在一起,这样的设计让孩子在户外活动时与大树有了更亲密的接触。

(二) 能与孩子互动并富有育人功能的环境,促进他们成长

1. 为孩子创设能与自然亲密接触的机会

教育家陈鹤琴先生说,大自然、大社会就是活教材。《幼儿园教育指导纲要

（试行）》中指出"在幼儿生活经验的基础上，帮助幼儿了解自然、环境与人类生活的关系"。因而在幼儿园的环境当中，要尽量创设和提供条件，让孩子能与自然亲密接触。我们幼儿园在整体的环境创设中，设置了草地、树林、小山坡、热带水果树长廊、小菜园、各种不同材质的路面、沙水池、兰花园、鱼池等区域，目的就是让孩子们在这些自然的环境中，了解、观察和感受大自然中的一花一草一木。孩子们在草地和小树林中钻爬，沐浴着阳光，看看天上的蓝天、白云、飞翔的小鸟，看看地里钻来钻去的小蚂蚁、爬到地面的蚯蚓、雨天的蜗牛等；种植区里种植着十多种亚热带水果，可以让孩子们看到一年四季的蔬菜和水果，能让他们施肥、拔草、浇水，体验收获的喜悦；孩子们可以在各种不同材质的路面上骑行，感受不一样的骑行体验；能同时容纳 60 多个小朋友的沙水池，让孩子们尽情地挖战壕、堆城堡。沙池里的花朵、树叶都能成为孩子就地取材地制作傣族造纸或是进行玩娃娃家的游戏材料。

当水果树上水果成熟的时候，教师就会带着孩子们去采摘，然后和大家一起分享。我们园里的西番莲成熟的时候，小朋友们会把它采摘下来放到班级的生活区角里。在活动的时候，他们会把成熟的西番莲用刀切开，把里面的果肉舀出，拌上白糖，加适量的水，做成好喝的西番莲饮料。在这个过程当中他们了解了大自然中食材的生长过程，懂得如何去管理它们、应用它们、珍惜它们！

记得一位教育家说过"儿童并不是小大人"，他们有着自己独特的学习方式，他们的年龄特点决定了在学习中他们是通过直接经验来获得对世界的认知。因此我们为孩子们创设的活动空间当中的各种物品应该是适合孩子的，可以让他们自己去主导的。如适合孩子搬动的桌子、椅子，可以自己决定如何去布置的展示墙，能随意取放材料的展示柜，大小和长度适合孩子操作的清洁用具，可以让他们自己整理和清洁的活动室。在这样的环境中，孩子能根据自己已有的生活经验，尽情地去模仿、去操作、去实践，让他们获得更为丰富的操作经验，满足他们成长需求。

2. 为孩子打造可以互动的环境

《幼儿园教育指导纲要（试行）》的总则部分就提出"幼儿园应为幼儿提供健康丰富的生活和活动环境，满足他们多方面发展的需要，使他们在快乐的童年生活中获得有益于身心发展的经验"。幼儿园应该创设能与孩子互动的环境。如班级的植物角、动物角，可以让孩子们在自由活动和自主活动的时候，喂养照顾小动物，给植物浇水，观察和记录植物生长的情况；活动室里的墙上悬挂着可以编辫子的毛线，可以认读数字的卡片等。再如主题墙是孩子们可以自主布置的小天地，他们可以根据自己的喜好对主题墙进行设计，可将自己的作品自主布置在主题墙合适的位置。

二、为孩子创设适宜的精神环境

（一）专业教职工队伍懂得如何去理解孩子、支持孩子、助力孩子的发展

一个园所最重要的就是教职工队伍的建设，只有拥有一支好队伍才能办好一个幼儿园。教师是关键。我们需要通过不同的培训教研活动，提升教师的保教专业能力，让教师懂得如何去观察孩子、了解孩子、支持孩子。当孩子在遇到困难，需要支持的时候，我们应该怎样去做？是要给孩子思考解决问题的机会，还是要适时地介入提供帮助？这都需要通过教师专业知识的学习、实践、反思而形成教育观、儿童观，对我们的实际行为进行指导。也只有这样专业的教师，才能为孩子创设更良好的成长环境，让孩子在这个环境当中，愿意表现、乐于表达、自主发展。

（二）开展适合的课程内容，让孩子在游戏中学习、成长

西双版纳有丰富的少数民族资源，这些资源许多都可以运用在幼儿园的教育教学活动中。我们幼儿园也在园本课程的探索当中，做了许多的尝试，开发利用西双版纳少数民族资源及特色材料，丰富幼儿园课程内容。如将西双版纳少数民族民间体育游戏改编成适合 3 至 6 岁幼儿的体育游戏，让其中的投竹标枪、打陀螺、滚铁环、斗牛、打橡胶籽、粘酸角籽等游戏成为孩子日常喜爱的游戏项目。把傣族剪纸融入幼儿园美工剪纸活动中，让孩子在剪剪贴贴的过程当中去了解对称美，发展小手肌肉的灵活性。在这些活动当中，不仅让孩子德智体美劳各方面能力得到发展，同时也让他们通过活动去接触家乡的少数民族文化，从而更加了解自己的家乡，更加热爱家乡。

为了让孩子深入地了解家乡的茶文化和傣陶文化，我们幼儿园利用园里的场地建了一个陶陶吧和茶茶吧，把普洱茶和做傣陶的活动改编成适合孩子的课程在幼儿园当中开展。在茶茶吧的活动室里，我们为孩子提供了适合他们的泡茶工具——70℃的水，大小便于孩子操作的茶具。孩子通过游戏活动，了解洗茶、泡茶、喝茶的整个过程，并且通过课程生成了泡茶的操作流程小书，孩子在任

何时候都可以通过小书上的图文,再次学习泡茶的过程。

在淘淘吧的活动室里,我们邀请到当地傣陶文化的传承人,带领我们的教师一起教研,让教师了解傣陶文化的背景,学习制作的方法。教师根据自己的所学梳理出适合孩子的课程内容,再来开展班级活动。教师还会把孩子制作的作品烧制成成品,并根据孩子的意愿进行展示。幼儿园现在有一面墙摆放着的都是孩子的陶泥作品,在散步的时候他们都会去看一看、讲一讲。

三、建设以人为本的制度文化

制度建设是保障幼儿园良性发展的一项重要工作。各种制度、规范和要求,既是保障幼儿园管理的重要手段,又是体现幼儿园管理思想、管理风格的重要载体。很长一段时间,我们园秉承着"以幼儿发展为本,以教师成长为本,以服务家长为本"的发展理念,开展幼儿园各项活动。在这样的理念指导下,我们建立各种幼儿园规章制度,为科学有效地开展保教工作奠定基础。我们制定合理的一日作息时间,合理安排幼儿一日生活,反复思考和实践调整各个保教环节,在精细化管理过程中,不断优化幼儿园保教工作。我们相信每一个孩子的潜能,尊重每一个孩子的个体差异,力求促进每一个孩子的发展。

我们为教职工的成长和发展搭建各种平台,努力营造相互学习、团结向上、不断进取的工作和学习氛围,让大家在师幼相长的工作中,体验职业的幸福感、成就感;让教师在不断积累知识、经验和才能的过程中,提升自身的价值。

结合幼儿园办园特色,营造良好的育人文化,能让一所幼儿园散发出它独特的园所魅力,能让身在其中的孩子、教师、职工幸福成长。没有最好的,只有最适合的。打造办园特色,营造育人文化的过程,是一个不断思考、反复实践、不停优化的过程。在这个过程中,为了明天的孩子,为了孩子的明天,我们将努力探索、追求更好!

幼儿园文化建设浅谈

彭 锦

（贵州省遵义市红花岗区第二幼儿园）

作者简介：彭锦，贵州遵义人，毕业于贵州省遵义师范学院学前教育专业，现任遵义市红花岗区第二幼儿园党支部书记、园长。

幼儿园文化是一种环境教育力量，是幼儿和教师获得成长和进步的土壤，是提高幼儿园核心竞争力的重要力量。幼儿园文化建设是促使幼儿园持续发展的重要保障，也是支持幼儿园持续发展的重要支柱。近年来，幼儿园文化建设成为人们关注的焦点，这个任务任重而道远。本文从内涵发展、完善制度、人文管理、打造环境等方面进行探讨。

一、幼儿园文化建设的必要性

幼儿园文化是一所幼儿园在长期教育实践中形成的一种特有的价值观念及承载这些价值观念的活动形式和物质形态，包括幼儿园成员共同遵循的最高目标、价值标准、基本信念和行为规范等。文化建设的核心在于要让全体教职员工持有先进的价值观念，让他们发自内心地认同这些价值观念，并且将这些共同认定的价值观落实到与孩子日常接触的言行举止中。塑造良好的师幼形象，使幼儿园园本文化在管理过程中有效地深植和渗透，从而增强凝聚力，提高幼儿园管理水平。我园是一所成立不到三年的新建幼儿园，从筹建到基本运转是这两年来的发展主线。随着人员的充实、部门的相互磨合，幼儿园的文化建设在引领着我园从新园向知名园转型上起了决定性的作用。

二、幼儿园文化建设的策略

（一）系统思考，定义园所的发展

一所幼儿园，无论建园历史是长还是短，必然会有每一代人工作的印迹，后人要及时予以总结和提炼,在不断提炼的过程中,明确前人的贡献和精神,明确目标引领,才能保证园所始终行进在正确的道路上。办园理念是幼儿园办园的理想和信念,是幼儿园办园的灵魂和愿景,对幼儿园的办学目标和发展方向有着引导和规范的作用,能够激励全体教职员工坚定地信奉某种教育价值观,并让全体教职员工对幼儿园的未来充满信心。如上海乌南幼儿园——培养具有中国心的世界小公民,用国际化、多元化来概括再适合不过;重庆森林幼儿园——让孩子回归自然,用原生态、生态来形容最为贴切;上海本溪路幼儿园——自由成长,和谐相融,用包容、开放的态度成就自主的孩子。这些全国知名幼儿园,在园所发展道路上系统思考,不断用课程管理等方法来实现园所文化。幼儿园文化的核心是理念和愿景,不同的理念和愿景反映出不同的文化和追求,办学理念和愿景一旦确定,幼儿园的文化基调也就基本形成了。紧随名园步伐,我园在全体教职工的共同讨论和商议后,根据我们的地理位置、教师水平、家长资源等各方面的实际情况,确立了"自主支持成就自主成长"的办园理念。第一层面是通过幼儿园的管理自主,让教师成为思行并举的自主人;第二层面是教师通过落实园所"给快乐·沐阳光,给时间·待花开,给自由·随意愿"的教育理念,陪孩子慢慢自主地成长。

(二) 精益求精的制度文化建设

随着社会的发展,国家颁布了《幼儿园工作规程》《幼儿园教育指导纲要》等文件,将幼教工作直接提到法制议程上。一个幼儿园同样需要一套适合本园办园需求和长远发展的完整制度。幼儿园的规章制度不是治人的手段,而是园长的意图被教职工接受的契约。如果没有被广大教职工认可,脱离了实际,那么任何一种制度都是没有意义的。因此,在建立健全制度时,我园首先要向全体教职工进行宣传教育,动员全员参与,激发大家献计献策;其次要以园长为核心,组织幼儿园领导小组成员反复推敲、形成有关制度的初稿;再次是召开全体教职工大会,将初稿提交大会充分酝酿、讨论。这样的一个流程显性表现在民主,隐性表现在真理来自实践,也同时体现出我园自主教育理念下对个体内心的需求的关注与满足。只有以幼儿园的发展为前提目标,才能梳理出大方向正确的制度,这也是对教师队伍进行思想建设的一种途径。孔子说:"其身正,不令而行;其身不正,虽令不从。"幼儿园制度有效落实过程中,园长必须以身作则,严以律己,变他律为自律,促使幼儿园从形成制度向建设制度转变。在幼儿园千头万绪的烦琐工作中,我园运用流程管理去提炼和落实制度,因为精准的制度能使幼儿园明确工作方向,做正确的事,而流程管理却可以让幼儿园在工作过程中把事情做正确。

（三）倡导融合的团队文化建设

"凝聚人心"是管理永恒的话题,对物质和精神统一的"度"的把握,这永远是管理者要体验和学习的。作为园长岗位上的新兵,我更要学会换位思考,更多地体会到"我"在群体中的地位——凝聚的过程一定是个平等的过程,剔除"你""我"的社会角色,只剩下文化和事实。

1. 教师管理努力实现人本化

天时、地利、人和,人和为本。如果人的主观能动性得到充分发挥,那么即使在极端困难的情况下,也可以取得好成绩。而人的主观能动性的发挥,在很大程度上取决于管理者的工作。教师是社会人,都会有一定的物质需要,因此幼儿园应及时了解教职工的需求,不断满足教职工合理的物质需要。如可以实施绩效工资,体现多劳多得;为教职工免费提供卫生美味的午餐;为未婚教职工提供舒适的住宿环境;为哺乳的妈妈设立温馨小屋……幼儿园能满足的条件可尽量满足,使教职工安心工作。另外,还应满足教职工的精神需求,我园设置有"我心中的最美教师""流动红旗""模范班级"等考核测评,让教职工能向家长、同事、领导呈现出自己最优秀的一面,提升教师的职业幸福感。

2. 开展丰富多彩的艺术文化活动

幼儿园教师年轻有活力,除了演绎教师这个角色以外,还会对身边美好的事物保持关注。我园会利用各类节日把教师聚集在一起开展丰富多彩的文娱活动,让工作与生活不分家。如三八节开展美妆培训、教师节开展户外拓展、读书日诵读我的家书、国庆节开展唱红歌比赛等。作为园长,掌握跨界的最热点资讯,开展创意无限的活动,不仅能凝聚人心,还能让教师明白"跳出幼教看幼教,才能带给孩子更多有价值的教育资源"。与此同时,在一次次的艺术活动背景下,遵循的是自主教育的其中一个特点——差异性。让教师对自己个人三年规划中综合素养的发展有自主规划的意识,通过自己不断自主学习促进自主发展。

（四）体现理念的物质化建设

1. 以幼儿为本

我们应该为幼儿创设一个环境——想看、能看、乐于看,想玩、能玩、乐于玩,想说、能说、乐于说,想摸、能摸、乐于摸,以满足幼儿的发展需要。幼儿园能让幼儿以幼儿的眼光看世界,以幼儿的心灵感受世界。值得我们反思的是当我们不断学习,不断更新理念,不断改变原有课程内容的时候,我们在更新材料、修缮园舍的时候,是否每一个决策都能以幼儿为本,是否竭尽所能克服经费、制度等客观因素,为体现园所文化提供物质保障。如班级推行自主进餐时,从园长、部门分管负责人、教师和保育员,每天实地观察考核,探讨分析,从幼儿的实际需求出发,提供适宜不同年龄、不同食物的餐具,班级可自主设置不同形式的进餐方式。

2. 目标物化于环境之中

幼儿喜欢摆弄和操作物体,幼儿认识能力在与环境的相互作用中获得发展,幼儿对世界的认识是感性的、具体的、形象的,常常需要实物和具体形象的协调。从某种意义上说,物质环境是幼儿学习的中介和桥梁,因此将教育目标和内容物化于环境之中是幼儿教育的独特之处。如每个班有不同的会"说话"的功能墙,马桶按键上的"按按我的头",厕所墙壁上的"数格子"等,让主题墙成为幼儿学习过程的回顾,让环境真正成为幼儿学习后经验梳理和提炼的展示……从不同的班级呈现的不同环境文化中,也充分体现着我园在物质文化建设中每一个人都是规划设计师,这和很多幼儿园的做法一致,有别于其他园所的是在理念的物化形式进程中,监督管理的任务让每一个人都有对应的责任,让涓涓细流汇成江河湖海,也是自主管理的另一种表现形式。

3. 体现园所特色

幼儿园办园特色是幼儿园在发展过程中通过一定创新而形成的风格与特色,是区别于其他幼儿园个性化的特征,是幼儿园发展的核心动力和核心竞争力。幼儿园的物质文化建设应渗透园所文化:体现艺术性,温馨、和谐、色彩协调;体现以幼儿为本,促进幼儿健康成长;体现幼儿园的管理理念等。如我园文化长廊是以教师和孩子为主体的"大世界",使其层层有主题,有幼儿活动照片、书画作品、教学理念、名言警句等,使其真正成为一扇启迪孩子思想的窗口。同时,让"温馨提示"伴随健康成长,幼儿园每个角落都精心策划,看似不经意散落着的各类安全提示、温馨话语,实际上都促进着教师、家长、幼儿养成良好的行为习惯。

幼儿园园长的使命是使园所的发展看得见,使教职员工的成长看得见,最终实现幼儿园的和谐发展。建设好幼儿园文化无疑是最基础也是最必要的工作。文化建设是一个系统工程,也是一个不断推进、长期积累的过程。所有的建设工作都是在幼儿园的办园理念指导下做成的。我想,通过我们的潜心努力,幼儿园文化一定会升华为一种全方位塑造教育的生命文化。

参考文献:

[1] 温剑青.管理,让教育更专业[M].上海:上海教育出版社,2018.

[2] 陶继新.治校之道[M].南京:江苏凤凰教育出版社,2018.

[3] 赵亮,徐祖胜.幼儿园文化建设指导与策略[M].长春:吉林大学出版社,2016.

浅谈中小学育人文化建设的维度、要素和途径

冯 琴

（西藏自治区日喀则市上海实验学校）

作者简介：冯琴，四川广元人，毕业于西藏民族大学汉语言文学专业，高级职称，现任西藏日喀则市上海实验学校副校长。

摘要：学校的文化是大多数学生共同的价值观以及行为规范，是最能体现学校风范以及学校精神的代表性观念。对于学校而言，制度丰富了学校的整体外在形象，文化丰富的是学校的内涵。在学校实际发展中，使得学校更好发展的往往是文化而不是制度。因此，为提升中小学实际的教学效果，应当提升中小学文化建设力度。

关键词：中小学　育人文化建设　维度　要素　途径

学校育人文化是中小学发展过程中的灵魂，在实际发展过程中，注重育人文化的建设，不仅有助于提升学校整体的教学效果，还有助于提升学校的知名程度。但是，学校文化并不是拿出来炫耀的，而是用来解决学校发展过程中存在的问题的。在育人文化建设过程中，校长是建设者和领导者，同时也是文化的传播者，通过不断地向师生播撒学校文化使之生根、发芽，校长对学校文化的整体发展具有推进与保护作用。

一、中小学育人文化建设的维度

中小学文化建设主要有四个维度，分别是办学理念的价值认可、组织环境文化的建设、领导管理文化的创新、坚实的物质文化创设。

（一）办学理念的价值认可

在学校进行创办的过程中，形成良好的价值观念是学校最具有代表性的物

质文化符号,同时也是校规校纪形成的前提基础条件。办学价值是全校教师教学思想以及经验的沉淀,更是学校文化最核心的构成部分。价值的认同包含了学校全体师生一致的价值追求,同时也是实现最初办学理念的基本准则。[1]另外,办学价值理念也是学校文化进行传承与延续的主要动力。

（二）组织环境文化的建设

学校是一个立德树人的关键组织,其所开展的所有活动都应当以学生为中心来开展。在学校这个组织的建设过程中,整体的文化应当是积极向上、和谐美好的。课堂教学和对学生的管理是学校文化氛围形成的重要组成部分。课堂教学方面主要包含教师在教学过程中是否公平地对待每一个学生,是否全心全意地传授学生文化知识。对学生的管理主要包含教师是否遵循学校的教学理念对学生进行管理,是否积极地对教学效果进行反馈,教师之间的相处是否融洽。学校外部氛围的建设主要包括学校、教师与家长三者实际结合的程度,将会直接影响学校育人文化的建设力度。就教育学生而言,学校、教师与家长属于同一战线,都要为了让学生更加优秀而竭尽所能。

（三）领导管理文化的创新

在学校实际建设与发展过程中,校长的成功与否与学校发展状况的优良中差紧密关联。[2]随着我国教育改革的不断深化,中小学校长在学校管理与发展方面的理念正在不断地发生变化。其中,最显著的特点为教学理念的转变——逐渐从传统的"灌输式"教育方式向以学生为核心、开展多元化的教育模式转变。在教育过程中,还逐渐引入了道德教育的教学理念。再看管理层面,也逐渐改变以前"死板"的管理方式,逐渐朝着多元化的管理模式不断发展。

（四）坚实的物质文化创设

中小学的物质文化,主要由学校整体环境、学校设施与设备、学校的标识三大部分组成。学校整体环境包括学校每座教学楼的整体造型、校园的花草树木分布、学校每条道路的分布等。学校设施与设备主要包括班级内的教学仪器和设施设备、图书馆的图书和书架、实验室内部的实验器材和辅助设施等。学校的标识主要包括学校的校徽、校服、校旗等,它们看起来非常简单,但却承载着学校实际的精神和价值。

二、中小学育人文化建设的要素

中小学育人文化建设主要包含五大要素,分别是制度的正确导向、教学目标的实现、教师的行为示范、典礼的激励、环境的熏陶。

（一）制度的正确导向

文化最显著的特征为具有一定的弥漫性，文化在实际传播的过程中是缓慢的。学校在进行育人文化建设的过程中，为了达到最大化的文化收益，应当采取循序渐进的传播方式。但是，对于部分新建学校以及基础设施相对薄弱的学校，在刚开始教学传播的过程中，应当认清实际的教学目标与自身的发展方向。[3]

（二）教学目标的实现

学校教学理念主要通过教学和课程来实现。在进行课程或讲解知识文化的过程中，还要为学生渗透教学实际思想以及教学理念。在教学过程中，课程设置的好坏，对中小学生的整体素养的培养也是具有重要意义的。

（三）教师的行为示范

在中小学教育体系中，教师不仅能为学生传道、授业、解惑，还对学生起着模范带头作用。一个优秀的教师，不仅能教导出优秀的学生，同时也能增加学校的名气。学校因名师而出名，名师托起学校的名气。

（四）典礼的激励

典礼仪式是中小学育人文化进行传播的重要载体，通过举行典礼，有助于将学校的日常生活变得更加有内涵，增加了学校整体的活力。通过典礼，师生能够加深对学校整体育人文化的理解，有助于提升学校整体的影响力。

（五）环境的熏陶

学校要有优美的校园环境、教学环境，这有助于陶冶学生的情操，有助于促进学生养成良好的行为习惯。比如，在教室的墙壁上张贴一些励志的横幅——"细节决定成败"；通过这一句简短的话，能够激励学生在学习的过程中一定要认真仔细，有助于培养学生认真仔细的学习态度。

三、中小学育人文化建设的途径

中小学育人文化建设主要有三大途径，分别是隐性因素的显性教育、育人文化理念实践的不断引领、有效载体的教育渗透。

（一）隐性因素的显性教育

校园是中小学生生活与学习的重要场所，校园环境对于学生而言属于隐性课程,校园环境蕴含着丰富的教学资源。为保证学生全面发展,学校应当着眼于教学,充分地挖掘学校环境中的隐性资源,将这些隐性资源逐渐转变为显性的教学途径,将学校的文化赋予其内在对学生进行教学的过程中,让学生深刻了解学校的文化内涵。

(二) 育人文化理念实践的不断引领

学校的育人文化虽然客观上比较抽象,一旦形成,就会对学校整体的教学氛围产生重要影响。学校的校徽、校服、校规、校训、校歌等都是学校文化的重要载体。学校在进行教学实践过程中,应当结合实际的育人文化,创设符合学生实际发展的教学环境。

(三) 有效载体的教育渗透

中小学育人文化宣传的主要载体包括典礼、故事、榜样。[4]通过典礼活动,不仅有助于对学校整体的文化进行宣传,还有助于提升学校的知名程度,对学校的整体发展具有积极意义。在介绍学校文化的过程中,如果结合一定的故事,有助于体现学校整体的发展状况。通过故事的讲解,有助于增强人们对学校的整体印象。通过树立榜样,不仅能为学校的整体发展提供不竭动力,还有助于调动学生的积极性和主动性,对学校文化传承具有十分积极的意义。

参考文献:

[1] 黄永东,张丽.新疆高职院校育人文化的建设途径探索——以昌吉职业技术学院育人文化建设为例[J].现代职业教育,2017(28).

[2] 沈杰,张爽.要素—组织—系统:成德达才之育人体系的实现路径[J].中国教育学刊,2018(6).

[3] 卜冬旭.核心素养视阈下的班级文化建设路径——以江苏省如东高级中学为例[J].江苏教育,2018(15).

[4] 周付军,胡春艳.政策工具视角下"双一流"政策工具选择研究——基于政策工具和建设要素双维度的分析[J].教育学报,2019(3).

点 评

《易经》有言:"刚柔交错,天文也;文明以止,人文也。观乎天文,以察时变;观乎人文,以化成天下。"要给文化下一个精准的定义,非常困难,但"孟母三迁"的故事世人皆晓,文化育人的作用已得到全社会的肯定。

人的一生,从婴幼儿到初步成人,大多行为是仿效家长、教师、同伴做的。"近朱者赤",文化育人就是要建立起具有正向导引的规范教育体系,把契约精神、民主权利、友善柔软引入课堂,使其成为学生生活的重要组成部分,让文化和道德之根植入孩子心灵,种下善和爱的种子。

遵义航天中学恒大分校,提出"陪伴唤醒,温润德育"教育模式,基于温暖的学校氛围、温馨的环境设置、自由舒展的学习生活方式,促进学生主动成长,符合陶行知"教育即生活、生活即实践"的教育准则。遵义红花岗区第二幼儿园,以幼儿为本,创设"想看、能看、乐于看;想玩、能玩、乐于玩;想说、能说、乐于说;想摸、能摸、乐于摸"的育人环境,注重从物质文化层面切入,满足幼儿安全、健康的成长需求。江西省上饶市广丰贞白中学,继承和发扬以王贞白为代表的先贤的优秀品质,基于广丰区域文化特色,将中华优秀传统文化与现代文明结合,注重精神文化的引领。云南省西双版纳州机关幼儿园,坚持"幼儿园是孩子接受学校教育的开端,为孩子一生发展奠基"的教育理念,践行全程育人,关注校园精神、物质、制度文化的整体建设。

文化育人,基于人的发展目标。小学、幼儿园、初中不同人生发展阶段,可基于当地资源、物质环境、历史人文积淀,物质文化、精神文化、制度文化并重,环境育人、课程育人、管理育人并行。

条条大路通罗马! 期待每一所学校走出自己的特色育人之路。

(上海市闵行中学校长,特级教师,正高级教师 何美龙)

四

课程教学的特色生成

教育部印发的《普通高中校长专业标准》指出:"要充分认识课程教学是提高学校教育质量的关键环节,要创建具有本校特色的学校课程体系,开设多种形态、适应学生发展需要的选修课,为学生提供丰富多样的学习资源。"在教育欠发达的中西部地区,学校的课程改革还有很长的一段路要走。

　　东风引领,匠心筑梦。来自贵州遵义、云南文山、新疆克拉玛依、西藏日喀则、青海果洛、江西上饶、浙江宁波的曾在上海跟岗学习的九位"影子校长""金种子校长"及骨干教师研修班学员,正以其热忱和行动,践行着对教育的所思所悟。他们在创新素养课程、"科技+"课程、育德课程的建构实施,"融悦课堂""未来课堂"的实践探索,学校课程与教育质量的思考行动方面都迈出了坚实的步伐,虽然可能仍不成熟,仍有待深度挖掘,但却都是来自一线的、最生动的、最鲜活的真实呈现。

(贵州省遵义四中　杨建华)

普通高中创新素养课程体系的构建与实施

——以贵州省遵义四中为例

杨建华

（贵州省遵义四中）

作者简介：杨建华，毕业于黔南民族师范学院中文系，现任贵州省遵义四中教务处主任，市级骨干教师，遵义市全面深化课程改革学科专家组成员，发表论文10余篇。

摘要：创新人才特别是拔尖创新人才的培养，是实现中国教育现代化的重要内容，是实施科教兴国战略和人才强国战略的关键推动力。西部欠发达地区的普通高中如何在相对滞后的教育理念与评价机制背景下，着力于学生的创新素养培育，形成基于本土的、成体系的、能付诸实施且能坚持下去的创新素养培育机制，从而实现与大学的贯通式培养，这是一个非常值得研究的课题。本文以遵义四中创新素养课程体系的构建与实施为突破口，进行了一些有益的探索。

关键词：创新素养　课程体系　课程实施

世界银行创新与创业进程主管维克多·穆拉斯于2016年在世界银行官网发布，进入小学的65％的儿童，未来都将在现在并不存在的新的就业类型中工作。《中国教育现代化2035》指出："要创新人才培养方式，要加强创新人才培养特别是拔尖创新人才培养，提升一流人才培养与创新能力。"《贵州省教育综合改革方案》指出：要"引导、鼓励和支持中小学探索建立拔尖创新人才早期识别和实施针对性培养机制。要更加突出创新素养与实践能力、问题解决能力和批判性思维的培养,拓展多种学习方式,强化教学过程的实践性和体验性,提高教学效能,完善适合学生发展的课程体系"。全球新一轮的科技变革以及中华民族的伟大复兴都呼唤创新人才。但是,我国目前的基础教育领域,有利于创新人才成长的土壤还不肥沃,气氛还不热烈,尤其是西部欠发达地区,还没有形成基于本土的、成体系的、能付诸实施且能持续实施下去的创新素养培育机制。因此,深入研究并构建和优化学生创新素养课程体系,明晰创新素养课程实施路径,是很有价值的一项工作。

一、创新素养概念界定

要给"创新素养"下一个公认的定义并不容易。笔者在此姑且列举几种有代表性的看法,并在创新素养课程体系的构建与实施中尽力"不跑偏"。

百度把创新素养培育定义为"以新思维、新发明和新描述为特征的一种概念化修习涵养的过程"。西方对"创新素养"有一个"4P"观点,它涵盖创造性过程(Process)、创造性产品(Product)、创造性个人(Person)、创造性环境(Place)。国家督学、中国教育学会副会长、上海市格致中学校长张志敏认为,创新力的培养需要关注三个层面:(1)创新人格,即动力系统,包括好奇心、挑战性、自主性、坚韧性等;(2)创新思维,即智能系统,包括敏锐性、变通性、发散性、独创性等;(3)创新技能,即工作系统,包括通识和系统的学科知识、实境应用的动手能力、复杂信息的整合能力等。

二、创新素养培育的现状分析

客观地说,不少中小学校尤其是欠发达地区的中小学校,升学考试的巨大压力与评价机制的相对落后让他们几乎"无暇顾及"学生的创新素养培育,刷题应试仍是其主旋律。学校对学生创新潜质的培育用力不够、用时不足、研究不深、体系不全。很多学生高中毕业了都不知道自己擅长什么,将来能做什么,高考填志愿时不知道选择什么专业,"走一步算一步"的盲目性普遍存在。2019年,国务院办公厅下发了《关于新时代推进普通高中育人方式改革的指导意见》,这是国家层面在改革开放以来的第一个关于普通高中教育发展的纲领性文件，提出了要"逐步改变单纯以考试成绩评价录取学生的倾向，引导高中学校转变育人方式"和"加强学校特色课程建设"。新的时代，学校应当顺应时代发展大势，主动求变。

遵义四中建校于 1915 年，百余年来，学校始终倡导学生的综合素质培养，办学理念与教学质量始终奔跑在贵州高中教育的第一阵列。近年来，一本升学率从 2016 年的 65%（学校整体搬迁至新校区、招生规模扩大后的第一届）上升到了现如今的 90%。但是，省"状元"诞生的频率与名牌大学录取人数皆有所下滑，这让学校的发展压力陡增。

2019 年初，确定我到上海跟岗学习一年之时，我是下定决心要来中国教育改革的最前沿阵地上海认真学习优尖生培养的先进经验的。来到上海后，我很快发现，上海的学校对优尖生培养、多少学生考上清华北大并不那么认真和关注，更多的精力都聚焦在教育的前沿性探究与突围，把脉着时代，引领着方向，这让我深受触动。所幸，本人所在学校的领导班子在"痛定思痛"之余，依然选择坚定初心、坚守决心办"面向人人"的教育。确实，作为贵州省一类示范性高中，遵义四中在新的时代更应自觉响应国家人才强国战略，着力于学生的综合素养和长足发展，在创新人才培养方面发挥示范作用。构建并完善遵义四中创新素养课程体系，明晰创新素养课程实施路径，应该是一个很好的办学抓手。

三、创新素养课程体系的构建与实施

遵义四中目前已有比较完善的"八目"课程体系（文、红、艺、数、勤、健、礼、悯）。如何打造更加突出创新素养培育的 3.0 升级版？主要思路有两个：(1)进一步优化分类；(2)进一步突出实施路径。

（一）优化分类

优化分类路径见图 1。

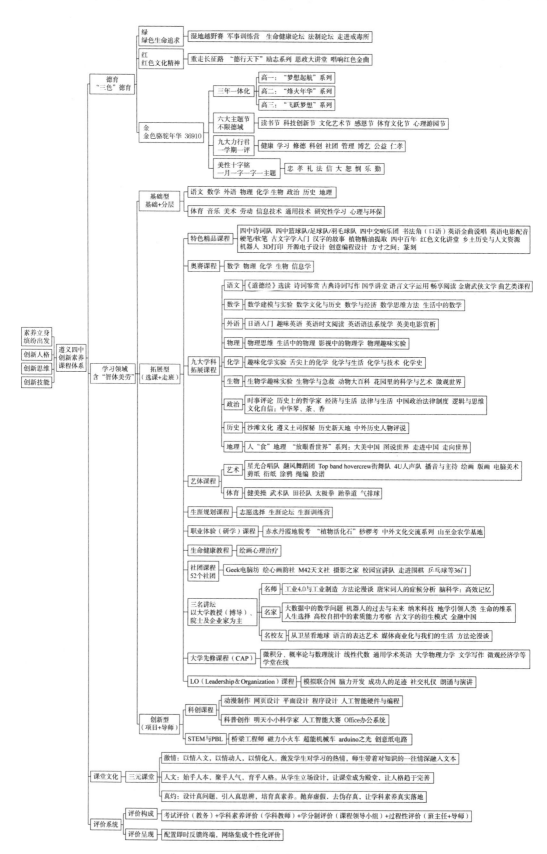

图 1　优化分类路径图

（二）路径摘要

1. 以常态化课堂革命夯实基础素养

基础型课程，实现于常态课堂，应该成为培育学生创新素养的主阵地。任何条件的学校皆有可为，课堂革命是最重要的抓手。学校的任何变革，如果是在大量增加教师工作量和学生课业负担的背景下，是很难取得成功的。培育学生的创新素养，不能只把眼光放在课外的拓展延伸性课程，更应该聚焦于课堂的变革。遵义四中推行"三元课堂"变革已经三年了，取得了非常明显的成效。如今，我们在进一步深化课堂变革的过程中，把创新潜能的开发和创新素养的培育作为更加重要的课堂评价指标，具体包括三个层级：（1）教师不"霸课"，讲堂变学堂；（2）教师能点燃和唤醒，学生敢争辩和质疑；（3）高阶思维创生，以批判性思维与创造性思维为主要形态。如何让以创新素养培育为导向的课堂评价机制真实落地并落地有声？如何避免太多学校都发生着的运动式、一阵风式的课堂改革？我们给出的药方是"三个常态化"。

一是研课常态化。语数外理化生以备课组为单位，其他学科以教研组为单位，每周至少报送1节研讨课到教务处，教务处于周五下午汇总公布。各备课组没课的教师全员参与听课（同时也欢迎其他组的教师参与），课后做实基于学生素养实现的议课"2+2"：围绕本堂课的学生素养实现情况，提出两个值得肯定和借鉴之亮点，指出两个主要的不足和解决之法。

二是课堂问诊常态化。遵义四中男教师55岁以上，女教师50岁以上，在尊重他们本人意愿的前提下，一般只安排一半的授课工作量，另一半工作量归到遵义四中学术委员会领导下的课堂督导组，对课堂问诊把脉。

三是第三方课堂评估常态化。我们发起成立了包括贵州遵义四中、广西南宁二中、四川南充高中、云南昆明八中等校在内的以教务教研主任为主体成员的四省八校"双教"联盟。该联盟始终基于说真话、亮真瑕、聚真智、交真心、出真招、谏真言的"六真"精神，对成员校课堂予以第三方评估，互学互鉴，互促倒逼。

除了以上路径，我们还通过名师工作室、教师基本功大赛、创新课堂大赛、创新课堂案例征集等路径，驱动基础学科素养真实落地、落地有声。

2. 以丰富的课程选择聚焦志趣特长

拓展型课程群，旨在给学生提供有丰富选择的课程超市，让他们在丰富的尝试中发现自己的特长和潜质，并使之得到发展。我们鼓励学生优先发展其"最近发展区",以其擅长的学科领域或兴趣爱好为切入点,在实践中形成学术志趣。这是遵义四中实施创新素养课程的一个导向。鞋子合不合脚,只有试了才知道。学生只有在充分的自主选择和切实体验中才能明了某个方向是否适合自己,这实际上也是一个不断试错的过程。

创新素养,只有在对某领域特别有兴趣并对其知识技能有了相对充分的掌握后才更容易产生,所以我们很注重学生学科特长的充分发展。我校每周四的下午,高一、高二全员选课走班,其中近一半的课程为学科特长课程,如五大奥赛课程与其他类学科拓展课程,旨在帮助学有余力、有志于在某领域进行更深入研究、仅依靠常规课堂"吃不饱"的学生,补充和深化该学科更加系统前沿的知识技能。

实质性的全员选课走班,遵义四中已实施12年了,学校信息技术组的教师自己研发了选课平台,在每一个学期结束前,由教务处盘点并部署新学期课程开发方案,新学期开学前一周由课程领导小组审定课程并组织学生选课。课程审定的一个重要标准就是这门课在多大程度上对学生的创新潜质培育和长远发展具有意义,具体指标主要有三项:一是以批判性思维能力训练和关键技能培养为导向;二是将理论与实践、课内与课外、学校与社会深度融合;三是任务驱动和成果体现。

研学实践,我们以项目式活动激发学生的创新潜质,主要以联盟校项目研究共同体的方式进行,实现优势互补,共研互鉴。根据教育部等部门印发的《关于推进中小学生研学旅行的意见》之"各学校要把研学旅行纳入教学计划,促进学生研学旅行和学校课程有机融合"的要求,遵义四中与上海中学、北京京源学校等坚持开展以"院士陪你玩""红色体验·绿色追求"等为主题的联合研学,每期研学皆有相关专业背景的高校教授参与,两校师生联合研发项目课题,两校教师共同参与指导。其所涉课题众多,如"从长征诗词的角度看遵义会议和四渡赤水的影响""赤水丹霞世界自然遗产植物和植被研究""赤水桫椤保护区桫椤种群特征""地方气候特征及其成因分析与验证""社区景观特征及其周边的土地利用"等。课题注重开放性与选择性,绝大多数课题是学生自己提出来的。通过一套完整的课题研究流程,对于如何去发现有价值的研究课题(要有创新点)、如何查找资料、怎样与人合作、立项与结题答辩是怎么一回事等,学生都能明了。教育部基础教育司组织编写的、由教育科学出版社出版的《中小学德育工作指南》收录了遵义四中与北京京源学校开展联合研学实践的经典案例。

3. 以特色的研究项目激发优势潜能

创新型课程群，以项目研究为抓手，旨在开发学生的优势潜能。在高一，我们每周开设了1个课时的研究性学习，旨在让学生了解和掌握如何发现有创新价值的课题、怎样做课题研究，对研究方法和研究流程有一个全面的认识。每周二下午的社团课程与劳动课程时段、每周四下午的校本选修课程时段以及其他课外活动时段，是学生"玩得最嗨"的时间，有充分选择、有自主空间、有导师指导，就连周末和假期的自主探究，学生也可以联系导师（含校内导师与高校导师）进行线上互动与指导。遵义四中社团联合会有两项重要职能在学生创新素养的形成中起到了有力的助推作用：一是举办缤纷论坛，这是学术性的，每月一个主题，由社团联合会组织并邀请教师参与和评估；二是编印《缤纷之星》，这是学生的探究性论文集，师生共同选评，全校表彰。

在高中生学业负担普遍偏重的背景下，如何让非高考科目的优势潜能开发课程具有生命力？除了兴趣引领外，以项目比赛为抓手，与大学自招（强基计划）相衔接是非常重要的驱动力。

相较上海等东部发达地区，西部欠发达地区的差距还很大。教育理念、评价机制、创新实验平台、师资力量、优质大学与科研院所资源、国际前沿信息等相对落后，都是制约创新素养培育的不利因素。想都是问题，干才是答案。规避不利因素，用好有利因素，借助上海对口帮扶之东风，从可为之处入手，一件件踏实干，一步步往前走，才是我们应有的态度。

参考文献：

［1］徐玲玲，戎项吉.培育学生创新素养的课程建设研究［J］.中学教学参考，2013(35).

［2］冯志刚，与世界名校比肩——研究型、创新型高中的实践研究［M］.上海：上海教育出版社，2019.

与时俱进，走科技特色之路

——"科技＋"教育初探

陈在忠

（江西省上饶市广信区第七中学）

作者简介：陈在忠，汉族，1977 年 1 月生，中共党员，毕业于江西师范大学，中学高级教师，上饶市青年联合会第三届委员会常委，现任广信区中学党委书记，兼任广信区第七中学校长。

摘要：立德树人是教育的根本任务，我校以科技创新教育为特色，将科技创新融入学校管理、课堂教学、社团活动，着力培养新时代有爱国精神、有责任担当、有科技意识、有创新能力的优秀中学生，为七中学子"人人有特长，个个能成功"的美好未来奠定基础。

关键词：科技创新　科技＋

科学技术是第一生产力，科技兴则民族兴，科技强则国家强。党中央提出科教兴国战略，就是要全面落实"科学技术是第一生产力"的思想，坚持教育为本，把科技和教育摆在经济社会发展的重要地位，增强国家的科技实力和向现实生产力转化的能力，提高全民族的科学文化素质，把经济建设真正转移到依靠科技进步和提高劳动者素质的轨道上来，加速实现国家的繁荣昌盛。当今世界，教育的发展需要科技，科技促使教育得到飞速发展，促进教育均衡发展。

2017 年 6 月，受组织委派，本人担任广信区第七中学校长，为了拓宽学校以科技特色定位的发展道路，谋求学校更快更好的发展，本人把目光放在了走在教育最前沿的上海。根据上海市闵行区人民政府与江西省上饶县人民政府（现已撤县设为广信区）签订的教育合作协议，上海市闵行区莘松中学与上饶县第七中学于 2016 年 12 月签约结对帮扶。2017 年 9 月，本人携学校班子成员及部分骨干教师赴上海学习取经。在莘松中学,我们参观了物联网创意园,实地感受了物联网团队演示 3D 打印技术,观摩比特课,欣赏了学生动手制作的各类作品。

该校创校伊始,学校的领导班子敏锐捕捉到了时代信息,瞄准现代技术的制高点,确立了建设现代学校的目标——第一个开发了基于 Foxbase 的数学课件,在全区教育系统安装了第一条 ISDN 专线,成为闵行区第一个达到国家规定"生机比"标准的学校;研究并建成了全区第一个校园网络,为全区校园网络的建设提供了模型。多个"一"的建立,使学校的科技特色得到蓬勃发展,先后培养出上海市"科学小院士""科技希望之星"等一批信息技术特长学生,成为上海市"科技特色学校",是闵行区首批"数字特色学校",成为闵行区基础教育的一张"名片",多次接待兄弟省市的教育参观团,展示了闵行区现代学校制度建设的成果。此次参观学习,本人的收获颇多,学校管理思路渐渐清晰。回校后,本人迅速召集班子成员,召开行政会,集思广益,拓宽学校科技特色发展之路,决定撸起袖子开始干。

在新时代,如何把学校打造成一所独具魅力的特色学校?审视当前,结合学校实际情况,我们以科技为切入点,把科技和教育有机融合,助推学校可持续发展。两年来,学校坚持以"科技+"教育为特色,勇于担当、敢于创新,带动学生整体素质的自主构建和协调发展,校园呈现出一片生机勃勃的景象,到处闪烁着科技与智慧的光芒。

一、"科技+"教育,让管理更高效

随着教育改革的不断深入和学校自身发展的需要,精细化、现代化、高效化的学校管理模式显得尤为重要。为此,学校在管理方面进行了有益探索,融入科技元素,形成了"1+1"管理模式。

(一)"一张卡"实现信息管理无缝对接

每天学生的上学、放学,值日班主任的考勤,教师车辆的进出,食堂用餐,图书借阅等管理任务比较繁重,鉴于此,学校引入电子卡系统,一张学生卡、一张教师卡可以实时、高效地接收每个事件信息。学生进出校园,系统会自动认定,并将相关信息发送到家长手机,家长可以及时了解孩子的动态。图书借阅只要轻松刷一刷,就会自动生成借阅记录。教师车辆进出校园,在有效距离 20 米之内,门禁系统自动识别开关门。食堂用餐、考勤管理,也同样解决。这张电子卡,彻底将信息管理从复杂、烦琐中解脱出来,大大减轻了管理人员的工作负担,实现了信息管理的精细化和现代化。

(二)"一平台"实现常规管理便捷高效

以往的秋季新生报名工作极其烦琐,新生及家长 4000 多人到校排队审核入学材料,给学校管理及材料预审带来巨大压力。遇到天气炎热、插队、预审资料不齐全等情况,还可能会引起家长的不满甚至争吵。

为此,我校加大与腾讯合作,依托智慧校园平台成功研发网上预报名系统。学区内学生家长只需将相关审核材料上传到平台,系统就会自动进行初步审核,并通过智慧校园的"消息通知"提醒家长审核进度及补充材料情况。终审合格将会在"迎新生"栏目发布个人专属通知书,让家长不再频繁来校,让新生提前感受学校的温馨教育。

平台还能将相关信息进行后台分类统计,既缩短了时间,又使得报名工作变得高效便捷。该项举措得到了教师、家长的一致认可。此外,学校还利用平台中的"班级圈""教师助手""教务系统""校长信箱"等功能,拉近、缩短学校与教师、学校与家长、学校与社会、教师与学生的空间和时间距离,有效提升了学校管理的质量和效率。

二、"科技十"教育,让课堂更精彩

自开展科技特色建设以来,我校通过提升软硬件环境、加强学科融合等方式,打造了教育与科技完美结合的创新课堂。

(一)打造课堂"硬支撑"

近年来,为适应科技化教育发展,我校加大资金投入建设了三个录播教室,开设了网络在线课堂,使得教师能全程录制课例,通过在线观摩课堂加强教学研讨,实现课堂辅导延伸。同时,学校还装备了一个多功能报告厅、两个阶梯教室、三个云教室、八个微机教室,每个教室配备了投影仪、电子白板,每位教师配有一台手提电脑,为科技进课堂打下扎实的硬件基础。

(二)打造课堂"软实力"

我校采取了"请进来""送出去"的方式,先后邀请各级各行的专家到校作科技教育讲座;组织骨干教师赴上海、北京、深圳等教育强市参加培训学习;开展寒暑假校本培训,对全校教师进行了 Word 文档、课件制作、电子白板系统、英语交互式学习平台等一系列培训；组织"教学节""校本教研示范月"等活动，培养科技教研能力。广大教师科技意识不断增强，课件制作能力得到有效提升，科学素养大大提高，切实为学校的科技教育发展奠定了扎实的师资基础。

（三）打造课堂"深融合"

科技教育内容知识面广、科学性强，与各学科具有紧密联系和明显的互补性，能活化学科科学知识，提高综合运用知识的能力。如物理学科中的"TST"，化学中的"家庭小实验"等，在以往的教学中，这些延伸的材料往往是一带而过，失去了进行科技教育的有效时机和价值。为此，学校在确立走科技特色之路的大方向上，不仅要求教师在课堂上重视传授科技板块的内容，而且从 2017 年起开展首届学科特色活动展示月。31 个教研组从现有各门学科中挖掘具有科技教育的内容，充分整合学科内容开展科技教育活动，如物理的实验操作比赛、模拟电工排除电路故障剧场，化学的排污、生物的藤系植物生长与地磁的联系调研活动等，向学生传授前人的科技成果和经验，调动学生学习科学技术的热情，引导和启发学生去探索研究，培养学生的科技意识和科学精神，使得课堂精彩纷呈。

三、"科技十"教育，让社团更有趣

我校坚持"人人有特长、个个能成功"的办学理念，着力培养学生团队合作精神、严谨求实的科学态度和科技创新的热情。

（一）科技社团成色十足

2010 年，学校组建了第一个机器人兴趣小组，陆续尝试了机器人灭火、机器人工程挑战、人形机器人、机器人足球、BDS 迷宫机器人等多个项目，陆续代表我县参加市、省、国家级机器人比赛，并荣获国家级一、二、三等奖和省、市级第一名等多项荣誉。

（二）科技社团人气十足

2017 年秋季，在机器人兴趣社团基础上，学校又组建了航空模型社团和车模社团。这两个社团是初中学生开展航天航空、车辆模型等科普教育活动的呈现，也是集科学性、趣味性和体能性于一体的科技特色展示。经过近两年的发展，目前拥有成员 200 余人，社团负责教师 8 人（外聘专业教师 2 人），每周定期举行相关教学，开展制作与模型飞行、行驶活动。2018 年，我校航模社团代表上饶县参加上饶市首届教育学术节科技展示活动,获得与会领导、代表的高度赞扬。

（三）科技社团后劲十足

根据多次考察、调研,学校将筹划组建海模社团,届时将形成一个集地面、空中、海上为一体的立体科技社团。同时,与人防办合作,投资兴建人防课堂,筹备建设人防教育基地;与消防支队合作,投资兴建消防展厅,辐射上饶市城区所有义务教育学校,加强对学生的人防科技教育及消防知识的宣传和教育。为了使更多的学生能通过社团了解科技,我校将考虑研发网络在线授课模式,有效扩大社团培养面。

21世纪新经济需要创新人才,创新人才的培养需要创新的教育,而创新教育离不开科技,要进一步融合科技,促进教育创新,提高教育质量。如何把传统教师变为智慧教师,如何充分利用大数据、云计算和人工智能技术等,来服务于教育,任重而道远。

为了使"科技＋"教育变得成熟,可操作性强,学校决定以课题的形式来进一步推动科技教育的发展,聘请专家予以指导、评估,鼓励教师广泛参与,积极行动,不断探寻科技与教育的最佳结合点,着力提升科技创新教育特色,开创区域科技教育新格局。

领导课程教学,促进农村学生全面发展

陈安云

(云南省马关县第一小学)

作者简介:陈安云,汉族,生于 1972 年,云南马关人,毕业于云南师范大学,1991 年参加工作,中小学高级教师,现任云南省文山州马关县第一小学校长。

摘要:受地方教育教学质量评价的影响,农村教育重智育、轻德育现象严重,部分学校课程开设打折扣,学生得不到全面发展。为改变这一现象,必须加强校长课程领导力,转变观念,审视教育质量观,全面开齐开足国家、省级课程,开发校本特色课程,丰富学生活动,促进学生的全面发展。

关键词:课程领导 质量观 全面发展

教育是国之根本,决定着一个国家的未来发展方向。而我国农村人口占大多数,农村教育问题受到国家高度重视。"教育要从娃娃抓起",这已被大家广泛接受。据统计,我国有 80% 的学生是在农村接受义务教育的,而农村的教育条件、教学水平等在总体上都低于城镇小学。要提高我国的整体国民素质就必须提高我国的农村人口素质,只有农村人口素质有了质的提高,才可以从根本上适应我国全面提高国民素质的要求,才能把我国建设成教育强国。

但在素质教育倡导多年的今天,地方教育部门评价机制未充分得到转变,应试教育评价依然占据主导地位,教师工作调动、教师职称晋升、教师评先评优、对校长的评价、对学校的评价也依然取决于学生考试成绩。家长望子成龙、望女成凤,考个好成绩,走出农村、跳出农门的思想观念未得到改变,加之社会对学校、教师的评价标准未得到改变,制约着学校课程的发展。穿新鞋走老路,许多农村学校重智育轻德育、重统考轻非统考现象非常严重,甚至有的学校无视学生全面发展,无视国家开齐开足课程的要求,完全按照考哪科上哪科,走应试教育的老路。重视教学质量无可非议,但简单地把教学质量理解为学生考试成绩,则过于片面。高分几人、重点学校几人,致使许多教师忽视学生全面发展,忽视农村孩子素质提高,违背了国家教育大政方针。

课程是教育思想、教育目标、教育内容的载体,是教育教学活动的依据,直接影响人才培养质量。学校教育的发展从 1.0 时代(农耕时代)到 2.0 时代(工业化时代),再到 3.0 时代(信息化时代),如今迈向 4.0 时代(智能时代),课程教学都在不断发生变化。从中国制造走向中国创造,需要人才的培养创新,而人才的培养创新取决于课程教学的引领。校长作为学校的顶层设计者,在国家课程的指导下,执行和贯彻课程要求,校长课程领导力起着决定作用,校长的观念、思想、行为决定着学校、学生的全面发展。作为农村学校校长,如何领导课程,促进农村学生的全面发展,这是校长课程领导力的体现。要转变单纯应试教育质量观,解读国家教育质量观,统筹学校课程,促进农村学生全面发展,促进农村孩子素质全面提升,必须加强校长课程领导能力的提升。

一、转变观念,审视校长课程领导力,促进学生全面发展

校长是学校的灵魂。有什么样的校长,就有什么样的学校;有什么样的校长,就有什么样的教师和学生;校长能兴旺一所学校,也能毁掉一所学校。校长的教育理念、办学思想、管理和领导能力,直接关系到学校的办学质量和办学水平,关系到学校的生存和发展、成功与失败,关系到党和国家教育方针的落实,关系到青少年的健康成长,关系到人才素质的培养。校长领导力是一种综合能力,包括敏锐发现问题、诊断问题、及时解决问题等能力。对于学校课程领导力来说,校长需要引导实施,构建生命课堂、有效课堂,听从教育改革的呼唤,遵循科学发展的观念,引领课程的改革。

校长是学校的第一负责人,是学校的法人代表,是学校管理的核心,也是学校改革和发展的"领头羊"。在全面实施素质教育的今天,在基础教育改革和发展的教育进程中,校长担负着神圣的职责和使命。曾有教育家说过这样一句话:"校长的个性、博学、专业水平、精力、组织能力等决定着学校的面貌、教师和学生的活动。"校长不能把眼光放在考试成绩这个眼前利益上,更应该看重学生发展的长远利益。义务教育阶段是学生兴趣爱好萌发阶段,我们不能扼杀学生的兴趣爱好、特长,遏制学生潜能的发展。改变这一现状,校长要从应试教育的"育分

论"真正转变为落实"育人论",做一个为社会、为学生全面发展的决策者、实施者。作为课程领导者的校长,必须认真解读贯彻教育大政方针,抛弃不合理的评价机制,不计眼前利益,着眼于未来,真正转变观念,统筹兼顾,全面落实各科教学课程,促进学生全面发展,为培养合格人才而作为。

二、解读教育质量观,全面领导课程,促进学生全面发展

教育教学质量是学校发展的生命线,没有质量的学校不是好学校,不重视教育教学质量的校长也不是好校长。但是单纯按照地方评价机制,只重视统考科目教学质量而放弃其他课程质量的校长也不是好校长。

办好基础教育,旨在培养全面发展的、高素质的社会主义事业建设者和接班人,而不是高分低能的人。因此学校教育教学质量,应是学生全面发展的教学质量,而不是单一科目的教学质量。党的教育方针明确指出,教育必须为社会主义现代化建设服务,必须与生产劳动相结合,培养德智体美劳全面发展的社会主义事业的建设者和接班人。《中华人民共和国义务教育法》第三条规定:"义务教育必须贯彻国家的教育方针,实施素质教育,提高教育质量,使适龄儿童、少年在品德、智力、体质等方面全面发展,为培养有理想、有道德、有文化、有纪律的社会主义事业建设者和接班人奠定基础。"《国家中长期教育改革和发展规划纲要(2010—2020 年)》明确指出要把质量作为国家基本教育国策,树立科学发展观,把促进人的全面发展、适应社会需要作为衡量教育质量的根本标准。教育必须提高质量,质量是学校发展的生命线,全面提高教育教学质量是国家教育事业的奋斗目标。"培养什么人、为谁培养人、怎样培养人"对学校提出了更高要求,是教育工作者必须思考的问题。

教育质量是学生全面发展的质量,是人才素质全面提高的质量,而不是高分低能的狭隘质量。但是由于唯分数论的评价现状制约,社会对教育质量理解的片面性,致使许多学校、许多校长办学目标局限于如何提高学生考试分数,以能考取几个重点学校作为目标,从而使我们的培养方式发生了改变,使学校课程设置发生了偏离,学校变成了工厂,学生变成了机器,分数变成了产品,或多或少阻碍了学生应有的潜能发展,违背了国家提升教育质量的宗旨。校长应统筹兼顾学校课程,全面领导课程发展,改变考哪科教哪科的错误课程教学决策,促进学生全面发展。

三、把握课程标准,落实培养目标,促进学生全面发展

校长课程领导就是要落实国家义务教育课程方案和课程标准,确保国家课程全面实施。要充分发挥校长课程领导力,首先就要解读课程标准,了解课程标准,掌握不同学科课程标准的要求和有关规定。校长只有宏观把握了课程标准,才能引导学校课程健康发展;反之,若解读不了课程标准,就谈不上课程领导。

什么是课程标准?所谓课程标准,就是对学生在经过一段时间的学习后应该知道什么和能做什么的界定和表述,实际上反映了国家对学生学习结果的期望。课程标准是规定某一学科的课程性质、课程目标、内容目标、实施建议的教学指导性文件。与教学大纲相比,在课程的基本理念、课程目标、课程实施建议等几部分阐述得更详细、明确,特别是提出了面向全体学生的学习基本要求。课程标准规定了课程的性质、目标、内容框架,提出教学和评价建议,体现了国家对不同学段的学生在知识与技能、过程与方法、情感态度与价值观等方面的基本要求。不同年级、不同阶段、不同学科的课程标准不同。校长要宏观把握不同年级、不同阶段、不同学科课程标准,才能指导学科教师的教学情况,才能清楚不同年级、不同阶段、不同学科教学目标要求和对学生培养的要求。学生的培养具有阶段性,是一个循序渐进的过程,不同阶段具有不同阶段的特点,课程教学必须遵循学生发展的特点与规律,不得急于求成、揠苗助长。校长必须宏观掌握课程标准,掌握教育教学规律,才能领导课程教学,促进学生培养目标的落实,促进学生全面发展。

四、深入课堂,引领课程教学,促进学生全面发展

《义务教育学校校长专业标准》中将校长专业职责明确为"认真落实义务教育课程标准,切实减轻学生过重课业负担,不得随意提高课程难度,不得挤占体育、音乐、美术等课程的课时,确保学生每天一小时校园体育活动;建立听课与评课制度,深入课堂听课并对课堂教学进行指导,校长每学期听课不少于地方教育行政部门规定的课时数量"。

"一流校长进课堂,二流校长进食堂,三流校长进工房(工地)。"亲其师而信其道,校长要进得了课堂,听课评课,指导课堂教学,把握课程发展方向;还要站得了讲堂,必要时能针对课程教学新问题进行示范课、公开课、展示课,引领教师课程的发展。只有听得了课、评得了课、上得了课,才能使教师信服,校长的课程领导力才有说服力。因此校长必须深入课堂监控教师课堂教学行为,促进学校

所有课程高质量发展,坚决杜绝重统考科目、轻非统考科目的现象,制止统考科目挤占非统考科目的教学时间。同时也要引导教师面向全体学生,不放弃每一个学生,不让每一个学生掉队,因材施教,遵循教育规律,鼓励优等生,发展中等生,辅导学困生,关心爱护每一个学生,促进学生共同进步,全面提高教育教学质量。要想统筹学校课程全面发展,校长必须有超前意识和大教育质量观的意识,既要提高眼前质量,保住眼前社会评价,同时也必须树立学生长远质量意识,为学生未来奠定基础,为学校课程全面开齐开足保驾护航。另外,创造条件加强师资培训,努力改善办学条件,才能促进学生全面发展,保障学校办学生机。

五、统领课程,减负赢时,促进学生全面发展

校长的课程与教学领导力还体现在领导学校课堂教学的改革,即国家课程校本化的实施。在课程实施过程中,教师是实施的主人,是课程改革的主体,课堂教学是国家课程校本化的主阵地。不管什么类型的课程,不管什么版本的教材,都无法适应所有的学校、所有的学生。如何依据课程标准和学生情况来进行国家课程校本化的实施是减轻学生过重课业负担的关键。校长应当组织和鼓励教师依据课程标准,根据学生情况来调整实施课程。

由于受唯分数论的评价影响,许多教师课程教学时按照国家教材而教教材,生怕漏掉每一个细节,生怕学生漏掉每一道题,教师为教教材而教教材。为提高学生考试分数,各学科搞起题海战术,学生变成做题机器,增加了学生课业负担,远远超出国家规定的学生一日作业量。学生整天扑在作业上,没有多余的活动时间,天性被扼杀,潜力得不到发掘,严重阻碍了学生的全面发展。

学生要全面发展,学校就要全面开齐课程,减轻学生课业负担,让学生从繁重的课业负担中解脱出来,参加其他活动。要解决这一问题,一是在有效的教学时间内,合理地、有创造性地、恰当地运用教学策略和方法,提高课堂的效果和效率,激发和维持学生的学习动机,帮助学生更好地掌握知识和技能,使学生完成有效学习,提高学习质量;二是教师要把握课程标准,把握教材,知道课程编写意图和教学的重难点,有目的地进行教学;三是教师要转变观念,执行国家规定的学生作业量,研究作业,切实减轻师生负担。作业的目的在于学生的巩固提高,部分教师作业布置无方法,作业布置量过多,学生难以完成,增加了学生负担。教师要批改,同时也增加了教师批改的负担。有调查研究表明,过多的作业量起不了巩固提高的作用,特别是对于小学生。如小学语文写生字,目的是让学生记

住字的间架结构,一般一个字写 4 遍即可,但有的教师要求学生写 10 遍、20 遍,学生为了完成任务会将字的部件拆散来写,实际到最后达不到布置作业的目的,事倍功半,甚至于一点作用都不起。为了减轻学生课业负担,教育部明确地规定了各年级完成作业的时间。为了达到有效布置,切实减轻师生负担,教师要研究哪个单元哪个知识点作业只能布置哪些题,并针对学生差异,规定作业布置的题量,确保学生有效完成,达到巩固提高的目的。这既保证了教学质量的提高,从而让学生从过重课业负担中解放出来,同时也减轻了教师批改作业的过重负担,为学生活动赢得了时间,使学生得以参加喜欢的活动课程,促进学生全面发展。

六、统筹兼顾,开齐课程,为学生全面发展提供保障

国家课程设置具有科学的依据,教育部明确要开齐开足课程课时,这是促进学生全面发展的需要。实际上现已取消主科、非主科的说法,所有科目同样重要。但是由于评价机制的制约,使得学校和教师在执行课程的同时,不由自主地产生了偏向。由于历史评价原因,许多学校重统考科目、轻非统考科目,甚至有的学校挤占非统考科目的教学时间来加压统考科目教学,在偏远农村学校更为突出。为了学生的全面发展,作为领导课程的决策者、实施者,校长担负着重要责任——重不重视,与校长的观念有关,与校长的引导有关。加强非统考科目课程的实施,是促进学生全面发展的关键所在。为落实这一课程理念,校长要引导教师转变观念,审视学校考核制度,要求非统测科目的教师同样要像统测科目教师一样编写教案,落实备课制度、上课制度、检查制度,为学校落实学生全面发展提供保障。

七、开发特色课程,为学生全面发展创造条件

校长要有效统筹国家、地方、学校三级课程,确保国家课程、地方课程的落实,推动校本特色课程的开发与实施,为学生提供丰富多样的课程教学资源。特色课程的开发,课程活动量的增加,学校教育教学时间必须得重新分配,这对部分唯分数的教师来说,势必会有想法——担心影响学生考试成绩,开展诸多活动会分散学生精力——但这样的担心是多余的,实践证明活动的开展不仅不会降低学生成绩,反而还对教学成绩提升有帮助。

特色课程的开发要满足学生爱好,让学生喜欢参加,乐于参加。课程的整体设计应遵循一定的原则。一是趣味性原则。课程的开发要考虑学生的心理特点,课程内容要丰富多彩,富有吸引力,使学生产生浓厚的兴趣,所以课程教材的

开发要尽可能地生动活泼、具体形象。在课程的实施过程中,要关注学生的感受、兴趣、乐趣,真正让学生学有所乐,学有所用,感受活动课的魅力所在,让学生爱上活动课,融入活动。二是整体性原则。校本课程是学校个性化课程的重要组成部分,涉及学校的各个年级、各门学科、各位教师和学生,所以在整个实施过程中,必须兼顾全体,整体谋局,相互贯穿,循序渐进。三是差异性原则。课程开发遵循整体性原则,但也不可能面面俱到,一字铺开,必须考虑实际差异,各有侧重。如小学足球课程的开发,对低年级和高年级、男生和女生,设计课程要有所侧重,有所区别,适应其特点需求。对学生强调全面整体,但不同学生天赋、体质、修养、秉性存在差异,课程设计必须考虑年龄特征、年级阶段、性别特点等诸多因素。四是实践性原则。课程开发设计的目的是要用于实施,要有利于实施,必须考虑实践性和可操作性。

特色课程是学校其他课程的补充,也是学生全面发展的基础。我们倡导"优秀(合格)＋特长"的学生发展目标,学生不但要学好课本知识,考出好成绩,还应具有一技之长,才能适应未来社会发展。学校要结合实际,因地制宜,开发校本课程和学校特色课程,为学生全面发展创造条件。

八、完善学校评价机制,为学生全面发展保驾护航

评价机制是一个学校的指挥棒。一个学校的评价体系,关系着学校的发展方向,决定着教师的努力方向。校长要在上级部门的考核评价指标下,合理完善学校考核指标,既要把教学成绩列为考核的重要内容,激励教师努力抓好课堂教学,促进教学质量的提高,也要把其他课程教学和其他工作纳入考核,要摒弃将统考科目分数作为唯一标准的单一评价方式,促进学校各项工作有效开展,为学生全面发展和学校全面发展保驾护航。

总之,农村教育现状要改变,农村孩子要全面发展,要提高农村人口素质,校长课程领导力和校长观念是关键。只有加强校长能力修炼,提高农村校长课程领导力,才能尽快促进农村教育的全面发展和农村孩子的全面发展。

参考文献:

[1] 王铁军.校长领导力修炼[M].上海:华东师范大学出版社,2010.

[2] 顾泠沅,毛亚庆.校长的十二项专业历练[M].北京:北京师范大学出版社,2015.

[3] 张治.走进学校 3.0 时代[M].上海:上海教育出版社,2018.

寻找最美故事与学校育德课程融合的实践探索

龙吉祖

（新疆自治区克拉玛依市第十八小学）

作者简介：龙吉祖，汉族，1998年毕业于伊犁师范学院数学系，2010年被评为克拉玛依市学科带头人，2013年获得新疆师范大学教育硕士学位。从事教育工作以来，认真勤勉，待人真诚，教学独特，管理有方，曾先后担任克拉玛依市第五中学、第十中学副校长，现任克拉玛依市第十八小学校长及伊犁师范大学兼职硕士生导师。

摘要：本文围绕"寻找最美故事与学校育德课程融合"这一德育主题，结合学校德育的特点，秉承本校实际，分析了学校育德的现状，阐述了"故事育德的重要意义"，论证了"构建故事育德系统工程"的可行性，提出了"创建故事育德品牌"的具体方略等。

关键词：故事育德　育德课程　育德系统　健康人格

德育为先。学校是国家培养人才的摇篮，是思想教育工作的主阵地，而育德课程是学校思想教育的重要手段，它既需要有温度，又需要有维度。少年强则国家强。行之有效的育德模式，是培养一代又一代青少年的首选途径。如何结合学校的实际开展学校的育德课程融合，是每一个教育工作者，特别是校长的核心课题。

一、分析学校育德现状，探究创新育德模式

"立德树人"是学校教育的中心工作，如何培养一代代社会主义事业建设者决定着国家与民族的未来；如何塑造每一个学生健康的人格关乎着一个学校的教育成败；如何培养学生自信、自强、自立的品格关系着每一个学生的前途。纵

观目前大多数学校育德工作,情况不容乐观,都不同程度地存在着以下问题。

首先,学校育德内容单一,缺少系统化的内容。长期的惯性思维导致不少学校重视传统美德的教育,却忽视时代精神的弘扬;反之亦然,有的学校重视了时代精神的教育,却忽视了传统美德的传承。

其次,学校育德思路不清晰,没有正确理解"人才"的内涵。由于升学率的原因以及各种社会观念的制约,我们不少学校把对人才的培养,单纯地理解为培养学生的文化知识和技能,忽视了对一个人思想品德的培养,也忽视了健康人格的塑造。

最后,学校育德方式老套,几十年不思改变。在许多学校,育德教育遵循的始终是这样几种模式,如惩戒式教育、条款式教育、活动式教育、教条式教育等。不是高高在上,就是照本宣科,偏偏少了循循善诱和潜移默化的教育方式。

因此,采取什么样的内容、遵循什么样的思路、运用怎样的方式来推进我们的育德工作,成为新时代各个学校教育改革的重要内容。我校通过对外考察与学习,结合本校学生的实际情况,将"寻找最美故事与学校育德课程"融合起来,形成了一套完整的故事育德教育模式。

二、走出学校育德困境,探寻故事育德的意义

新时代,新要求,新思想,学校德育工作面临着前所未有的困境:由于社会的发展、思想的多元,各种诱惑层出不穷,学校德育工作面临着各种挑战,已有的育德模式已严重阻碍着学校德育工作开展。一方面,学校领导感觉到现在的孩子越来越脆弱,越来越不好学,越来越不刻苦,教师感叹现在的学生一代比一代顽皮,一届比一届难教;另一方面,新时代的孩子思维越来越活跃,思想意识越来越多元,逆反心理越来越强,见识越来越广。如果我们不能因势利导,对症下药,仍以老一套去教化和训诫他们,学校的德育工作自然难有起色。因此,澄清认识,统一思想,探寻故事育德的意义很有必要。在我看来,把寻找校园最美故事与学校育德工作结合起来,是一种值得尝试的育德模式。

众所周知,中小学生的世界观、人生观、价值观尚未形成,思维方式还处于混沌状态,对外来事物的接受还停留在形象化的方面。如果我们一味地向他们灌输一些抽象的思想或理念,就算他们记住了,也难以走心;就算他们被动地感化了,但随着年龄的增长、认知的增加,也会因逆反心理而慢慢地将之抛诸脑后。相反,精彩故事中具有正能量的主人公,不仅容易被学生接受,还会受到故事中

主人公的感染,从而把故事中的主人公当成自己的人生偶像和精神导师;鲜活的健康的故事都具有情节性、生动性、感化性、价值性等特点,学生在阅读的过程中,情绪、心灵、思想都会受到故事中隐含的价值理念和精神的熏陶,进而形成自己正确的"三观"。

三、寻找最美育德故事,构建故事育德系统工程

我们身边不是缺少美,而是缺少发现美的眼光;我们身边不是没有真善美,而是缺少一种情怀。因此,寻找最美育德故事,构建故事育德系统工程值得每个教育工作者努力探索。

(一) 讲好中华故事,传承民族精神

中华民族有着五千年的灿烂文化,历史名人、民族英雄、革命先烈灿若星河,是我们这个民族永远的精神财富。

第一,各种民间故事和神话故事。如牛郎织女、梁山伯与祝英台、天仙配、白蛇传、女娲补天、嫦娥奔月、精卫填海、愚公移山。它们是中华民族最优秀的文化遗产,值得我们代代相传。

第二,历史及近代人物故事。在五千年的历史长河中,孔子、孟子、司马迁、蔡伦、诸葛亮、司马光、成吉思汗、戚继光、李时珍、林则徐等名人的故事不计其数;在近代中国的百年里,谭嗣同、孙中山、方志敏、刘胡兰、江姐、杨靖宇等先驱的革命故事数不胜数;在中国革命的征程中,毛泽东、周恩来、朱德、邓小平等伟人的丰功伟绩功在千秋。

第三,新时代优秀人物故事。社会主义建设时期,涌现出大批的英雄人物、时代楷模、道德模范、劳动模范,如钱学森、钱伟强、钱三强、邓稼先、竺可桢、雷锋、袁隆平、于敏、黄旭华、屠呦呦。他们是我们这个时代不竭的动力。因此,寻找最美故事,构建学校故事育德系统工程,是大有裨益的。

(二) 讲好天山故事,传承团结精神

新疆的天山南北既有广袤的戈壁沙漠,也有牛羊成群的草原;既有美丽的塞外风光,也有各民族多姿多彩的风情;既有古老的丝路故事,也有开荒戍边的兵团故事;既有阿凡提这样家喻户晓的民间人物,也有骑着毛驴去北京的库尔班大叔的动人故事;既有各民族建设边疆的美好故事,也有各民族大团结的动人故事。它们就是另一座巍巍的天山,雄踞在新疆各族儿女的心中,是新疆人民永远

的精神之巅。

第一，讲好油城故事，传承铁人精神。新疆克拉玛依是一座因油而生、因油而兴的边疆油城。一代又一代的油城儿女，与天斗，与地斗，战胜了一个又一个的困难，在戈壁滩上钻出了一座又一座的油井，为新中国的建设输送了工业血液，为后人留下了绵延不绝的精神血脉。在这里，既有石油工人人定胜天的奋斗故事，也有各民族一家亲的民族大团结故事；在这里，既有老一代石油工人扎根边疆、艰苦创业的故事，也有新一代石油工人守家创业的故事；在这里，既有浩瀚戈壁上各种动植物繁衍生息的故事，也有克拉玛依油城万家灯火下的温情故事。它们就是我们振兴边疆的力量之源，它们就是我们实现中国梦的不竭动力。

第二，讲好"十八小"故事，传承勤勉创新的精神。克拉玛依市第十八小学始建于 1965 年，是一所因油而生、因油而兴、陪伴油城成长、见证油城发展的学校。1997 年划归白碱滩区政府管理。学校占地面积 4.8 万平方米，现有 33 个教学班，在校学生 1182 人，在校教职工 94 人。

建校多年来，克拉玛依市第十八小学"博观而约取，厚积而薄发"，取得了骄人的成绩。近年来，先后获得"自治区级文明校园""全国艺术教育先进学校""全国德育科研工作先进实验学校""自治区德育示范校""情境教育全国示范学校"等 20 多项全国和自治区级荣誉称号。特别是 2016 年以来，在学校领导班子和全体师生的共同努力下，我们坚守初心，砥砺前行，取得了累累硕果。春蚕到死丝方尽，蜡炬成灰泪始干。在这五十多年的发展历程中，涌现出大批"扎根边疆，以校为家"的优秀教师，如刘继栓、苏秀英、王敏等，他们平凡而伟大的事迹，始终激励着全体师生，是我们"十八小"宝贵的精彩财富。因此，发现身边的美，讲好他们的故事，无疑是学校育德课程的重要内容。

江山代有才人出，各领风骚数百年。自建校以来，"十八小"学子，传承父辈精神，刻苦学习，砥砺心志，不忘初心，涌现出了韦睿、耿名俊、潘雅慧、昂萨尔等知名校友，他们留在校园的芳踪，他们取得的成绩，成了一代又一代莘莘学子前进的坐标。因此，感受学长学姐的风采，讲好他们的故事，是我校育德课程永远不变的宗旨。

四、创建良好的故事育德品牌，塑造学生健康人格

教育事业是一个需要情怀的事业，既要有爱心，也要有奉献心。学校作为培养人才的高地，肩负着培养实现中国梦的接班人的重任，更需要重视学校的德育

建设,塑造学生健康的人格,打造适合学生的德育品牌。为了达成这个目标,我校自前年开始,经过认真的研究和调查,借鉴外地名校的德育经验,下大力气,下大决心,通过"242"(2个宣传代言、4种故事活动、2本校刊)的模式,创建了自己良好的德育品牌。

(一) 做好自我宣传,不忘初心

学校教育不是单纯的知识教育,更不是单纯的技能教育,而是一个将德育渗透其中的系统工程。文化是一个民族的灵魂,校园文化则是一所学校的精神内核。学校以"2常4微4智"为切入点,即班级—常展示、礼仪—常训练、教研组—微讲座、办公室—微教研、级部—微管理、党小组—微公益、社团—智活动、论坛—智讲堂、活动—智设计、课程—智规划等活动,使每个点都成为讲故事的舞台,精心打造了具有克拉玛依市第十八小学特点的学校故事文化。同时,学校加大宣传力度,将故事育德意识深入每位教职工和家长的内心,达成共识,相互协作,收到了很好的效果。学校利用各种宣传橱窗、校园网络、家校通等平台宣扬学校故事育德课程的意义和实施方案等,赢得了大家的理解和支持。

(二) 请名人代言,激励学子

学校利用孩子对名人的崇拜心理,特地邀请德才兼备的名人担纲故事育德的形象大使,通过名人讲故事的方式,让学生感受故事中人物的人格魅力,进而陶冶情操,树立正确的人生理想。如邀请新疆籍著名篮球明星等为学校代言,不仅能激活学生对篮球的热爱,也激发了学生作为新疆人的自豪感。

(三) 征集身边的故事,发现身边的美

我们的身边不是缺少美,而是缺少发现美的眼光。学校为了培养众多写故事的小能手,充分运用征文比赛和视频故事拍摄大赛等活动,向全体师生征集身边的故事,让他们去寻找身边感人的故事,发现身边的美,从而让每个学生争当最美的故事主人。教师通过主题大单元活动的方式,将各学科知识进行整合,各科教师打破学科界限,紧密合作,让孩子在各种形式的活动中学有所获。比如,针对"圆"这一单元主题,语文教师带领孩子背诵和学习有关月亮的古诗,数学教师则教会孩子学习圆面积的计算公式,英语教师教学呈现"圆"形物体的单词,美术教师则让孩子自由地画以"圆"为主题的美术作品,音乐教师教大家唱《种太阳》,体育教师教学生转呼啦圈,综合科教师教学生擀饺子皮、包饺子……对学生而言,一个主题大单元活动就是一个小型的知识博览会,他们不仅学习了单项知识,也形成了点面结合的知识网络,实现了思维的纵深发展。对教师而言,情境教育下的主题大单元活动不仅使其高效完成了教学任务,而且为学生提供了良好的故事素材。学校为了将这一活动持续地开展下去,每年都在全校范围内进行"十大最美教师"和"十大最美童星"评选活动。

(四)举办讲故事比赛,人人争当"故事小达人"

生动的故事既可以感动自己,也可以感动别人。学校为了让每个学生成为讲故事的小达人,定期开展全校性的讲故事比赛,既让学生从故事中得到熏陶,也让学生培养了讲故事的能力。同时,通过讲故事这样的比赛,让学生在感动自己的同时,也感动他人。

(五)开展手绘连环画竞赛,人人争当"小人书绘画能手"

手绘连环画,既能培养学生的绘画能力,又能让故事中的人物出现在校园的每一个角落,活在每个孩子的心中。学校为了将这项活动开展得有声有色,先是在各班级开展手绘故事的活动,然后在全校开展手绘连环画大赛,既能让学生从手绘的故事中得到思想的启迪,又能激发学生的绘画兴趣。

(六)多渠道开设故事课,打造故事讲堂

开设形式多样的故事课,是学校开展故事育德的有效尝试。如在语文课堂中,开展课前五分钟的故事演讲活动;在课程安排上,开设每周一节的故事课;在学校道德讲堂上,每月邀请名师或名人为学生讲新时代的感人故事或故事写作技巧;开展"学科周"、野外情境课程等活动,让学习在生活中得到延伸。

(七)办好校报,开设故事专栏

校报是学校思想育德的主阵地,是记录学校师生学习与生活的重要园地。为了配合学校故事育德课程融合实践,校报开设了故事专栏,分门别类地刊载各种优秀的文字故事和连环画故事等,力求给学生提供丰富的精神大餐。

(八)编写校本故事丛书,打造故事育德的校园文化

校园文化是一个学校的灵魂,是一个学校的办学理念、校训、精神风貌、人才培养目标等的完美集合,而德育为本,无论过去、现在,还是将来,始终是一个学校教育工作的根本。精彩的故事需要代代相传,校园文化需要精彩的故事来充实。因此,编写校本故事丛书,将故事育德融入校园文化中,打造故事育德的校园文化高地,无疑是开启新时代学校育德工作的最佳选择。学校为了做好这项

工作,计划以校本课程资源开发的形式,编写《中华优秀故事》《新疆优秀故事》《克拉玛依优秀故事》等书籍。

事实胜于雄辩,实践出真知。近几年来,我校在"寻找最美故事与学校育德课程融合"的实践探索中,不仅走出了一条适合自己学校德育发展的新路子,而且创建了自己的故事育德品牌,赢得了上级领导和全体师生的赞扬。我们将持之以恒地把故事育德这一系统工程落实到学校工作的方方面面,为培养社会主义事业合格的建设者和接班人作出自己应有的贡献!

全人教育　融悦课堂

——课程领导力提升与育人理念淬炼

龚　杨

（西藏自治区日喀则市上海实验学校）

作者简介：龚杨，毕业于安徽师范大学物理系，西藏日喀则市上海实验学校物理高级教师，中国物理学会会员、西藏自治区物理学会理事，市初中物理名师工作室主持人。

2018年9月至2019年6月，本人有幸被组织选拔，参加了"2018年教育人才组团式援藏——西藏日喀则市第三批骨干教师赴上海培训班"，经过上海市师资培训中心（集中培训）和上海市静安区共康中学（影子跟岗）历时一年的学习，感触良多。

在沪期间，受益最深的讲座是上海市卢湾高中何莉校长的"无边界课程"。"领导课程教学"是校长专业标准的六项基本职责之一，课程是学校教育的核心。因此，学校应当创设良好的教学环境，建立稳定的教学秩序，推行有效的教学活动，实施监督和评价教学的制度与方法，养成学生独立的学习行为与习惯，使之形成终身学习的意愿与能力。

返岗后，我起草了《日喀则市上海实验学校特色课程体系建设企划书》，得到了校领导的一致肯定。以核心素养为导向，以跨界课程为驱动，已成为未来办学的新方向。由此，我们确定了未来学校的特色发展目标：定制化教育——建立学生成长档案，尊重学生个体差异，提供个性化教学资源。

一、背景分析

一般来说，分析学校特色课程建设背景常用两种工具。一种是态势分析

(SWOT),S 即 Strengths,表示强项与优势;W 即 Weakness,表示缺陷与不足;O 即 Opportunities,表示机遇;T 即 Threats,表示危机与威胁。另一种是对现有的课程项目进行 KISS 分析,即保留(Keep)、改进(Improve)、启动(Start)、停止(Stop)检视,并以此为分类框架对现有课程进行归类。第一种适合"从零起步、白手起家",发轫于无形;第二种适合已有一定课程开发经验,在此基础之上进阶升华。由于我校原来的课程体系比较单一,主要是围绕三大考试的考试大纲设置课程,所以谈不上改进(Improve)、停止(Stop),更适合第一种态势(SWOT)分析法。

（一）强项与优势

我校自建校以来,教学成绩一直名列自治区前茅。生源优秀、师资力量雄厚、教学硬件设施完善,基本形成了一套行之有效的育人方略,社会反响声名卓著,加之有上海援藏的智力支持和资金输血,学校发展态势良好。

（二）缺陷与不足

在大力提倡素质教育的今天,我们仍把主要目标放在教学成绩上,每年的三大考试深刻影响师生,应试教育的意味浓厚,我们培养的高分学生却难以全面发展。对于学生而言,今后走上工作岗位,能否适应综合性挑战,是教育成败的最终检验。

（三）机遇

随着 5G 互联网的兴起,信息化时代正扑面而来。我们的教育必须面对未来、面对开放的世界。学校教育必须跳出校园围墙的窠臼,走向广阔的田野乡村、工厂街市,融入鲜活的社会生活。"风声雨声读书声,声声入耳;国事家事天下事,事事关心。"只有胸怀祖国,放眼世界,才能培养能适应 21 世纪社会经济发展的复合型人才。

（四）危机与威胁

西藏地处祖国西部边陲,一直是维护祖国主权统一、领土完整的重要阵地。作为培养社会主义接班人的教育主阵地,如何宣传爱国主义思想、与分裂势力作斗争,是民族教育的重中之重。为祖国培养明辨是非、意志坚定的"四有"人才,是教育的根本任务。政治的红线,是边疆教学思想德育工作的底线。

二、愿景构建

学校课程愿景是根据学校现状对学校课程未来发展的一种有远见的预设或期待,是在对学校进行 SWOT 分析的基础上加以提炼的。其基本构建步骤包括:鼓励个人愿景,平等对待每一个人;相互沟通,寻求合作;系统思考,明确组织课程图景;学会聆听,团队学习,使课程愿景清晰化;以清晰、明确的语言进行描述,使人信服。

（一）鼓励个人愿景,平等对待每一个人

每一个学生在求学生涯中,都有饥渴旺盛的求知欲。随着学段年级的晋升,这种探索世界的欲望和能力也在逐渐提升。每一位教师随着工作年限的增长,教学经验在不断累积。但随着学情的愈加复杂,"杯与桶"的知识外延也亟待扩展,教师也有寻求专业发展的渴望。

（二）相互沟通,寻求合作

每一位学科教师所能提供的资源都是专业色彩浓厚的,同时也是有学科界限的。在跨学科的无边界教学模式中,如何打破学科界限,实现知识互通共融,是以课题为引领的研究团队的内生需求。

（三）系统思考,明确组织课程图景

基于"全人教育""通识教育"的"融悦大课堂"设想,其实是学校特色课程体系建设的顶层设计。课程领导力,也是新时期学校领导层应完善的六项基本职责之一。"培养什么人、怎样培养人、为谁培养人"是全国教育大会上,对于新时期教育工作的"灵魂拷问"。只有站在"十年树木、百年树人"的终身教育高度思考,才能明晰我们在时代洪流中所扮演的角色。我们培养的学生,将来必将走上社会,成为各行各业的栋梁。本着为西藏未来培养人才的目标,此时此刻我们必须有所作为。今天的教育,就是明天的科技、后天的生产力。

（四）学会聆听,团队学习,使课程愿景清晰化

建立无边界思维坊,以课题引领,组建跨学科的临时协作小组,将是未来课程开发的新常态。在现代军事思想中,为了达成战役目标,混编各军种的集团军、混成旅,已是常规操作。Google 的工作机制,就是组建临时性的蛋型"帐篷",即以新产品开发为引导的灵活松散型协作小组。Google 也会定期举行 TGIF 大会。TGIF 代表"Thank God It's Friday",这是谷歌每周五举办的例行

大会,员工在这个时间里可以相互交流最新的动态,可以向公司的总裁和高管提问,也可以发表自己的意见。所以广开言路、畅通视听,让广大教师有畅所欲言的渠道,集思广益,才能收集到来自一线的心声,为制定教育方略夯实群众基础,不至于闭门造车。

（五）以清晰、明确的语言进行描述,使人信服

在教育大变革的浪潮下,形势逼人、悄然生发,已有许多成功案例。

首先,江苏省苏州市吴江区盛泽二中首倡的"社会综合实践"已写入苏教版教学大纲,编入物理教材。

其次,高考改革倒逼素质教育实施。2017 年北京高考语文卷微写作 180 字,选题一要求续写《根河之恋》中鄂温克人走向新生活;选题二要求从《红楼梦》中的林黛玉、薛宝钗、史湘云、香菱中选一人,用一种花比喻,简要说明理由;选题三要求为《边城》中的翠翠、《红岩》中的江姐、《一件小事》中的人力车夫、《老人与海》中的桑地亚哥设计一尊雕像,简要说明意图。开放性的答案,给了学生挥洒才华的舞台,同时对学生的综合素养也提出了更高的要求。

再次,通识教育已是未来教育发展的趋势。2019 年复旦附中才女武亦姝以 613 分的高分考入清华大学新雅书院,这所 2014 年新创立的"寄宿制文理学院"以"欲求超胜,必先会通"为导向,培养志向远大、文理兼修、能力突出、开拓创新的精英人才。哈佛、耶鲁等常春藤联盟学校也在大学低年级提倡通识教育。

最后,教育部西南基础教育课程研究中心已初步遴选我校为基地学校。以特色创新课程为办学特色,已是诸多学校的共识,也产生了一系列的精彩案例。

优秀传统文化已启动"三进"工程,即进教材、进课堂、进头脑。除了古典国学,藏文化中的经典也应该大力弘扬。"越是民族的,越是世界的。"综上所述,有这么多的规划设计、素材案例可以借鉴,我们一定可以整合资源,凝练出有本校特色的课程建设主题。

三、目标厘定

课程目标范围既包括认知能力的培养,又包括非认知能力的培养。对于自然科学,客观性的规律——归纳、描述、总结,属于认知能力培养;对于人文、哲学、心理学、经济学、社会学等学科,属于非认知能力培养。

课程目标有三种表征形式:行为目标、生成性目标和表现性目标。行为目标

是指培养契合社会普世价值观的,包括所有特殊情境下的综合表现。生成性目标是指技能、情商、财商、环保意识等外源性素养的培养。表现性目标是指克服内心的懒惰、贪婪、恐惧、虚荣、嫉妒等原生缺陷,表现完美人格素养的趋向。

课程目标的厘定要遵循可行性、具体性和层次性的原则。可行性是指目标设定必须紧扣学校实际,如师生文化背景、知识储备、社会资源、政治需求、自然条件。具体性是指目标设定必须避免假大空的口号式噱头,而必须落实到切实的可行性项目上,以项目、任务、课题、成果为引领,以结果为导向。层次性是指文化影响力、社会效益等内涵与外延的扩展。

四、内容设计

课程内容的选择体现了课程内容即教材、课程内容即学习活动、课程内容即学习经验三种取向。课程内容的组织要遵循连续性、顺序性、整合性原则,具体包括纵向组织和横向组织、逻辑顺序和心理顺序、直线式和螺旋式。

五、实施创意

特色课程的实施体现着整合化的趋势,包括形式整合,即学科渗透、校本课程教学、综合实践活动、班队活动、社团活动;内容整合,即基础型课程内容整合和各类型课程之间的整合;教学设计整合,即教学流程的创新、教学方式的更新、教学模式的综合运用。

(一) 现有资源整合升级

我校已有近 30 个社团,应保持百花齐放的态势,继续深入开展各项活动,注重成果的展示。新成立的科创中心,除了 3D 打印,还涉及激光雕刻、陶艺、机器人、乐高、无人机、航模等项目。除了已建成的地质博物馆,还可以建立绿色生态长廊、温室大棚等,开设苗圃、花艺、果蔬、渔业课程。

我校已有市级名师工作室 6 个,每个工作室应制定长期发展规划,开设特色课程。如物理,就可以联系汽修、电焊、光伏电站、水电站等,开展风力发电论证等具有高原地域特色的创新课题研究。阿亚村生态环境社会实践基地已经挂牌建立,除了宣传环保,还可以开展社会调查、扶贫攻坚、现代农业观光示范、民宿等项目。

(二) 以地域民俗文化为原点,开发特色课程

传统文化"三进"校园活动已开展数年,成果显著。但同质化现象也很严重,

如何创出"一校一品"的特色,值得探讨。传统文化中有其值得继承的一面,也有不合时宜的一面,应取其精华、弃其糟粕,赋予时代新意,镌刻历史烙印。如用活泼生动的形式表达萨迦格言、格萨尔王、文成公主、唐东杰布、古格王朝、雍布拉康、布达拉宫等藏族传统文化符号,将其开发成绘本、寓言故事、情景剧、动画等。

依托日喀则、珠峰、扎什伦布寺、萨迦寺等大 IP 开发周边文创作品,如摄影画册(展)、日历、书签、明信片、藏式编织、手链、藏文书法《心经》、定制文具、雪豹玩具等。邀请非物质文化遗产传承人进校授课,如勉塘派唐卡绘画、牛皮画、藏毯编织、氆氇编织、藏靴、藏刀、青稞秸秆画制作,藏族传统美食朋必、青稞酒、藏面、肉饼制作,江孜达玛节、望果节、萨嘎达瓦节等民俗节日传统,藏文历法、藏医、名人事迹(人物志)。

(三)安全教育

通过对交通、消防、溺水、触电、高空坠物、楼梯间行进、地震、急救、食品、传染病、防性骚扰、公共安全等实况模拟,教会学生应对各种突发情况。

对学生进行心理疏导,建立健全人格,是培养未来合格公民的重要步骤。对烟、酒、黑、黄、赌、毒等危害进行宣讲。注重对学生的智商、情商、财商进行培养。通过校内集市,交流物品(代币),植根慈善的种子。通过模拟股市、汇市、楼市、税收、司法,防范非法集资和传销陷阱,让孩子对家长进行宣讲,这可以起到事半功倍的社会效益。

(四)职业规划

对学生进行学业、人生规划辅导,帮助学生早立志、立长志,树立为中华之崛起而读书的理念。可联系社会单位,建立职业体验基地。职业体验课程可以帮助学生更精准科学地进行人生规划,这项工作在上海进行得很早,也有许多成功的经验可以借鉴。然而在我校几乎是空白,我们有义务、有责任做好这项工作。

(五)确定研究课题

我们确定了"元素周期表与朱元璋""从雍布拉康到古格、从萨迦到帕竹——八大教派兴衰沿袭""八思巴文、吞米桑布扎与仓颉""文成公主进藏为何走了两年之久""一带一路之西域风""仓央嘉措诗歌研究""传颂与发扬藏戏、藏香、藏服"等课题。

编制《西藏旅游攻略》(汉、藏、英三语),内容包括景点、民俗、文化、服饰、节日、禁忌、特产、交通、美食、市场、住宿、医疗等。

编制《西藏简明场景对话 1000 句》(汉、藏、英三语),用汉语拼音给藏文注音,作为旅游、交流的工具书。

(六)爱国主义教育

对于西藏这样的边陲重地,"治国必治边、治边先稳藏",爱国守土是职责,更是使命。教育是兴藏稳业保边疆的重要手段,也是长治久安的长效机制,意义重大。

对西藏历史沿革,我们应主动宣传。通过"史海钩沉"的考证、多种文化宣传方式,对学生进行民族融合的爱国主义教育。如文成公主和亲、凉州会盟、帝师制度、驻藏大臣、理藩院、福安康平叛、隆吐山战役、江孜抗英战役、仓央嘉措。

对于热点新闻事件,我们不应回避,而应积极引导。通过"时事辣评"等形式,将校报、公众号、宣传栏、黑板报等宣传阵地利用起来,培养学生正确的历史观、人生观、世界观。

在社会高速发展的今天,培养学生正确的人生观和价值观,是一道艰难的必答题。

六、跨界生长:教师专业发展的新样态

对教师而言,终身学习的理念必须建立。在课题研究中,涉猎广泛,既开阔眼界、跨界生长,又融会贯通,建立更大的知识储备库。

在医学中,既要有术业专攻、业绩精进的专科医生,也应该有经验丰富、包罗万象的临床医学全科医生。我们的教师也应该打破学科藩篱,跨界擦出不一样的创意火花。如物理教师如果通晓音律,就可以带领学生自制乐器;化学教师如果懂得绘画,就可以用树叶腐蚀法制作工艺美术画;历史教师如果懂得地理,就可以合作制作历史事件的沙盘;数学教师如果会运用 3D 打印,就可以很容易自制教具;语文教师如果会制作 Flash 动画,那么就可以让古人复活,吟诵诗句。

七、立德树人

基于"全人教育"的"融悦大课堂"设想,是以"全科教学"为目标,以民族团结"融"字为主题,以学生"悦"学为宗旨的,整合学科知识、社团、生态环保、地质、物候、历史、文学、地理、经济、安全教育、爱国主义教育、德育、美育、职业教育等为

一体的"全人教育"。

以"古今贯通、中西融汇、文理渗透"为宗旨,培养"有民族情谊,有现代知识,有开拓情怀"的人才,这是我们的育人目标。"改变藏区面貌,根本要靠教育。"我们教育工作者耗尽一生心血,通过几代人的不懈努力、牺牲奋斗,就是为了让西藏的明天更加美好!

参考文献:

何莉.无边界课程——"互联网+"时代的变革加速度[M].上海:上海教育出版社,2017.

关于课程建设的思考

姜海生
（青海省果洛州玛沁县第一民族中学）

作者简介：姜海生，毕业于青海师范大学政史系，在青海基层乡村学校任教20余年，现任青海省果洛州玛沁县第一民族中学教师。

岁月匆匆，在不知不觉中我们三个月的跟岗培训学习即将结束。通过集中培训、基地研修、总结交流三个阶段的学习，我的教育理论水平和教育管理实践能力得到了提升。我全面了解了基地学校的教育教学、师资队伍、教育科研、校本研修、校本课程等成功经验，学习其办学特色，在走走看看、谈谈说说中使我感受颇深、受益匪浅。

一、培训的基本情况及基地学校办学经验

作为一位2019年参加青海省果洛州中小学校园长及后备校长赴上海挂职进修班学习的学员，回忆培训经过，先是在9月18日至9月27日的十天中，在上海市师资培训中心的安排下，我们一行三十人接受了专业系统的集中培训，在9月28日我和万玛德吉老师有幸被安排在虹口区钟山初级中学跟岗学习。

钟灵毓秀，积石为山。钟山初级中学校园之美是真实的，花香四溢，每当走进校园，扑鼻而至的便是桂花的清香，令人心旷神怡。教学楼的每一层墙壁上都整齐地设立了富有学校特色的文化角，其实，令人震撼的倒不是那些张贴在各个楼层上的图片，而是在学校的每处适宜的墙壁、场所、角落的设立，一切都显得那么恰当、妥贴。学校占地面积虽然不大，但学校的每一处都能体现出它的价值。

二、培训的感悟与体会

我很感谢周校长及其带教团队在工作繁忙的情况下，把我们的跟岗学习安

排得井井有条,让我们了解到他们学校各方面的工作是如何层层落实和推进的,也非常感谢学校的行政班子,毫无保留地分享自己的宝贵经验。在相互交流中,我感受到这所学校严格的管理制度,健全的分管体系,各部门的有效衔接与沟通。从周校长对学校办学理念、办学思路、教育教学的追求中,从周校长对工作的认真态度及其自身的人格魅力中,从教学课堂的观摩到学校行政例会、班主任会议,从周校长对学校的发展规划到与各部门主任的对口工作交流座谈,从教师管理到校本课程建设,从家长开放日到十月歌会、秋季运动会的参与,我在感叹现代化大都市高速发展的同时,也关注到在不同文化背景下发展的差异性,从中寻找两地学校发展的共同点和各自的特色,学习借鉴有益经验,进而对我校管理有更为深广、创新的思考。

首先是从带教团队教师的教,让我感受到学校管理工作需要各部门相互协调、统筹兼顾。通过每一位带教导师的精心培训,我深深地感受到,这所学校无论是领导、中层还是教师,都很清晰地知道自己的职责范围,既不模糊扩大、缩小,又很好地体现了规范化的协作。大到学校发展规划、管理制度的制定,小到学生的言行举止,学校管理不仅做得细致,而且做得井然有序,卓有成效。这些不正是我们高原学校所欠缺的管理方式吗?

其次是从各种教研实践活动中的听和观,让我对教育教学的探究有了全新的认识。在教师读书交流分享会上,我在读书分享中增进了知识,思想得到了升华。听取张大文老师的"词句教学是我们的发家之宝",我明白了在每一次平凡的教学过程中,在最平淡的教材讲解中只要细心分析就会找寻到最有效的教学方法和途径。通过参加上海市初中、九年一贯制学校校长论坛"基于素养导向的学生发展与评价",我感受到每一所优秀学校成功教育的背后都有着教育者对教育的执着追求和对教学的深入研究。通过带领学生参加"东方绿舟"上海市公共安全教育基地实践活动,我切实感受到教育教学要贴近实际,服务于生活,不断提高学生的实践能力。这些活动的参与的确使我对教育教学的管理和研究有了更深入的思考和追求。钟山初级中学的学校文化不是挂在墙上、留在嘴上的响亮口号,而是在特定的校园环境下,在教育实践中,经过倡导、培育、积淀和巩固,逐步形成的学校师生认同和遵守的价值观念与行动指南。它既是学校一切规章制度的理论依据、处理问题的原则,也是一切教育行为的导向。

三、培训引发的思考

上海市钟山初级中学被评为全国青少年足球学校、上海市摄影特色学校、虹口区艺术特色学校,众多特色课程的创办与成功开展,也正是我们高原地区学校兴趣课程建设学习的典范。结合我校近两年兴趣课程建设的问题与不足,引发了我的几点粗浅的思考。

我校存在的问题:近两年来,我校在满足课程设置基本要求的基础上,结合时代发展需要、地域独特文化背景,以独特课程理念为引领,构建自身特色课程,探索开展了一系列基于民族特色的课程。

（一）特色课程选择的方向

特色课程建设要以学生为中心,其出发点和立足点是提升学生核心素养。所以我认为"学生愿学"是关键,满足学生个性需求,激发学生学习兴趣,培养学生良好个性,从而确定特色课程的选择方向。

（二）特色课程实现的途径

一有计划,确定课程建设的目标、步骤、方法等。二有组织,协调各方按照计划开展课程建设。三有监督机制,监督各方、各环节的实施情况,确保课程建设符合既定目标,达到规定标准。四有管理控制,改变原有课程观念,提升课程建设能力,树立共同愿景,激励全员投入。通过机制的运作与制度的保障,学校特色课程成为符合学生"群体"和"个体"特质、可供学生自主选择的课程体系。其核心追求就是在学校育人目标的指引下,借助制度建设丰富课程类型,提供多层次的课程水平来丰富学生的学习经历,为学生的终身可持续发展奠定基础。

（三）特色课程的管理环节和控制环节

从学生的学习基础和发展需求出发,设置有利于学生健康全面发展的管理环节,同时,需要建立学生发展需求综合评估机制。

选择有利于满足不同学生个性发展需求的课程,从而建立学生自主选课机制。

建立有学生参与的过程管理机制,以在特色课程的实施环节方面形成规范的教学行为,有利于激发学生学习兴趣,推动学生自主学习,提升学习能力。

建立有学生参与的课程评价机制,有利于激发教师课程建设热情,能帮助教师了解课程实际情况。

我们立足学生需求、尊重学生选择，基于"学生愿学"的课程管理，其特点是以学生为中心。

总之，通过这次校长跟岗学习，我感受到了我校与钟山初级中学之间的差距，让我提高了认识，明确了职责。三个月的培训时间已然结束，在学习钟山初级中学带教团队教师先进的管理经验的同时，我也受到他们人格魅力的感染，这些都给予我潜移默化的影响。我累并收获着，我庆幸在我的教学工作中能有这样一次增长见识的机会。今后，我会把这次跟岗学习所学到的知识运用到学校的工作中去，不断提高自己的教育管理能力，使我校各项工作趋于完善。

最后，我把于漪老师的一句话作为结束语，与各位同仁共勉：一辈子做教师，一辈子学做教师！

提炼核心文化　构建课程体系

余立强

（浙江省慈溪市附海镇中心小学）

作者简介：余立强，1997 年毕业于慈溪市锦堂师范学校，2001 年毕业于宁波教育学院教育专业，2006 年获中央电大小教专业本科学历。现任浙江省慈溪市附海镇中心小学书记、校长，宁波市首批骨干校长，主持研究省级课题获奖 1 个，宁波市级课题获奖 2 个，发表论文 10 余篇。

摘要：随着课程改革的推进，校本课程越来越受重视。为推动校本课程的开发和实施，笔者在进一步明晰学校的办学宗旨、育人目标的前提下，通过对本校学生的需求进行科学评估，并充分利用地域特色和人文精神，着眼于尽量满足学生的个性化发展需求，开发了校本课程。同时整合国家课程、地方课程，以形成相对完整的课程体系，通过反思当前课程实施中的优劣，明晰今后发展方向。

关键词：课程体系　核心文化　地域文化　人文精神

随着课程改革的推进，建设有特色的学校课程体系是推进基础教育课程改革的重要途径。我校是一所拥有近百年历史的乡镇学校，原来课程的"分散化""无序化"等问题致使学校发展缓慢，教学效率无法有效提高。为解决这一问题，笔者在进一步明晰学校的办学宗旨、育人目标的前提下，通过对本校学生的需求进行科学评估，并充分利用地域特色和人文精神，着眼于尽量满足学生的个性化发展需求，开发校本课程。通过国家课程、地方课程和校本课程的整合，形成相对完整的课程体系，促进课程的持续发展和学校的健康发展。

一、基于特色炼文化

学校文化是指一所学校经过长期发展积淀而形成共识的一种价值体系,即价值观念、办学思想、群体意识、行为规范等,也是一所学校办学精神与环境氛围的集中体现。

附海,顾名思义,与海相依,用"沧海桑田"这个成语描述附海,最贴切不过了。钱塘潮处在杭州湾钱塘江口,我们附海处在杭州湾喇叭口处。这里的潮水虽无钱塘八米高,但也有浪急起波涛。潮起潮落,潮水的涨退带来的浑水,在杭州湾南岸沉淀形成了海涂,形成了我们附海地域。大清雍正年间,附海地域开始筑有三塘、四塘,至今已筑有十一塘,短短不足三百年,从大海中赢得23平方公里的桑田。又在道光年间开始有移民定居,土地改革后,区域内定居人数达万人以上,姓氏百个以上。辖区内无名门望族,无世代宗祠,是个多姓杂居区。在杂居过程中,他们具有很强的包容性,团结在一起,为生存而进取。附海数代移民筑塘围海,大量民工涌入创业生存,由此形成了附海独有的海纳百川、兼容并蓄的移民文化和勇于开拓、吃苦耐劳的围垦文化。笔者带领团队将地域特色、人文精神与多年办学经验相结合,经过提炼,确定"海文化"为学校核心文化。它是学校的灵魂和品牌的象征,更体现了新时代党和国家教育方针——立德树人,全面发展的校本实践。同时,我们积极挖掘并丰富"海文化"的品质内涵:有容乃大、博大精深、朝气蓬勃。它展现了我们附海人民拼搏进取、宽厚包容的人文情怀和我们附小办学以来崇尚求真、践行乐学的文化传统,更指明了我们今后的发展方向和培养目标:我们的孩子应该像大海一样宽广——有容乃大,以宽厚之心包容善行;像大海一样深远——博大精深,以进取之意博学善思;像大海一样奔腾——朝气蓬勃,以拼搏之劲活力善美。

二、基于文化建课程

我们确定了学校的核心文化,倡导践行"海润童心,悦享人生"的办学理念,在"海文化"影响下进一步丰富其内涵。"海润童心"寓意让"海文化"润泽孩子的心灵,构建海韵课程体系,实现培养"包容、善行;博学、善思;活力、善美"的"海慧骄子"的目标。教师在教育教学、课改科研上不断拼搏进取,实现成为"浪头浪潮"的追求。校园文化主题鲜明,十八条特色长廊为孩子创设了良好的校园环境,潜移默化地影响滋润童心。"悦享人生"体现了我们对美好生活的向往,通过"海文化"的影响,我们的孩子能拼搏进取、积极向上、健康快乐,以得之泰然、失之坦然的心态迎接人生中的每一个挑战,享受人生中的每一段旅程。

至此,我们形成了相对完整的课程顶层设计理念:以"海润童心,悦享人生"为办学理念,在"海文化"的熏陶感染下,构建我们的"海韵课程",从课程文化、校园文化、教师文化和学生文化全面入手,步步推进,使得学校的每一次活动、每一节课、每一门课程都烙下"海文化"的特色印,有效促进学生的素质发展、教师的专业发展和学校的特色发展,使我们学校教育具有灵魂性的生命意义。

"海韵课程"围绕学校"有容乃大、博大精深、朝气蓬勃"的"海文化"品质内涵,通过"品格与社会""语言与阅读""数学与科技""体育与健康""艺术与审美"五大领域的培养,达成"包容、善行;博学、善思;活力、善美"的育人目标,培养学生成为附小的"海慧骄子"。"海文化"内涵见图1。

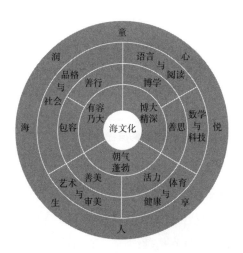

图1 "海文化"内涵

三、基于课程促整合

在"海文化"的引领下,学校深化课程改革,兼顾国家、地方、校本三级课程。我们充分考虑学校师资、学生实际情况和课程改革过程中遇到的问题,从纵向上设置四个维度——基础性课程、选择性课程、特色课程和综合课程,四个维度融合国家课程、地方课程和校本课程;在横向上划分五大领域——"品格与社会""语言与阅读""数学与科技""体育与健康""艺术与审美",这五大领域从不同功能上实现培养目标。纵横交错,有机结合,致力于每个孩子享受快乐的童年,健康成长,为拥有幸福人生奠定基础的教育愿景。海韵课程内容体系见图2。

内容指向

	品格与社会	语言与阅读	数学与科技	体育与健康	艺术与审美
综合课程	社会实践活动、阳光超市、德育作业、爱心义卖、春游	读书节	科技节	体育节、运动会、体质测试	艺术节
特色课程	海娃少警队、法制教育、民族团结、小家电创新、花卉	童诗童谣、国学	——	足球、排球、田径	剪纸、合唱、舞蹈、美术线描、书法、童画
选择性课程 知识拓展	——	悦读课程群、Happy English课程群	数趣课程群	——	——
选择性课程 实践活动	德育课程群	——	思维课程群	——	——
选择性课程 体艺特长	——	——	——	健美课程群	艺美课程群、器乐课程群
基础性课程	道德与法治	语文、英语	数学、科学信息技术	体育	音乐、美术、写字

目标指向

品格与社会　语言与阅读　数学与科技　体育与健康　艺术与审美

包容、善行　　博学、善思　　　活力、善美

图 2　海韵课程内容体系

基础性课程包括国家课程和地方课程,采用国家和地方审定教材,面向全体学生开设,包括语文、数学、英语、科学、道德与法治、体育、音乐、美术等。学校在保证开足开齐这些课程的基础上,根据学科和年段特点,进行整合和拓展,如六年级把三节体育课分解为"两节基础性+一节拓展性"课程模式,实施排球特色教学;把两节美术课分解为"一节基础性+两节拓展性"课程模式,实施特色剪纸教学。

选择性课程是年段选修课程,面向全体学生,由各指导教师根据校课程建设要求和自身所长选择教学内容,制定教学目标,学生自主选课。此类课程基于学生的个性化发展,培养学生兴趣和特长,见图3。

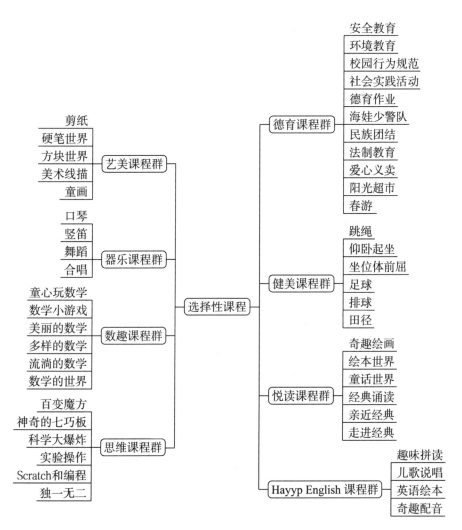

图3　选择性课程示意图

特色课程为校本特色课程,采用校本教材,面向全体学生,采用双向选课的方式,旨在体现地域特色,发展学生的兴趣和特长。通过实践探索,我们编印了《足球》《排球》《剪纸》《花卉》《小学生法制教育读本》《小家电》《五十六个民族》等具有学校特色的校本教材,渗透到拓展课程之中。

综合课程主要包括学科主题实践课程、德育课程、社会实践课程等,面向全体学生,打通课堂内外,引导学生从校内走向校外,全面培养学生能力。这类开放式的课程旨在引导学生体验生活、探究自然、理解社会。学科主题实践课程主要指每年常规的四大节,即读书节、科技节、体育节、艺术节。德育主题实践活动主要包括传统文化课程和系列主题教育活动,如法制教育、爱国教育、感恩教育、安全教育、青春期教育、道德讲堂、应急演练、爱心冬衣捐助活动。社会实践活动课程主要是走出校园走向社会的实践类活动,如各年级段分别参观海文化馆、东港村、东海民俗馆、实验幼儿园、风力发电站,祭扫革命烈士墓。

通过开发、整合,我校课程以"海文化"核心理念引领,形成了系统性、整合性、特色性的课程体系。

四、基于课程巧实施

学校课程体系的架构仅是课程设计的一个蓝图,其对学校教育的影响最终依赖于学校课程的实施。我们精心设计,周密落实,力求管理到位、职责分明、操作合理、考评全面。

（一）发挥团队优势,搭建管理机构

学校成立课程实施管理小组,从校长室到教导处、少先队、教科室,再到各位教师,分工明确,见图4。

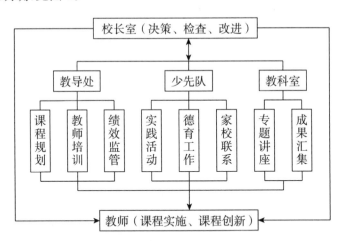

图4 学校课程实施管理小组架构图

（二）明确职责分配,落实工作细则

我们细化管理制度,明确各部门职责,尽力做到管理周密,各部门各司其职又相互合作,共同致力于课程的有效实施。

（三）细化操作方案,管理有据可依

学校严格按照国家课程标准和《浙江省义务教育课程设置及课时安排》的要

求设置课时。从尊重、选择和成长的视角出发编排课表，对于基础性课程，我们依然采用 40 分钟教学，重在通过规范教学，提高教学质量。对于选择性课程和特色课程采用集中教学和分布教学的方式，我们将周三下午第二、三节课设置为全校拓展走班课，每天早读课安排 5 至 10 分钟的安全教育和环境教育，每天大课间安排趣味体育活动项目。由于特色课程中的合唱、舞蹈、剪纸、Scratch 和编程课程参与人数较多，学生需要经历"学习—操作"的过程，我们实施自主选修模式，另外每周安排一次社团课，确保课程实施的有效性。

（四）建立考评制度，实行有效监督

学校建立听课巡课和教学常规检查制度，旨在通过日常检查和阶段性检查实时了解教育教学工作开展情况，及时根据问题提出改进措施。从课程内容、教学过程、学习效果等全方位调研和监控，以保障课程的有效开展。

在课程实施过程中，我们扬长避短，不断总结经验；重视学科整合，最大限度地提高教学效率。我们积极探寻校本特色，做强特色品牌，课程建设初有成效：学生的童诗童谣、国学作品屡屡发表获奖，足球、排球队多次出征宁波比赛获奖，合唱、舞蹈队夺得慈溪市一、二等奖，美术、书法作品更是荣获省级荣誉……成绩的背后我们更是欣喜地看到学生在此过程中收获个性发展、创新发展；教师充分发挥自身特长，创造性开发课程；课程建设突破"分散化""无序化"的局面走向整合、科学的新征程。

我校德育课程建设在学校大课程改革过程中逐渐形成了"学校、社会、家庭三位一体"的课程体系，实行"全员、全面、全程"的实施模式，成为我们课程改革中的一大亮点。全员，即德育队伍建设中，我们成立以班主任为主的德育专业队伍，通过家委会、家长会、主题活动等形式引导家长积极参与德育工作，又借助社会实践活动平台充分发挥社会组织的力量，扩大德育队伍。全面，即学校通过课程、环境建设、主题和实践活动等全面提高学生道德素养。全程，即学校依托"海慧骄子"和星级评价全程评价学生，不仅关注学生在校表现，也通过家长的监督反馈评价其校外表现。全员、全面、全程的"三全"模式，形成了以学校为主、以家庭为辅、社会组织协助的教育合力，共同致力于培养合格的社会主义接班人。

在课程开发建设中我们收获了不少喜人的成绩，但也清醒地认识到还有很多不足。因为没有相应的课程改革评价机制，大部分课程的开发都处于自上而下的操作方式，教师参与度有一定局限性。课程实施过程中的错误和有效经验缺乏相应的理论支撑,没有总结出系统的、行之有效的课程建设经验,成了课程推进中的绊脚石。这些思考,让我们明晰了今后发展的方向,通过建立课程改革评价机制,结合理论学习总结经验,优化课程实施,不断探寻科学的课改方式,最终满足每个学生的实际发展需求,发挥师生的主体作用,实现学校课程持续发展。

参考文献:

[1] 陈如平,刘宪华.学校课程新样态[M].北京:开明出版社,2016.

[2] 王胜利.农村小学校本课程的开发与开设思考[J].学周刊,2019(36).

[3] 邵国栋.农村小学抓实校本课程的四个关键[J].文学教育(下),2019(8).

[4] 周敏.新课改下小学语文课外活动校本课程的开发方案[J].华夏教师,2018(35).

[5] 马三粉.成语故事与心理健康——以江苏省兴化市戴南中心小学校本课程为例[J].江苏教育,2018(64).

课程成就未来

——江西省上饶市第一中学的课程实践与思考

张禹芳

（江西省上饶市第一中学）

作者简介:张禹芳,毕业于江西教育学院教育系,上饶市第一中学党总支书记、校长,中学语文正高级教师,江西省特级教师,第十届国家督学。

2018 年 3 月 8 日上午,上海市教育委员会、上饶市政府教育领域综合改革交流协作签约活动在上饶市举行,上饶市因此成了首个上海市教育综合改革成果辐射区。2018 年 7 月 22 日至 27 日,我有幸参加了上海市教委为我市举办的中小学校长领导力提升培训。这次培训虽然时间不长,但上海市师资培训中心精心设计课程,培训内容丰富,培训形式多样,我们不仅聆听了专家前沿的专题报告,还参观了七宝中学、吴淞中学,得以与上海市名校长直接对话。通过学习,我们开阔了视野,丰富了知识,增强了管理意识,促进了思维转变,简直是脑洞大开、获益匪浅。同时,自己也在比较中看到了差距,在反思中寻找到努力的方向。我认为,课程领导力是中小学校长的核心领导力,也是校长的核心竞争力。

苏霍姆林斯基说:"校长对学校的领导首先是思想的领导。"同理,校长的课程领导首先是价值思想的领导。价值思想是一个学校组织文化的核心所在,价值思想直接决定了学校的发展走向。价值思想的缺席,是最可怕的缺席,也是灵魂的缺席,一个缺乏组织灵魂的学校将会是一盘散沙。

传统意义上的一所好学校无非是"学校硬件好,教师队伍好,教育理念好",但真正作用于学生身上的其实是丰富多彩并具有教育意义的课程。课程是整合了这三者的物化的载体。尤其在这个文化品位至上的时代,课程的价值越来越凸显。课程的革新已经不仅仅是当前新课改的基本需求,更是学校文化深层次变革的必需。然而,在课程改革中,出现了一些现象:为开设课程而开设,不考虑学生的真实需求;将课程资源硬生生地整合,使课程失去了本身所具有的价值与育人目标。课程改革的深化呼唤着校长课程领导力的提升。校长课程领导力的提升有利于完善学校课程体系、促进教师专业发展、凸显学校办学文化,进而促进学校的内涵式发展。

借"上上之约"的东风,我们学校与上海中学结为姐妹学校。两年来,两校师生频繁互访交流:我们的师生先后去上海中学参加体育嘉年华、艺术节,与上海中学学生同吃、同住、同学,不仅感受了大都市学生的儒雅与大气,更是为他们自主学习、主动探究、大胆质疑的学习态度所叹服。在多次反复的探讨交流中,我们的教师为上海中学的师生推介了上饶集中营、方志敏故居等红色资源,还介绍了龟峰的丹霞地貌特征、万年神农宫的稻作文化的起源等知识,引起了上海中学师生的探究兴趣,经过双方积极的沟通与交流,共同设计了上海中学学生的研学课程。2019 年 11 月 11 日至 15 日,我们学校接待了上海中学高二年级 410 位师生来上饶开展的红色研学、绿色学农活动。这次活动的成功举办,促进双方师生进一步深度交流,除增长了学识外,更增进了友谊。每一次交流,我们的师生就获得一次成长,管理团队也因此更新了管理理念,尤其在学校课程建设方面,我本人更受启发。我除了钦佩上海中学冯志刚校长的办学智慧外,更为他敢于担当、勇于超越的气魄与胆略所折服,我也在学校课程的建设上,勇敢地进行了一些尝试。

一、规划学校愿景,明确育人目标,提高课程的价值领导意识

学校发展愿景是学校师生对本校发展的共同愿望和前景设想。我们结合学校发展的历史和现实,通过广泛发动教师、家长、学生参与,反复讨论、真诚沟通,最后达成共识,描绘了学校的愿景:弘扬一中精神,凝聚一中力量,同心同德,砥砺奋进,守正融新,不辱使命,百年名校重铸辉煌。为实现共同的愿景,学校确定了未来五年的发展规划。每年一个工作主题,分别是学校管理规范年、学生健康成长年、教师专业发展年、教育质量提升年、学校文化建设年。每年一个主题,一步一个脚印,扎实推进。广大师生参与讨论制定的学校发展愿景,已成为一面旗帜,这面旗帜在团结、激励着全体师生为共同的愿景努力,同时也引领师生不断进步。在确立愿景的基础上,我们又明确了育人目标:着力培养拥有健康身、聪明脑、温暖心的世界公民。学校课程设置就围绕着育人目标,为实现学校发展愿景而展开。

二、开发校本课程，发展学生个性，完善学校课程体系

开什么课程，要有以学生发展为本的理念。我们在调查研究的基础上，了解了学生的要求和学习愿望，注重面向全体学生，引导探究学习，注重实践活动，突出生动愉悦。结合学校的发展愿景与育人目标，我们将课程开发的目标拟定为：以学校为课程开发基地，以自主开发的校本课程为主要方式，形成一个相互联系、相互作用的整体，构建"大课程观"。课程在培养学生的核心素养，提升学生的综合素质方面，起着决定性作用。我们在校本课程的开发上，着力将学生的兴奋点作为校本课程开发的热点；将教师的能力点作为校本课程开发的支点；将学生的发展点作为校本课程整合的重点。迄今为止，我们开发的校本课程主要有意志品行课程、身心健康课程、人文素养课程、科学素养课程、艺术素养课程、国际视野课程。

在丰富的课程滋养下，学生的能力得到极大提升。2017年，高二学生的"高能轨道电磁炮"获全市科创成果展第一名，李夏清的"微藻生态建筑"获省科创大赛二等奖，万涛锐的"纳诺系统操作"获德国红点奖提名奖，万涛锐的"矩阵式计算云系统"获省一等奖第一名。在2019年5月第十七届江西省中小学智能机器人提升活动中，我校曾嘉奇同学以满分37秒的成绩获得无人机障碍赛项目高中组比赛全省第一名，成功晋级国赛；彭定祥同学获得高中组比赛全省第六名；梁博天同学获得初中组比赛全省第十名。在2019年5月WER普及赛初中组竞赛中，刘家赫、黄亦晖团队取得了全省第四名；WER能力挑战赛初中组竞赛中，罗凯文、赵宸颢团队取得了全省第六名。校园活动如火如荼地开展：定期举办体育节、艺术节、读书节、科技节等活动，开学典礼、毕业典礼、十八岁成人礼隆重热烈但不奢华，适时对学生开展三观教育，学生社团如文学社、科学社、戏剧社、足球社等社团各具特色，研学旅行活动、谷雨诗会、茶山论坛等极大地丰富了学生课余生活，展示了一中学子全面发展的综合素养。

三、打造合作团队，遵循发展规律，促进教师专业发展

学校既是教师专业生活的场所，又是教师专业成长的地方。其中教研组是学校中各学科教师发挥集体智慧、全面推进素质教育、提高教学水平和教学效益的教学研究组织，是学校教学指挥系统的重要组成部分，是同一学科教师开展教学研讨的重要阵地。

　　校长加强课程领导力的关键在于把握课程本质，指引教学理念，建设共同研究的团队，善于在实践中发现问题、研究问题和解决问题，促进教师专业发展，不断实现教学质量和团队专业能力的提高和升华。我们有意识地打破教师"单兵作战"的局面，组织合作的教师团队，创建新型的教师文化，鼓励教师在课程开发过程中群策群力、精诚合作和智慧分享。我们通过上下齐备课，求同存异；分层次联手，智慧共享；课题式研究，结对帮教；互动式研讨，实践反思等丰富多彩的方式，营造合作、和谐的教师团队。同时，我们以遵循学生身心发展规律和教育自身规律为基础，紧紧把握时代的脉搏，积极接受新的教育思想和课程理念，注重探求课程开发的理论基础，通过开展当代社会调查，把握时代前沿信息，研究学生思想动态等活动，夯实学校课程领导和课程开发的基础。

　　学校积极开展校本培训，每个学科每周利用半天时间集中开展教研活动，组织教师积极参加各级优质课、说课竞赛、青年教师解题大赛、教学技能大赛，让大家在各种活动中得到锻炼和提高。加强教师的业务学习及政治思想教育，丰富师德教育的内容，提高教师自身的理论修养和业务素质。完善青蓝带教计划，返聘纪树塽、邓筱云、罗苓洲、杨晓霞等已退休的教师作为学校责任督学，督促指导青年教师的业务成长。推动校内示范课的电教资源储备工作，建设校本教研资源库。学校坚持刚性管理与柔性服务相结合，增强教师教书育人、为人师表的自觉性。

　　教研之花结出了丰硕之果，年轻教师迅速成长，潘芸、吴道强等一批年轻教师在省市各类比赛中荣获了一等奖。成长周期的缩短，为上饶一中将来更大规模的教师帮带工作奠定了可喜的人力基础和制度基础。

从"生态课堂"走向"未来课堂"

王浩敏
（浙江省宁波市咸祥中学）

作者简介：王浩敏，中学高级教师，毕业于宁波大学化学教育专业，现任宁波市咸祥中学党总支书记兼副校长，区级骨干教师，宁波市优秀教师。

摘要："生态课堂"所展现的"生本、生活、生动、生命"的教学理念，是我校近几年在构建和实践的。本文是在听了"未来课堂的变革趋势"讲座后对生态课堂的再认识、再反思和再提炼。

关键词：生态课堂　生本化　生活化　生动化　生命化　未来课堂

党的十九大报告中勾画了我国基础教育发展令人振奋的蓝图——"让每一个孩子享有公平而有质量的教育"。这是新时代的教育思想，教育的福音，标志着我国基础教育进入了新的发展阶段。然而当下教育者面临教育理念、教育观念的时代挑战。为进一步提高宁波市学校管理人员办学治校能力和管理水平，促成校长专业发展与特色高中建设，2019 年 11 月，宁波市教育局遴选出 22 位直属普通高中教学副校长，赴上海进行深度研修。笔者有幸参加此次研修，更是有幸聆听了国家督学、中国教育学会副会长、上海市教育学会会长尹后庆老师关于"未来课堂的变革趋势"的讲座，受益颇多。钟启泉教授说过，新变革、新理念中有三个关键——"立德树人""核心素养""课堂转型"。那么课堂如何转型？在我校近几年构建和实践的"生态课堂"的基础上，结合尹后庆会长的讲座，笔者进行再认识、再反思、再提炼，以有利于使"生态课堂"走向更美好的"未来课堂"。下面就课堂转型问题谈五方面的看法。

一、教学设计的生本化——教学理念先进化

尹后庆会长指出,应基于学生已有的经验设定学习目标,进行教学设计。研究学习目标要从学生的需求出发,反映学生的经验,涵盖知识、能力、情感、态度、方法等,从而使进入课堂的学生带着各自的认知经验开始新的学习。合理的学习目标,应恰到好处地衔接学生已经拥有的经验和未来可能获得的新经验。教师应自觉思考,主动设计,改变只盯着教材而忽视学生的授课习惯,克服课堂中只注重知识的逻辑而忽视学生生活经验的弊端。

生态课堂的核心是以人为本,以学生的发展为本,强调构建一种动态的、和谐的、可持续发展的生态环境,营造让每个学生身处其中都会感到安全、亲切、有归属感的和谐、民主、平等的课堂氛围。这种课堂氛围在一定程度上反映了学生的要求和愿望,也与我们所提倡的自然、和谐的课堂环境是一致的。

生态课堂教学设计以学生为主体,凸现学生参与、体验、交流、感悟,强调每一个学生的需求、欲望和意识,兼顾学生的个性发展,通过现代课堂教学手段,实现教学与学生发展的真正统一。生态课堂教学设计以导学案为载体进行"问题式导学、过程式学习"。其内涵是落实学生的课堂主体地位,培养学生自主学习的兴趣、习惯和能力,提高学生的素养,向有限的课堂时间要效益、要质量。我校要求的导学案与传统的教案、练习题有着本质的区别。导学案重在解决学生"会学"和"学会"的问题,是对教材的"翻译"和二度"创作",是将知识发生的过程、学生的认知特点、所学知识的迁移与拓展有机地结合在一起,引导学生完成课前预习、课堂学习的方案。它既有目标又有方法,就像人们旅行中用的路线图、汽车的方向盘、航海用的指南针一样。

尹后庆会长认为,单元设计有助于改变学习过程中知识碎片化和去生活化的弊病,从而使课程的三维目标真正落实到具体的学生身上。单元是依一定的目标、主题所构成的学科和生活模块。学科单元以系统化的学科知识为基础,遵循学科框架原则组织学习;生活单元重视学习者的生活经验,通过学生的实践和师生的合作展开学习。

基于这样的认识,我们教师要实施素养本位的单元设计。我们过去的教学是以知识点和课时来设计的,以单元来设计可以提高站位,提升格局。我们的设计要从单元中来思考知识点,而站在单元上一定能够看到素养。这就是我们如何从现在的"生态课堂"走向更美好的"未来课堂"的重要前提——教学理念先进化。

二、课堂引入的生活化——教学内容情境化

《关于新时代推进普通高中育人方式改革的指导意见》明确提出："积极探索基于情境、问题导向的互动式、启发式、探究式、体验式等课堂教学。"教育家乌申斯基则指出："没有丝毫兴趣的强制性学习，将会扼杀学生探索真理的欲望。"教学内容的情境化，强调情境要基于生活，其本质是要解决生活与知识的关系。我们在创设情境时，应尽量贴近生活现实，从学生鲜活的日常生活中挖掘、发现学习情境的资源。

"问题"应当尽量来源于学生生活中经常会遇到的一些问题，只有基于生活的学习情境，才能让学生真正体验到知识的价值。我们可以用考驾照来类比知识与能力的关系，交通规则是知识考试，倒库移库是技能，而在有了知识与技能之后，基于真实情境才能形成能力，而要形成素养必须要有反思。学生的学习同样要经历这样一个过程。

知识越多，不等于能力越强，素养越好。我们国家从富起来到强起来迫切需要提升公民素养。所谓的素养就是真实情境中的问题解决能力，所以我们新的教育目标可以浓缩为两个字：做事。关键能力是能做事，必备品格是坚持做正确的事，价值观念是坚持把事情做正确。

教学内容情境化、项目化、问题化是我们从现在的"生态课堂"走向更美好的"未来课堂"的重要途径。

三、课堂展开的生动化——教学方法多样化

生动指有活力，起积极作用，增加正能量。改变课堂教学方式，组建学习小组，创建帮扶模式，构建核心课型模式，启用校本课程，采用自主合作探究的方法，利用演讲、故事、手抄报、多媒体等教学手段，让学生主动、互动、生动地学习。

教与学的充分互动成为有效学习的必要保障。课堂学习的过程，是教师根据学习目标设置合理的学习环节和进程，进行必要的讲解，引发学生积极思维，进而使学生将认知活动融入个人的认知建构之中。有效的课堂是课堂中学生处于有效学习状态的程度。学生参与学习的热情较高，从课前的预习到课堂中的主动投入、小组交流等，调动自身已有学习经验和生活经验，积极思考，通过对学习过程中知识的问题、能力的问题的发现与解决，才能不断提高学习成效。

尹后庆会长认为："课堂未来的教学，将是面对面学习和在线学习同时并存、

互为补充的混合教学模式;书本知识的传授将逐步被支持个性化学习的网上学习替代;课堂将成为应用互动、体验和探究学习方式,促进知识理解和应用的场所,具有网络学习不可替代的功能;深度学习将打通课内外学习、面对面与网络学习、学科与综合学习,使之成为一个整体,形成'互联网＋'时代的教育新常态。"

变革教学方式,需要依据教学目标,从组织方式入手,选择认知方式和活动方式,建立两类价值取向教学与教学方式的关联,并持续提炼与积累教学设计和教学实施的经验。这就是我们如何从现在的"生态课堂"走向更美好的"未来课堂"的重要保障——教学方法多样化。

四、课堂深入的生命化——教学目标人文化

生命教学指向关注师生生命价值的教学,包括传授知识、开启智慧、润泽生命。我们通过合作交流、融入情感、获得成功体验促进课堂深入的生命化。

（一）合作交流

班级是一个群体,合作共生是群体最基本的生态表征。通过交流不但能使学生获取到深层感悟的经验,而且能加强集体成员内部的沟通与协作,还培养了集体成员的合作意识和团队精神。从另一个层面来说,和谐、自由的课堂氛围更能激起学生的参与欲望。民主参与的课堂氛围正是灵动与创造的必要条件,只有让学生的学习天性释放出来——只要是学习需要的就可以讨论——才能使学生进入"乐知""好知""学如不及,犹恐失之"的学习状态。

课堂展示交流的目的是促进学生通过比较、判断,超越自身认识,形成更加深刻的理解。通过展示交流让学生将解决问题的过程中无意识的、不被觉察到的隐性思维暴露出来,将隐性思维变为显性思维,不仅可以为其他同学提供一个可供借鉴的对象,还能给见解不同者提供一个思维比较、碰撞的机会。

（二）融入情感

富有情感的教学情境往往能激起学生积极的情绪体验,有利于营造生动活泼、和谐愉快的课堂气氛,从而勾起学生强烈的求知欲望,使学生在情绪高涨的氛围中进行智力活动,具有激发学生学习动力的功效。正如第斯多惠所说:"教学的艺术不在于传授的本领,而在于激励、唤醒、鼓舞。"赞科夫也强调指出:"教学法一旦能触及学生的情绪和意志领域,触及学生的精神需要,这种教学法就能

发挥高度有效的作用。"所以我们在课堂上要注意文化知识的宽度、深度,更要注意课堂的温度——学生的精神需要。

（三）获得成功体验

心理学家马斯洛在研究中发现,许多成功人士在生命中都曾"感受到一种发自心灵深处的战栗、欣快、满足、超然的情绪体验",他们由此种体验所获得的人性解放、心灵自由,照亮了他们的一生。这种感觉犹如站在高山之巅,这种愉悦尤其深刻,这种感受是语言无法表达的。马斯洛把这种感受称为"高峰体验",即成功体验。其实,教育更需要成功体验。学生在课堂上没有享受过成功体验,他就不太可能有求知的渴望;教师在教育中没有经历过成功体验,他就不太可能热爱自己的职业。所以生态课堂更注重学生积极的情绪体验。

对于"未来课堂",尹后庆会长指出:"在新课程教学中只要我们不失时机,在教学中把握这些人文化因素,课堂教学就能在实现知识目标之外渗透情感、品格、社会的人文精神,打造出生态化的人文课堂,在课堂上渗透人文化因素。"

课堂既满足学生知识、技能、方法和品德的发展,又立足于学生当下的身心发展规律,充满生命活力,实现师生共同发展及科学精神与人文精神的有机结合。这就是我们如何从现在的"生态课堂"走向更美好的"未来课堂"的重要内涵——教学目标的人文化。

五、课堂评价的多元化——促进学生个性化发展

课堂教学评价是课堂教学实施过程中进行的评价活动,其评价范围包括教与学两个方面,其价值在于促进课堂教学。课堂教学评价是促进学生成长、教师专业发展和提高课堂教学质量的重要手段。"生态课堂"提倡多元的评价方式,以促进学生的个性发展。由于学生的认知水平存在差异性,在教学过程中学生的表现参差不齐,教师要对学生进行正面评价,以鼓励为主,让学生树立信心,勇于表现自己。

"未来课堂"的课堂评价不再限于教材内容与标准答案。尹后庆会长指出:"课堂评价的目的是促进学习目标的实现,通过评价引导学生的学习和反思,促成其生成自我成长的能力。课堂评价的内容聚焦于学生的学业品质,包括关注学生提出问题、解决问题的能力;关注学生综合运用知识的能力;关注学生与他人的合作、交流和分享状况;关注学生在学习过程中的基本科学态度和社会责

任感。"

课堂评价从过去关注教师如何教，到现在关注学生如何学，再到关注如何促进学生的个性发展，归根到底，教育就是发展人的个性，促进每个学生更好地成长。所以要改变课堂教学，课堂评价是关键。从"生态课堂"走向更美好的"未来课堂"的重要目标，就是促进学生个性化发展。

诚然，我们对生态课堂的探索才刚刚初步，距离理想状态下的未来课堂还很遥远，但我们依然追求在课堂上尽可能地围绕学习内容，使自然生态、类生态和内生态都有一个最佳的发挥。我们坚信，随着生态课堂的不断实践及其研究的不断深入，"生态"这个"理想"一定能够照进我们的"未来课堂"。

点　评

　　课程承载着国家意志，遵循着认知与发展规律，汇集着人类文明成果，反映了个体发展愿望。教学是教师在学校场域帮助学生"五育"融合，实现全面、和谐发展的主要途径。古今中外，无论是政府、社会，还是教育学者、教育实践者，无不把课程教学作为学校的中心工作，无不把校长对课程教学的领导能力视为校长的核心领导力。

　　本部分汇编的九篇文章，是上海市师资培训中心有效支持中西部基础教育校长专业化发展的心血结晶，体现了受训校长在领导学校课程教学方面获得的成长。成果具有三个显著特点。一是站位高。所有校长都能站在未来人才培养、民族复兴的立场，主动承担课程方案设计和教学改革的责任，体现了校长作为教育家的使命感、社会责任感，都试图通过学校课程教学方案设计来回答"为谁培养人"的问题。二是目标明。所有校长都将课程教学目标指向学生发展核心素养的落实，虽然九位校长来自不同的区域，服务于不同阶段的学校，但都积极借鉴国家已发布的高中课程方案中对学科核心素养的阐述，精心设计学校课程方案、课程内容、教学与评价方式，努力回答"培养什么人、如何培养人"的问题。三是走位实。所有校长都努力将专家讲座精神、上海先进学校观摩到的经验与本校的办学实际进行对照，努力转化为本地可以实现的课程教学方案，不生搬硬套、简单复制，较好地体现了"既仰望星空又脚踏实地"的实践逻辑。

　　期待校长们在沪学习期间所取得的成果能在回校后与当地政府领导、师生的深度对话互动中得到进一步完善，也期待这些学校的课程教学改革实践能在专业部门持续系统支持下开出绚丽的花朵。

　　　　　　　　　　　（上海市浦东教育发展研究院党委书记　陈珍国）

五

多措并举引领教师专业成长

兴国必先强师,校长作为教师专业成长的引领者,要遵循教师专业发展的规律,激发教师发展的内在动力,引领教师成长,让学校成为教师成长的摇篮。

本部分共收录了九篇文章,地域覆盖了云南省红河州、新疆维吾尔自治区喀什地区和克拉玛依地区、贵州省遵义市、江西省上饶市、浙江省宁波市、西藏自治区日喀则市。九篇文章从"教师专业发展困境与对策""办学理念与教师发展""校本研修共同体建设""教师培养模式探索""学校特色文化与教师团队打造"等方面探讨"引领教师成长"的话题。各地校长学员勇于实践、善于反思,为所在地区、学校建设一支师德高尚、业务精湛、结构合理、充满活力的教师队伍作出了自己应有的贡献。

(上海市师资培训中心　张文强)

滇南边疆民族地区教师专业发展困境与对策

——师资培训的视角

杨剑辉

（云南省红河州教师发展中心）

作者简介：杨剑辉，1982 年 3 月生，软件工程硕士，云南省红河学院教师，兼任红河州教师发展中心办公室主任，长期从事教师培训工作。

　　云南省地处祖国西南边陲，是我国连接东南亚各国的陆路通道。云南共有 25 个世居少数民族，其中 16 个民族与境外相同民族在国境线两侧居住，官方称其为跨境少数民族，界定为特有少数民族的有 15 个，人口较少的特有少数民族有 7 个。这些地缘特征表明云南省地理区域位置复杂特殊。国际和民族关系建设是政府疆域社会管理的重要任务，研究者需要广泛开展边疆政治、边疆经济、边疆社会与文化、边疆教育，以及民族理论与政策等一系列多位一体的科学研究，来为政府有效管理和妥当处置民族事务提供决策依据与工作思路。

　　红河州位于云南省南部，与越南毗邻接壤，在行政区划上名为哈尼族彝族自治州。红河州下辖个旧、蒙自、开远、弥勒 4 个市，以及河口、金平、绿春、元阳、红河、石屏、建水、泸西、屏边 9 个县。截至 2018 年年末，全州人口总数已突破 470 万，其中少数民族人口占比 61.20%。全州有各级各类学校 2293 所，在校学生 89.12 万人，专任教师 5.11 万人。从入学率和升学率看，随着学段递升，适龄青少年接受学校教育的人数有减少趋势。造成初中近 15% 和高中近 30% 的生源流失的原因是多方面的，其中，教师队伍的整体质量偏低是一个重要的影响因素。另外，从辖区内教育教学质量看，红河州基础教育总体水平不高，南北县市差距较大,存在显著的城乡地区差异。这也折射出边疆民族地区教师专业结构的布局不合理,亟须完善和优化,走专业化培训的发展道路。因此,本文尝试以红河州基础教育的教师专业发展为个案,为破解边疆民族地区教师专业发展的困境提供路径参考。

一、边疆民族地区教师专业发展的困境

(一) 教师队伍流动大,个人职业规划不足

与内地相比,整体上,边疆地区的师资队伍既缺质量又乏数量。由于当地财政拨付能力低下,为了保障基本的教学需要,在国家政策支持下,本地学校近年来大批量招聘特岗教师,而超过 60% 的新聘教师来自外地市县,加之工作环境和办公条件不佳,致使稳定教师队伍的工作一直面临极大挑战。事实上,干出一些成绩、教学能力强的教师都争取各种机会往外调走,或者通过公务员考试调离教师职业。另外,还有一大部分新聘教师毕业于非师范专业,对教师职业理解不足,缺少职业规划的意识和行动,既不能客观全面评价自己,更不清楚教师专业发展的路径和方向,而身边的同事又不足以作为职业发展的参考,导致他们缺乏系统的个人职业规划。可见,做好教师个人职业规划工作对于立足边疆搞教育来说非常重要。

(二) 专业发展缺乏内生和外源驱动力

从外源驱动力看,红河州地处滇南,有 5 个县与越南接壤,集边疆、民族、战区、贫困于一身,交通、经济、文化、医疗、教育条件都相对较差,社会整体读书风气不浓,在边疆从事教育工作,生源质量差,很难做出喜人成绩。因此,在边疆 5 个县工作的教师普遍对教师职业认同感弱,职业幸福指数低,不愿花更多时间钻研教学。另外,囿于教学任务繁重,自我研习时间少;培训经费短缺,学习资源匮乏;"智源"支持不足,学习机会无政策保障;学习气氛不浓,职业价值感弱,惰性被动心理强等,大部分教师仅把教师职业视为一种谋生手段,普遍专业发展内生驱动力不足。

(三) 州域内教师发展中心定位模糊,功能发挥不良

设置教师发展中心的研究或职能机构的初衷是整合各方资源,指导教师专业发展,提升教育教学质量,但现有的教师发展中心机构普遍存在资源整合力度不够、职能与其他部门交叉重叠的情况。如红河州教师发展中心挂靠在红河学

院,本应整合高校、教育体育局(以下简称教体局)、中小学等多方资源共同发力,从而促进教师专业发展,但从目前运作情况看,整合力度还远远不够,表现为高校的科研教学成果难以融入教师专业发展实践。中小学的教学主体实践缺少前沿理论指导与当地教体局没有财力支持之间的矛盾,致使教师发展中心高高在上,不接地气,对全州教师专业发展的支持力量过于薄弱,成为一个虚设机构。

另外,县级层面的教师发展中心缺少有效引领和协同互助,功能发挥不良。据 2019 年 11 月上旬统计,在红河州 13 个市县中,只有弥勒市和红河县成立了教师发展中心,弥勒市教师发展中心挂靠在教科所,红河县是独立编制;金平县独立保留教师进修学校建制,但教职工年龄普遍较大,接近退休,承担教师培训任务的能力不强;其他市县均已取消教师进修学校建制,实行分流和科室合并。显然,就红河州而言,各市县由于教师编制和人员紧缺,对教师发展中心的定位还比较模糊,存在独立和挂靠两种形式,加之原先的教师进修学校退出舞台,导致当前的教师专业发展缺少必要专门平台,无力为教师提供就近进修的机会,而外派学习又没有财力保障。这种困局将长期存在,需要深入研究和破解。

(四) 教师专业水平差距大,区域校点布局不完善

基于红河州教师发展中心组织的多次培训及其现场听课经验,一个突出的现象是州域内南、北市县的教师综合水平差距较大,而同一市县的教师业绩水平城乡差距明显。这种现实差距主要与教师所处的工作环境、得到的培训、参加的教研活动以及生源等因素有关。

首先,乡镇学校(特别是南部六县的乡镇学校)对教研工作的重视程度不够,且规范性和科学性上有待提高。其次,多种教学之外的工作分散了教师的时间和精力,致使绝大多数学校在组建学习共同体时面临困难,教师无心参与基础教育科研活动,相对而言,只有内地县市一些学校的部分教师有所涉及。此外,在历次师资培训中,针对基础教育的科研引领和培训占比较小,科研培训无法有效转化为教学行动,助力教师专业发展。

从校点布局的客观条件看,红河州作为一个少数民族自治州,目前一师一校的校点还有一定数量,部分民族聚居地区无师资进行双语教学,导致少数民族学生在小学阶段基础较差。加之,近年来南部各县外出务工情况普遍,外出人口数

量较多,学生中留守儿童比例居高不下,存在关联性的"控辍保学"、均衡发展、脱贫攻坚、校园安全等隐忧,这些非教学工作挤占了教师的大量时间和精力,限制了教师的专业发展。

（五）师资培训缺乏整体规划,系统性差

纵观全州各项教师培训,牵头部门多,培训内容杂,培训机构多,缺乏整体规划,各类专项培训之间不成体系,各部门各自为政,教师参训机会严重不均,培训方式传统低效,以完成行政任务为导向,只注重数量和频次,不注重培训效果,因此系统性差。大多数培训为完成任务而开展,缺乏需求调研,内容针对性弱,培训体量相对较小,因此覆盖面窄,不能惠及全州。另外,绝大多数是短期集中培训,缺失后期跟踪指导和成果转化,对受训个体的指导帮助持续性差。

（六）教师科研意识薄弱,缺乏科研参训平台

在本区域内的中小学教师看来,科研是一项高大上的工作,有些高不可及。绝大部分教师从未参与过科研,也没有科研意识,在校内或区域内没有形成浓厚的科研氛围。在申报研究课题中,纯粹为评职称而参加的情况较多,且参与的成员团队合作精神还不够,缺乏统筹协调和分工配合意识。目前,基础教育的教师参与科研的人数少,影响范围小。

在科研实践方面,大部分学校和教师不清楚如何确定选题,缺少有效指导。常见的问题是选题大而空,缺乏理论支撑,针对性不强,切入点不准,无法推进。就近年所开展的基础教育研究情况看,大多数教师在研究取得一定进展后总结提炼不够,还不能形成一套相对规范的做法,上升到理论层面,科研徘徊在经验积累的阶段。

红河州教体局每五年为一个周期开展课题申报工作,发布《课题指南》,组织教育课题立项审批,平均批准立项 300 个左右。实际上,申报获批课题的主要是内地县市的学校,边疆县市学校的课题很少被立项。这样一来,区域、学校间科研水平差距变大,且由于研究成果缺乏推广运用平台,往往只在少数教师间和学校间有一定的影响,并不能让全县甚至全州学校共享。在此形势下,红河州 13 个市县在基础教育科研方面存在着较大的区域、校际差距。

此外,红河州的中小学名师工作坊数量较少,学科分布不全,辐射范围有限,培训效果有待提升。校本研修效果参差不齐,中小学教师继续教育流于形式,不能发挥实效。

二、边疆民族地区教师专业发展的路径思考

(一) 州教体局应担负起整体规划全州教师培训职责

教体局要履行好行政职能,从整体上划分培训类别,确定梯度,完善步骤,明确责任,循序渐进,提升教师教育教学水平和科研能力,引导教师确定成长路径,做好职业规划。具体而言,应着力做好以下几方面的工作:

首先,梳理规范全州教师培训工作。在职能上,州教师发展中心统一管理师训工作,形成短、中、长期教师培训整体规划,保障培训工作有计划、有目标地开展。另外,统一构建系统完整的教师培训方案,分层分类培训,聚焦培训对象,增强针对性。可按以下逻辑关系划分培训类别:(1)专业发展培训,根据教师专业发展的阶段划分为新入职教师培训、中青年教师回炉培训、优秀教师培训、骨干教师培训、名师培训五类,并确保课程内容有逻辑递进关系;(2)岗位能力培训,依据教师的工作内容和岗位,划分为班主任培训、教研员培训、心理辅导员培训、中层干部培训、校(园)长培训;(3)教学专技培训,根据教育教学技能,划分为信息技术提升培训、教材培训、教师口语培训、安全管理培训等技能专项培训。一些临时援助性培训项目也应纳入统一体系。通过以上培训方式增强教师的职业认同感,全面提升教师的幸福感、核心素养、科研水平、教育能力、教学质量。在培训中,注重让每一位教师为自己规划职业生涯的蓝图,引导教师的专业发展。

其次,为解决集中培训覆盖面小的问题,丰富培训方式,可引入更多培训机构,以集中培训、网络研修、跟岗培训、校本研修、区域教研等方式开展培训。

最后,积极探索培训者培训路径。具体而言,首先根据学段和学科教师体量,有梯度地选拔培训一批学科带头人、骨干教师,新增一批名师工作坊。每一位参加培训的教师都带有科研和二次培训任务,培训完成后,由这些教师充当培训者进行县域培训,他们所带的学员又成为二次培训者,依次传递培训,落脚在校本培训,形成学校发展合力,带动更多的优秀教师学习提高、充实自己、帮助他人、共同进步。

(二) 建立全州教师培训数据库,实行全员培训学分管理

由教体局牵头,通过自行开发或者购买服务的方式,建立教师培训数据库,为每一位教师建立一份继续教育学习档案。此档案可与人事档案并行,各类培训学分可互认,培训业绩数据可供有关部门在教师职称评定、评先评优、工作调

动、提拔任用时参考。此举有利于打通各类培训间的壁垒,为教师专业成长和发展奠定基础。

(三)制定相关政策,采取激励措施,补齐教师科研短板

首先,激发科研热情。提升教师的学习、教学、研究能力,营造良好的学术氛围,采取有力的政策措施,激发广大教师的科研热情。根据红河州基础教育的现状和发展趋势,结合当前新高考、新课程改革要求,可把政策制定重心放在提升教育科研水平和助力教师专业发展上——着力提高教师的选题、研究、应用、提炼水平,夯实教师核心素养,提升教育教学质量,促进学校内涵发展。

其次,聚焦均衡发展,注重质量提升。落实中小学教师继续教育工作,引入系统管理。借鉴"双师课堂"方式,通过网络让南北县域学校结对帮扶,以学科为单位开展网络集体备课,缩小南北差距和城乡差距。

最后,加强科研能力培训,补齐短板。一是在师资培训中,加大对教师科研意识、科研方法的培训,搭建平台引入省内各高校研究基础教育的教师共同参与,带动基础教育科研正常开展。二是加强对科研成果的运用和推广,帮助相关教师提炼总结教改经验,形成一些可复制、可迁移、可更新的教学模式。三是针对边疆、民族、战区等区域特点,有前瞻性地选定符合当地基础教育发展需要的科研课题,选派专家定期指导、探索实践,出成果、出人才、出质量。此外,借力高校科研团队开展红河州基础教育行动研究,针对留守儿童的心理和教育问题进行深入研究,解决基础教育发展过程中的焦点问题和现实问题。

童话育心　智慧育才

——"童话教育"理念下汇川二小教师发展的途径

张秋萍

（贵州省遵义市汇川区第二小学）

作者简介：张秋萍，贵州遵义人，毕业于贵州省遵义师范学院，高级教师，贵州省省级教师发展中心培训专家库成员，汇川二小副校长。

人生而平等，每个人都有追求幸福的权利。教育的真谛就是教会孩子追求幸福。教育者应该学会做一个快乐的引导者，用快乐的方法引导孩子，培养其兴趣，开发其潜能，使之快乐地成长。小学阶段是一个人成长的起点和基点，是人格塑造的萌芽期，六年的学习内容和方式，应当致力于每一个孩子"三观"的健康引领，铺好每个孩子成长道路中的第一块石头，使之逐一健全。小学教育是"儿童本位"的教育，追求对儿童本性的最大解放。因此，我校以"儿童本位"教育为前提，以让每个孩子在小学阶段用自己独特的方式绽放自己为宗旨，探索了一条适合我们的教育之路……

我校地处遵义市汇川区中心城区，1977年建校，从一个300人的小学校，发展到现在接近2000人的城区直属大型学校，学校经历了无数的风雨。寻根我校的文化课程，细看我校的发展历史，老一辈的领导、一直在我校任教的教师、毕业的学生都认为，学校当时地处果园旁，学生课余生活丰富多彩、无拘无束，"快乐童年"让大家体会最深刻。结合历史，联系当下，让学生的童年快乐丰富，充满童话色彩成为我校全体师生努力的方向，"童话教育"应运而生。众所周知，童话对孩子童年的影响是巨大的，我校立足童话阅读、童话课堂、童话活动，遵循教育规律和儿童成长规律，承认个体差异，关注儿童全面发展，提出了"点亮童心，习得智慧"的办学理念，引导孩子汲取真善美的力量并生发智慧。

教育不是往篮子里放鸡蛋,而是点亮孩子心中的那一盏灯。"点亮童心"重在激发学生内心的积极情绪,促进每个学生主动、生动活泼地发展,为每个学生提供适合的教育。"习得智慧"是指在学校教育教学实践活动中,以儿童可以理解的方式来解释"童话教育"理念,传递童话故事中蕴含的真善美的价值观念和民间智慧,从而帮助儿童获得生活经验。童心是真实而美好的,"童话教育"从童话中汲取德育的力量,是关爱孩子心理健康成长的教育,是孩子从童话中汲取人生智慧补充生活经历的教育。我们认为,教育应当是一项用智慧培育智慧的事业,学校应当用智慧的方式开展智慧的工作,培养智慧的人。

一、"童话教育"是关注儿童的教育

儿童心理学家皮亚杰认为,儿童思维是一种"原始思维",这是一种"我向性思维"方式,让儿童以自己的观察和想象来认识和理解周围事物。在孩子的心目中,一切都是有生命的,墙壁会说话,大树会舞蹈。

二、"童话教育"的价值取向是追求真善美

真善美是"童话教育"的核心价值,也是一个人立足未来、贡献社会的基本道德基础。在小学培养社会主义人生观、价值观、世界观这一关键时期,让真善美根植于心是为儿童未来生活奠基的重要内容。

三、抓好教师队伍建设是"童话教育"理念深入人心的前提

真善美的传递要靠谁?靠我们的教师!中共中央、国务院《关于深化新时代教师队伍建设改革的意见》中明确提出,教师承担着传播知识、传播思想、传播真理的历史使命,肩负着塑造灵魂、塑造生命、塑造人的时代重任,是教育发展的第一资源,是国家富强、民族振兴、人民幸福的重要基石,学校发展的前提是教师的发展。教师是学校开展智慧教育工作的实施者,学校的发展必须依赖教师队伍的发展,"童话教育"理念需要教师的真正认可,真善美的传递需要所有教师的共同努力。因此,抓好教师队伍建设是我校"童话教育"理念深入人心的前提。

我校在职教师100人,其中,研究生学历1人,本科学历82人,大专学历17人。名校长1人,名师2人,市、区级骨干教师16人,校级骨干32人,教坛新秀6人。教师平均年龄32岁,女性教师占75%。结合我校师资队伍情况,作为学校教育教学的管理者,我一直在思考如何让"童话教育"理念深入人心,促进教师的

专业发展。我们主要采取了四方面的措施。

（一）方案与制度相结合

规范的安排是工作顺利开展的前提，完善的制度是激励教师前进的动力，如何利用制度催生教师工作的激情、唤醒教师教学的智慧是我们大家需要思考的。针对我校的实际情况，我们形成了"童话教育"办学理念实施方案、"童话教育"课堂实施方案、"童话教育"课程实施方案等，结合我校的实际情况进一步完善了"童话教育"理念下的教学常规管理制度、教学奖励制度等，实实在在地调动了教师工作的积极性。

对照制度，我们层层落实检查，从教研组到每一位教师，检查中从严、从细、从高要求。在每月底的教育教学常规检查反馈会上，我们逐一指出检查中发现的问题，要求教师逐一整改。依据制度，在检查后肯定教师的成绩，指出存在的问题，激励先进、鞭策后进，及时考核是至关重要的。因此，在每月教务、教科考核统计表和学期教学成绩统计表上，我们用事实说话，让教师在鞭策和鼓励中前行。

（二）学习和实践相结合

善，是善良与善于。善良就是仁爱。教师要有仁爱之心，以父母之心，面对学生，站在学生的立场，用学生的视角，谋求学生的发展。善于是指教师要善于教，学生要善于学。教师的学习是学生学习的前提和保障，如何让教师在学习和实践中前行是我们需要思考的问题。

结合我校师资队伍情况，我们将全体教师分为名校长、名师、学科带头人、骨干教师、经验型教师、青年教师、新进教师7个梯队，名校长、名师引领，学科带头人、骨干教师示范，他们带领并指导经验型教师、青年教师、新进教师快速成长。我们主要采取了三方面的措施：(1)青蓝工程"师徒结对"（校内—区内—市内—省外），特点是覆盖面大、学科完整，能够发挥本校优势学科名师、学科带头人、骨干教师"老带新"的作用，为学校薄弱学科的年轻教师寻找区内、市内、省外的优秀教师，让他们拜师学习，快速成长；(2)通过校本教研、外出培训、校际交流、网络研训等方式，提升教师专业能力；(3)利用各种比赛或者教研活动，给教师提供登台亮相的机会，培养教师信心，增强教师斗志，以赛促培、以赛促发展，让教师在学习与实践中真正领悟"童话教育"理念，把"童话教育"落实在每一位教师的课堂中。

（三）课程与课堂相结合

通过丰富的课程滋养学生的童年,培养具有真善美品格、能表达、善思考的学生是汇川二小对孩子小学六年的培养目标。基于这一目标,我校搭建了"三维"课程,即问题式教学模式下"以生为本"的学科课程、促进学生全面发展的实践课程、促使学生健康成长的家校课程。依托学校几大校园节庆活动,我们开设了舞龙、拉丁舞等40多门丰富多彩的校本课程,通过课程的浸润,为学生提供各具特色的动手实践和活动时空,激发兴趣,增强自信,培养特长,开发潜能,这样的课程设置,做到了课程建设丰富化、学生选择自主化、教师发展专业化。

自然与和谐滋生美,美源于自然,源于内心,源于行动。人人遵从自然规律和社会法则,人与人、人与自然、人与社会和谐共生,就能产生美。因而,必须用善的心灵引领出美的行动。约翰·济慈说:"美就是真,真就是美。"柏拉图说:"美具有引人向善的作用和力量。至善方能至美。这是真与善的最高境界。"如何让美走进课堂是我们教师必须去思考的问题,因为课堂是学校教育的主阵地。近年来,我校秉承"用智慧的思想培养智慧的学生"的宗旨,在"童话教育"环境下努力创建符合二小校情的问题式教学模式的"生本课堂",通过有效提问,把学生从简单机械的思考中解放出来。学生参与,让学生的思维从沉默中迸发出来;协作学习,让学生在合作中活跃起来;主动探究,让学生在实践中成长起来。依据脑科学的认知规律,我们借助"感知—领悟—积累—运用—创造"五个环节,探索课堂五步骤,打造我校的"四是"课堂,即每一节课都是童话情境课、每一节课都是语言训练课、每一节课都是思维训练课、每一节课都是育人修身课。我们鼓励每位教师通过丰富的课程思考自己的课堂,在教学中践行自己的育人理念,努力去追求我们的"童话教育"。

（四）课题和目标相结合

真,是真实与真诚。教育只有真正发生,才能使受教育者获得教育的价值。叶圣陶先生说:"千教万教教人求真,千学万学学做真人。"陶行知先生在《创造的儿童教育》中说:"把我们摆在儿童队伍里,成为小孩子当中的一员。我们加入到儿童队伍里去成为一员,不是敷衍的,不是假冒的,而是真诚的,在情感方面和小孩子站在一条战线上。我们要钻进小孩子队伍里,才能有这个新认识与新发现。"这就要求教师在日常教学工作中明礼诚信,以真教人,不敷衍塞责,不弄虚作假,以诚信取人,以真诚育人,把学校的教育教学过程变成学生真正成长的过程。

给童心插上翅膀,培养适应未来社会发展的"社会人"是我校的育人目标。结合学校现状,我们努力协调好教师、学生、家长三者的关系,让学校成为孩子最温暖的记忆,让家长成为学校不在编的教师,让教师成为学校最宝贵的财富,最终促进课程的生长、教师的成长、家校的共赢,实现"立德树人"的教育根本任务。结合我校教学实际、教师发展等情况,我们进行了"童话教育理念下'生本课堂'的策略与研究"课题研究,问题式教学模式下的"生本课堂"教学理念在教师的课堂上有了较好的呈现,近年来我校在全区的教育教学成绩排名中稳居前列,这一切都是教师共同努力的结果。

同时,我们也看到了教师对教材单元整体设计认识不够、教师缺乏课堂生成问题的应变能力、作业布置的有效性有待加强、缺失规范系统评价体系等问题。针对这些问题,我们开展了"'童话教育'理念下汇川区第二小学语文课堂评价语言的案例研究""'童话教育'理念下汇川区第二小学英语单元整体教学设计的策略与研究""'童话教育'理念下汇川区第二小学数学课堂建模的策略与研究"等课题研究。我们希望借助课题,让教师深入地研究课堂,提升自己对教材的研究能力、对文本的解读能力、驾驭课堂的能力,让青年教师逐步走向经验型教师,让经验型教师逐步成为研究型教师,让研究型教师努力成为名师,最终形成教师发展共同体,提升学校全学科整体的教学研究能力,逐步解决我们在"童话教育"理念下的教学问题,最终促进教师的专业发展,提高学校的教育教学质量。

魏征在《谏太宗十思疏》中指出:"求木之长者,必固其根本;欲流之远者,必浚其泉源。"大意是要想树木生长茂盛必须稳固它的根部,要想河水源源流淌必须疏通其源头。就学校而言,教师的发展是学校发展的根本,应该用"寻根究底的思考""竭尽全力的改进""刻苦耐劳的学习",筑"发展"之根,活"教育"之源,去实现"童话育心,智慧育才"的教育梦!

参考文献:

[1] 黄云生.儿童文学教程[M].杭州:浙江大学出版社,2002.

[2] 陶行知.创造的儿童教育[M].南京:江苏人民出版社,1981.

探索校本研修共同体建设,提升教师队伍质量

刘　慧

（新疆自治区喀什第二中学）

作者简介:刘慧,汉族,中共党员,中学高级教师,毕业于喀什师范学院中文系汉语言文学专业,2004 年获得新疆大学文艺学专业研究生学历证书,2014 年 9 月至 2015 年 6 月在北京师范大学参加第六届新疆中小学骨干教师培训班学习,2019 年 3 月至 6 月参加 2019"沪喀影子校长"培训班学习,现任新疆喀什第二中学语文教师、德育办主任。

校本研修要以教师专业发展为价值追求,着眼于改进教育教学,更好地促进学生的发展,实现教师的自我提升。教师在校本研修中应当是"实践者""学习者""研究者",为改进教学而学习,为促进发展而研究。

为解决许多校本研修(包括教师校本培训和集体教研)低效、无效的问题,我校尝试采用多维度、多层次、多组合的形式,搭建教师相互交流、合作探究、分享学习的平台,构建促进学习和发展的教师专业发展共同体,从而推动教师专业化发展。

一、建设校本研修共同体,引领教师专业发展

学校不仅要培养学生,也应该成为培养教师的阵地,只有把教师专业发展与学生发展、学校发展结合起来,才能形成多赢的局面。我校坚持实施"369"教师队伍建设梯级工程(即三年合格、六年骨干、九年名师),为全体教师铺设了一条"合格—能手—骨干—学科带头人—名师"的专业发展之路。近年来,教师队伍整体自主发展意识不强、青年教师数量大、高级教师和骨干教师比例偏低的现状,严重影响了学校教师队伍质量。在促进教师专业化发展方面,我们要通过分

层分类研修培训构建结构合理的教师队伍,改变以前教师教研和培训形式单一、内容陈旧、低效无效的状态,以建设研修共同体平台为抓手,加强顶层设计,规范教研引领,切实提高研修和培训的有效性,不断促进教师提高专业发展的自主意识,促进其内涵式发展。

教师专业发展共同体是指教师为了更好地提升自我,增强自身教育教学实践能力而结成的相互学习、共谋发展的专业学习与教学改进的组织形式与实践过程。在教师专业发展共同体中,教师着眼于学生的发展设立共同学习和研究的目标,在解决实际问题的实践中结成合作共享、相互尊重的同事关系,在真实的教学、研究、学习中不断发展自我,同时在团队的引领下不断激发内在动力,从而不断实现自我的重构和提升。

二、优化校本研修形式,构建教师专业发展共同体

学校不断推进校本研修规范化、精细化管理,聚焦课堂教学和学生成长,构建了由备课组、学科教研组、全体专业教师构成的三级教研体系,建设了以专业发展为核心的集体备课组共同体、学科教研组共同体,引导教师自主学习,自主反思,依托同伴互助共同成长。学校着力抓好青年教师队伍、骨干教师队伍建设,构建学习型组织和教师研究共同体,使教师不断提高主动学习的意识和善于研究的能力,树立自主发展的理念。

(一) 建设青年教师共同体,打基础,促成长,有效帮扶

学校围绕教师专业化成长形成了科学、规范、有效的青年教师培训和考核方案,规范组织领导,严格过程和结果考核,落实考核结果运用,使青年教师通过培训学习和在岗实践,在师德和师能两方面达到基本要求,为其进一步成长奠定坚实的基础。

第一,开设"青年教师培训班",学习和实践相结合。新入职教师统一参加为期一年的在岗培训。明确学习内容,固定学习时间,围绕提升师德、提高课堂教学能力和专业素质等内容,通过专家讲座、案例研讨、自主学习、中高考模拟考试、教学观摩、课堂实践、反思汇报等多种方式进行集中学习。

第二,考核和激励相结合,激发成长动力。新入职教师有明确的发展目标,一年入门,三年合格。培训一年后经考核合格命名为"合格教师",考核不合格、不胜任教学岗位的青年教师要在下一期继续跟班学习。"合格教师"可以申请参

加"教坛新秀"评选,获得荣誉称号的教师可以破格推荐参加地区及以上教学比赛。工作时间在三年以内的青年教师,每年参加校级汇报课活动,优秀者推荐参加地区及以上教学比赛,走向更高平台。

第三,开展师徒结对工作,持续培养。每位新教师都有一位骨干教师做师傅,结对 1 至 3 年,师徒带教,持续帮扶,青年教师在骨干教师指导下参与各类赛课和教学实践研究。学校通过各层面公开课,开展持续练兵工作,练出精兵强将,有效提高教师课堂教学能力。教师通过自主参与学习研究,提升问题意识、研究意识和课题意识,为自身专业发展奠定良好基础。

(二)建设骨干教师共同体,依托名师引领,促进发展

近五年来,面对教师队伍不稳定、职业倦怠情况加剧等现状,学校更加重视中青年骨干教师的培养。学校通过整体分析教师队伍,特别是教龄 9 年以上教师专业发展情况,进一步细化学校骨干教师、教学能手评选标准和考核目标,重视地区名师评审工作,使更多成熟教师增强专业发展的危机感、紧迫感和自觉性,提升自主发展的内驱力。

第一,加强名师名校长工作室建设,打造教师品牌。2015 年,我校获批一个自治区名师工作室和一个地区名师工作室。2017 年,我校获批自治区名校长工作室。2018 年,我校获批教育部领航工程名校长工作室和援疆教师名师工作室。借助自治区名校长工作室、自治区和地区名师工作室、援疆教师名师工作室等资源,学校引领、带动一批骨干教师参与教育教学实践研究,开展读书研讨、课堂教学示范课、课题研究培训和研讨、校际送课和交流等,为教师拓宽了学习、合作、交流的渠道,同时依托"国培""区培"、援疆项目培训等形式,让骨干教师"走出去",拓宽视野,更新理念,不断促进其专业提升。

第二,构建"教学相长共同体",促进骨干教师提升。实施名师帮扶引领工程,由导师和中青年教师双向选择、自愿结对,导师对所培养对象进行跟踪诊断和针对提升。通过专家帮扶引领、学校搭建交流平台、教师借势成长的途径,培养素质过硬的骨干教师,打造自成特色的名师团队。2019 年,学校优化教学相长共同体建设工程,依托援疆骨干教师资源,由援疆教师担任导师,让 28 位青年教师受益。学校进一步细化导师和青年教师的职责,通过全程共同学习、相互听课、辅导磨课等学习实践,既带"教"又带"研",既教"技"又教"德",促进青年教师在教学中获得成功、在学科教研中成长为骨干。2019 年,有 6 位青年教师参加地区语文、英语课堂教学比赛，5人获得一等奖；2位青年教师参加自治区学科素养和现场课比赛，获得二等奖；我校还获批两个自治区教学能手工作室、两个地区教学能手工作室。持续有针对性的培养，促进了教师梯队良性发展，为学校教师队伍质量提升奠定了基础。

第三，建设学科教研组共同体，打造优势学科品牌。教研组的职责包括事务性的管理工作，安排教师培训、公开课和考试命题、评卷、质量分析等，组织教研活动。学科教研组建设需要强化教研组在组织教师培训、引领教师专业发展方面的职能。教研组依据学校教研规划，组织不同层面的教研公开课，开展"同课异构"，及时研讨针对不同学情的教学设计和实施，满足分层教学要求；针对课堂教学改革的重点问题，开展"课题化"的研讨课，借助相关课题探讨改进教学的策略和方法；依据学校学科建设的目标要求，推进学科组教研活动"专题化"，由学科组组长牵头汇集、提炼教师在教育教学中发现的问题，确定有价值的教育研究课题，整合带动学科组教师在课题研究的过程中解决实际问题。全体教师逐渐达成共识："问题即课题，工作即研究，结果即成果。"教研室规范了课题申报、评审立项、研究推进、中期检查、结题汇报等过程性管理。在源于实践又高于实践的教育科研过程中，教师的研究意识、学习能力、理论水平都在提高，学校学科特色和优势也逐渐凸显。

（三）建设教师学习共同体，培育自主、合作的教研文化

学校发展，既要依靠名师引领，又要依靠大多数普通教师的共同努力。学校加强校本研修工作时，不仅要建设骨干教师团队和特色学科团队，还要着眼于全体教师的发展，努力营造合作、共享、共进的教师专业发展环境，形成积极向上、自主合作、精益求精的教师文化，使"发展教师，发展学校"成为共同愿景。

第一，优化校本集中培训，发挥名家作用，唤醒教师激情。新时代的教育，要适应新课标、新高考、新需求，促进教师开阔视野，更新理念，积极思考。学校依托国家领航工程"名校长工作室"、自治区送教、对口援疆教研交流等项目，使教师能够亲身感受各地名师专家的先进理念和有效实践经验，邀请名师专家基于我校实际对学校办学理念和文化建设等进行诊断并给出建议，使依托名家引领的校本培训成为教师提高理论学习意识、增强专业发展自主意识、激发教研实践激情的助推器。2018年至2019年，学校邀请山东名校专家来我校开办有关核心素养和高考备考、高效课堂构建、学校课程建设、校园文化、社团建设的讲座，

进行教学交流,推动和促进教师不断思考学习。

第二,扎实开展集体备课活动,凝聚智慧,互助共享。集体备课是传统教研的主要形式,其主要特征就是合作、交流、实践、分享,同一个备课组的教师在相互切磋、交流、分享中构建起团结协作的团队,解决教育教学中的实际问题。集体备课共同体是学校教研中最易于利用的平台,抓好集体备课共同体建设有利于发挥共同体的文化引领作用。

要走出过去集体备课重形式轻实效的误区,必须着力推进集体备课走向规范和深入,围绕"教什么""怎样教""为什么教""教到什么程度"等问题,研讨重要知识点和能力点、分层教学设计方法、作业设计重点、反馈评价方法等。备课组的管理职责是认真落实过程性内容,包括说课、上课、评课、反思、二次备课的全过程。教师要重视备课全过程的精细化研究,充分认识到教学中的问题是如何产生的,更加主动积极地研究解决实际问题的办法,强化问题意识和策略意识。教研室要重视集体备课过程督查,落实推门听课常态化,更有针对性地进行课堂教学反馈,为集体备课提供思路。

第三,搭建多样化平台,促进交流展示,增强活力。学校不断丰富教研活动形式,提高质量,给教师提供交流展示的平台和资源共享的渠道。教师每学期至少提交一节精品课资料,命制一套学段考试试卷,参加一次师生同考,完成一篇教学论文,交流一次读书笔记等。定期开展青年教师汇报课、骨干教师公开课、优师名师示范课、教研专题研讨课等教学展示交流活动,教师聚焦课堂,聚焦学生,积极主动参与教研。举行"合格教师""教坛新秀""骨干教师""学科带头人"评选活动,奖励优秀科研课题成果、优秀结对师徒、师德标兵等,树立优秀典型,明确教研导向。开展中考、高考研讨会、学科试题命制讲座、"我的成长之路"主题报告会、师德师风专题研讨会等,展示教师个人学习实践和成长特色成果。

三、关于校本研修共同体建设的几点思考

(一)校本研修共同体建设有效助力教师专业化发展

校本研修始终把教师的自主学习、自主发现和同伴互助、合作共享结合在一起。教师在校本研修共同体中进行有效的学习和自我反思,在实践中形成经验并分享经验。教师在备课组、教研组的团队中互相切磋,互相分享,有了更积极的合作态度、坦诚的信任和开放的心态。以集体备课和课堂研究为中心的校本

研修活动能够有效促进教师专业化成长,构建积极向上、自主合作的教师文化。

（二）我校教师专业化发展面临的问题

第一,专业发展缺乏自主需求。教师专业发展的关键是教师的自我意识,没有教师的主动参与和自主发展,就没有教师的专业发展。为了更好地激发教师校本研修的自主需求,帮助教师摆脱职业倦怠,学校要在顶层设计、机制建设、评价激励和文化引领方面有新的突破。

第二,青年教师人数多。学校骨干教师和名师比例偏低,青年教师人数众多,青年教师发展空间和动力还有待提升,学校要进一步加强骨干教师发展和提升机制建设,优化骨干教师培养、评价、激励机制,打造名师团队,引领青年教师快速成长。

（三）促进教师专业化发展的对策

第一,了解教师发展意愿。进一步做好全校各学科教师队伍现状摸底调查工作,充分了解教师自身发展意愿,激励教师重视自我专业发展的合理规划,进一步完善学校教师队伍梯级发展规划,营造合作、互助的良好环境,更有针对性地为广大青年教师专业成长提供丰富的路径。

第二,打造自治区名师。以课堂教学为主阵地,以教学科研为助力,围绕核心素养视野下的新高考、特色学科建设、特色校园文化课程建设等开展教学研究和实践,发挥各学科教研组和备课组的作用,以合作推动个人提升,以名师和骨干教师引领团队发展,推出一批精品课,打造一批自治区名师,提升学校整体教育教学质量。

第三,积极争取政策支持。利用好喀什地区职称评聘改革、学校编制核定和绩效考核等政策,提升各年龄段教师关注自身专业发展的自觉性和责任感,提高学校正高级教师、副高级教师的比例,使教师队伍职称结构更加合理。

参考文献:

潘裕民.教师专业发展的理论取向与实现路径[M].桂林:广西师范大学出版社,2013.

育"五度"教师　创优质教育

陈正卫

（江西省铅山县第二中学）

作者简介：陈正卫，江西上饶铅山县人，毕业于江西师范大学教育管理专业，硕士研究生学历，中小学高级教师，现任铅山县第二中学党委书记、校长。

徐徐清风吹拂一方净土，涓涓细流涌动教育春潮。2018 年暑期，我有幸参加了上海市校长培训班学习，短暂的学习时光，紧张而充实，带给我的思考和收获更是久而远之！我深刻体会到了校长角色在学校管理中的作用，进一步明晰了办学理念。百年大计，教育为本，教育大计，教师为本。我们认为，一所好的学校，离不开一支优秀的教师团队，教师队伍的成长与发展直接决定教育的质量，促使学生全面、健康、和谐发展，教师是教育事业的第一资源。我校秉承"为孩子一生幸福奠基"的办学理念，通过育"五度"教师，创优质教育，走出了一条具有铅山地域特色的教育发展之路。

一、加强学习思考，让教师有高度

学习是学校发展的不竭动力，学校管理始于问题，成于学习，教育需要创新，创新离不开学习。只有不断加强学习，才能打造出一支有高度的优秀教师团队。

（一）创建书香校园，建立完善的读书制度

学校积极开展教师问卷调查，购买教师喜爱的书籍，设定每周教师例会后为固定读书时间，定期举行读书活动、读书笔记展览活动，培养教师的读书习惯，提高教师的学识水平。

（二）善于思考，勇于探索，敢于践行

孔子说，学而不思则罔，教师应善于思考。想让我们的孩子遇见怎样的教师,我们就要努力成为怎样的教师!学校大力支持教师去探索,立足本校的实际情况,结合学生的个体差异,因材施教。学校鼓励教师探索出一条适合自己班级学生的教育教学方法并付诸实践。

(三)采取"走出去,请进来"的方式

让教师走向大城市,走出国门,去了解我国教育的发展,去感受新时代教育理念,去体会外界教师的风采,请专家走进校园,让教师与专家团队合作,用专家的讲授去开启教师的教育智慧,由此,开阔教师的视野,增强教师的责任感和使命感,提升教师的文化品位,让教师把学到的知识、经验、方法在实际工作中落实好,使课堂教学保持旺盛的生命力,让我们的教育焕发出勃勃生机。

二、搭建平等平台,让教师有风度

为什么一拨又一拨的年轻教师没有了精气神?为什么一批又一批的教师走在了平庸的道路上?为什么一张又一张白净红润的脸庞渐渐变得黯淡无光?针对这些问题,我校大胆推陈出新,推出均衡分班、优质优酬制度。

(一)均衡分班

以前,常听到教师抱怨:"一来就教差班,就被打上了差的烙印……几年都是教差班,学生成绩本身就差,教不好怎能怪我?"是的,没有给教师搭建平等的成长平台,叫他们如何公平成长呢?"给我一个支点,我能撬起整个地球!"是的,支点,一个平衡的支点,一个平等的平台,均衡分班从此拉开序幕,学生实行均衡分班,教师实行均衡搭配,班主任公开抽签决定任教班级。由此,我校的教师站在了同一起跑线上,听着"各就位、预备、跑"的号令,他们一个个生龙活虎、摩拳擦掌,主动学习,积极备课,课余时间主动要求学生订正作业,因为"再教不好就是自己的能力问题了"。家长说:"教师如此敬业,孩子再学不好,就是自己孩子的问题了!"教师辛苦并快乐着,一个个变得眼中有光,神采奕奕,风度翩翩。

(二)优质优酬

为鼓励和吸引更多的优秀教师承担教学工作,参加学校建设,学校形成了优质优酬的激励制度。

第一,设置教研与科研课题奖励,鼓励教师积极参加省、市、县各级各类课题研究。扎实开展课题研究活动,把课题研究与课堂教学、校本教研密切结合起来,建立教学、教研与科研共同体,各课题组围绕课题上研究课、示范课,使教师不断提高课堂教学水平。

第二,设置教师辅导学生竞赛奖励,支持教师抓好竞赛活动,增加竞赛投入,同时把竞赛辅导及获奖情况纳入个人工作考核,有效激发学生及辅导教师的积极性和责任心。

第三,职称评聘,与教师的各级各类综合奖励直接挂钩,激励全体教师积极参加各级各类活动,勇于承担班主任工作,出色完成教学任务。

第四,进一步完善学校绩效工资分配和奖励机制,充分调动广大教职工的积极性和创造性,结合学校原有的绩效考核办法,修订完善学校绩效工资考核办法。

鼓励教师实干和创新,用成绩说话。学校的教风和学风转变很大,教师工作更勤、更紧、更实、更有效,学生的高效学习意识和良好学习习惯初步养成并逐步加强,师生的总体精神面貌和教学成绩得到明显提高。

三、潜心教研,让教师有深度

均衡分班后,如何避免均衡班陷入低水平均衡? 如何避免教师从同一平台上陷入集体平庸? 如何让教师在同一起跑线跑得更快?

(一) 每周开展"四定""三一"教研活动

我校每周每个教研组都会开展"四定"(定时间、定地点、定主备人、定内容)、"三一"(一次集体备课、一次公开课、一次集体评课)教研活动,每天都有磨课活动。教师的课堂是集中了教研组全体教师智慧的课堂,是经过教师反复思考和沉淀的课堂。我们借助浴室效应使部分教师从低成长区向高成长区迈进。现在,学校已把年级组办公室改设为教研组办公室,让教研成为常态;以教研组为单位,建立教师教学资源库,让教师可以随时查阅名师教案、课件和题库;经常举行各年龄段、各学科优质课比赛,让学术研究蔚然成风。

(二) 实施青蓝结对工程

学校鼓励一位优秀老教师结对帮扶一位新教师,并为他们举行隆重的结对帮扶仪式,使他们明确责任,拉近距离,力争使我校新上岗的教师尽快掌握教学方法,在优秀教师的指导下成长,融入团队。

（三）开展名师示范周活动

为充分发挥我校各科名师的引领示范作用,鼓励教师立足岗位,注重实践,学校开展了名师示范周活动,通过以教引教,以教促教,以授课推动授课,促进教师专业化发展,使教师能随时接受身边名师榜样的引领。

（四）创建铅山二中"三段六步"高效课堂模式和评课模式

第一段,预习导学——不预不讲。第一步,明确目标。第二步,自主学习。第三步,检查释疑。

第二段,合作探究——不议不讲。第四步,合作学习。第五步,探究展示。

第三段,导学测评——不练不讲。第六步,整理测评。

（五）定期设置家长开放日

让家长走进课堂,走进教师办公室,了解教师备课、上课情况、作业试卷批改情况等,倒逼教师成长。

近年来,随着一系列活动的开展,教师天天都有进步,不同年龄段的教师在不同程度上都得到了提高,越来越多的教师愿意参加各级各类比赛,并屡获佳绩。我校的祝莹老师在第八届全国中小学英语课堂教学优秀课展评中,荣获国家级一等奖。方剑英老师在全省班会课展评中,荣获省级一等奖。徐哲芝老师在江西省第四届中小学班主任"育人风采"展示活动中,荣获省级一等奖。多位教师在全市各科优质课比赛中荣获市级一等奖。

四、培育爱心,让教师有温度

"温度"是教育界的一大热词,如"有温度的课堂""有温度的行动""有温度的组织""有温度的学校"。我认为,有温度的教师,更容易体现教育的真谛,更容易打动孩子的心,也更容易戳中家长的心。

（一）打造有温度的课堂

鼓励教师满怀激情地投入课堂,放下师道尊严,变换角色,多给予学困生一些关爱,让学生成为课堂的主人。鼓励班主任上好每一次主题班会课,使学生受到感染,终身难忘。鼓励教师尊重、理解、唤醒和帮助学生,用自己的激情点燃学生的激情,把自己的温度传递给每一个学生。对于学困生,分配党员教师与他们一对一结对子,对其学习、生活、心理等方面进行关心与指导,帮助他们养成良好的学习生活习惯,并定期进行家访,呵护他们健康成长。

（二）勤于家访

只有推开一扇扇家门，才能架起一座座心桥，我校始终鼓励教师利用寒暑假及周末时间，深入学生家庭，向家长宣传学校规章制度、办学理念、办学目标、办学特色，介绍学校及班级有关工作举措，争取家长的理解和支持；向家长汇报其孩子在校表现，共商提高孩子学习能力、养成好习惯的方法，指导家长配合学校做好学生的家庭教育工作。教师亲切的笑容、鼓励的话语犹如阵阵春风，吹进了千家门，温暖了千家心。

（三）组建学生会

学校管理中，最容易忽视的力量是学生群体。为了提高他们的管理能力，我校政教处组建学生会组织，使管理具有了学生视野。这种学生立场的确立，有助于建立新型的师生关系。无限信任学生，全面依靠学生，能极大地增强学生的归属感和幸福感，打动孩子的心。

五、素质教育，让音体美教师也有亮度

多年来，音、体、美等非考试科目的管理是个老大难的问题，音、体、美课经常是"放羊式"的教学。为改变这种现状，学校采取了一系列措施。

（一）形成《非考试科目管理和考核方案》

首先，学校根据新课程标准和学校实际，结合学生的专业素养，编制切实可行的音、体、美校本教材。其次，学校对教师教学内容进行不定期抽查，加强监督和管理，为音、体、美的教育教学质量保驾护航。最后，组织考核，促使音、体、美教师在课堂上能更好地组织教学，能围绕教学目标组织实施教学内容。从此，音乐课唱起来了，体育课动起来了，美术课画起来了，以音、体、美教师为主体的第二课堂亮起来了。

（二）素质教育成果展，促教师专业成长

学校每年定期举办素质教育成果展，以音、体、美教师的教育教学成果为核心，静态师生作品及成果展示与动态舞台展演相结合，作品呈现出多样性、专业性、精品化特点，力求做到全员、全程、全面展示。素质教育成果展既是对学生综合素质的全面展现，也是对音、体、美教师教育教学的一次大检阅。丰富多彩的师生活动掠影、琳琅满目的书画作品、别具匠心的展示形式得到了社会各界的广泛关注和高度肯定，素质教育之花在铅山二中这片沃土上开得格外绚丽、迷人，

学校在省市各级各类素质教育竞赛中屡获佳绩。

潮平两岸阔,风正一帆悬。今日的铅山二中,正怀揣着激情与梦想,迈着铿锵有力的步伐,以昂扬奋发的姿态,立足铅山基础教育。雄关漫道,待君迈进。在未来的教育路上,我校将继续秉承"为孩子一生幸福奠基"的办学理念,持续不断地探索,借鉴和吸收上海名校的经验做法,通过育"五度"教师,创优质教育,把学校发展推向新的高度,奋力书写新的篇章。

青年教师专业发展"层链式"培养模式探索

——上海市晋元高级中学经验借鉴

肖贵达

（浙江省宁波外国语学校）

作者简介：肖贵达，中学高级教师，宁波市教坛新秀，宁波市政治学科骨干教师，宁波市学科带头人，宁波市优秀教育工作者，现任宁波外国语学校副校长，分管高中部、国际部教育教学工作，主要研究方向为德育管理、国际化教育等，任教以来有近 30 篇论文在国家、省、市级刊物上发表或获奖。

教师是教育的第一资源和宝贵财富，是学校发展的决定性因素。学校的发展离不开教师的发展，师资队伍建设是提升学校内涵建设水平、增强学校综合办学实力的重要保证。而青年教师队伍是学校未来可持续发展的重要人力资源，是提升学校未来核心竞争力的基础，是学校打造未来教育品牌的保障。面向未来的学校必须有一支教育理念新、教育教学水平高和教育科研能力强的青年教师队伍作为支撑，必须把青年教师队伍建设摆到更加突出的战略位置。

我此次跟岗研修的上海市晋元高级中学，作为一所百年名校，一直把促进学校青年教师的专业化发展、建设高素质青年教师队伍当成学校发展的首要任务。该校根据《中华人民共和国教师法》和《中学教师专业标准（试行）》要求，采取长期规划、跟踪培养和自主发展等方式，增强青年教师终身学习与持续发展的意识和能力，推进青年教师学习教育理论和学科知识，提升他们的职业道德、专业知识和专业技能，促进青年教师迅速成长，取得了卓越的成效，形成了许多青年教师专业发展的有效培养模式。近年来，该校一直坚持的青年教师专业发展"层链式"培养模式，给我留下了深刻的印象，值得学习和回味。

一、案例描述

为加快青年教师团队专业发展步伐,晋元高级中学不断增强青年教师专业发展培养实效。近年来,该校一直认真实施《晋元高级中学青年教师培养方案》,推进教师专业发展工程,推进"层链式"培养模式。

"层链式"培养模式,就是将青年教师分为入职、升格和竞优三个层次,针对各层次青年教师分别实施"规划引领发展""研修提升知能""《手册》叙写业务""档案印证足迹""活动展示风采""评价彰显业绩"六项培养任务的一条龙模式化培训。"层链式"培养目标见表1,"层链式"培养内容见图1。

表1 "层链式"培养目标

培养层次	培养目标
入职	进入角色,主动适应;夯实基础,全面入职
升格	立足本位,谋求发展;寻找特点,整体升格
竞优	发挥优势,追求卓越;显露特长,晋升骨干

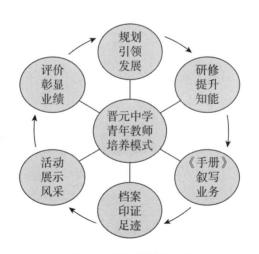

图1 "层链式"培养内容

"层链式"培养内容涉及六方面。一是规划引领发展,即形成个人专业发展规划,唤起内在驱动力,明确发展目标任务,提升自我专业发展指向性。二是研修提升知能,即在校本研修的基础上,选择适切的自培内容与形式,提高教育教学技能与水平。三是《手册》叙写业务,即以《手册》记录个人教育教学过程性资料,在描述和撰写中总结提炼教育教学业绩,提升自我业务水平。四是档案印证足迹,即以电子档案呈示个人教育教学实践过程,描述个人专业轨迹与成长足迹。五是活动展示风采,即利用学校展示平台,在系列活动中展现个人教育教学经验与资料,展示个人能力与风采。六是评价彰显业绩,即在学校、年级、教研组和个人等不同层次的、多元的评价中检测自身专业发展目标的达成情况。

二、案例探析

根据青年教师专业发展"层链式"培养模式,结合晋元高级中学各位专家的报告,通过自己近3周的实地研修和考察,我认为,晋元高级中学青年教师专业发展"层链式"培养模式的成功实践,不仅得益于"层链式"培养模式架构的科学化,还得益于"层链式"培养模式实施过程的规范化、过程化和机制化。

(一)"层链式"培养模式的科学化

规律是客观的和普遍的,我们想问题、办事情必须尊重规律,按规律办事,脚踏实地,不能拔苗助长。"层链式"培养模式,将青年教师分为入职、升格和竞优三个层次,充分尊重了教师成长规律和职业发展规律,真正做到了因材培养。任何事物都是内外因统一体,内因是根据,是事物发展的决定因素,"层链式"培养模式通过规划引领发展,引导教师制定个人专业发展规划,唤起内在驱动力,明确发展目标任务,提升自我专业发展指向性,充分体现了内驱力的重要性,把内因放在事物发展的首位。在"层链式"培养模式实施中,该校坚持规定与自选相结合的培训策略。确定了入职、升格、竞优三个层次的青年教师研修活动、培训手册、电子档案等,形成了相关层面的培训内容组合,并在每个层次中确定规定内容与自选内容,兼顾针对性培训、差异化发展等个性需求,充分体现了共性与个性的统一。

(二)"层链式"培养模式的规范化

规范从某种意义上指的是一种明文规定和约定俗成的东西,它可以帮助人们按照既定的步骤和明确的方向前行,防止人们走弯路、走岔路、走错路,是人们做好事情的根本和基础。日本作家村上春树说,人生有时不需要理想,要的是行动规范。晋元高级中学青年教师专业发展"层链式"培养模式的一大亮点就是对不同层次"层链式"培养目标进行了系统的、规范化的描述,操作性强。如在"入职"教师培养目标上,明确要求"进入角色,主动适应,夯实基础,全面入职",能做好入职角色转换,自觉履行教师职责,养成职业道德和职业习惯;参加理论学习与业务进修,认真履行教学常规,聚焦课堂提高教学组织能力;掌握班主任工作方法,不断提升班级管理能力;有强烈的工作责任心,按时完成各项教育教学工作。这让初入职的青年教师一目了然,不仅知道当下要做的事,而且清晰知道自己今后的努力方向。

（三）"层链式"培养模式的过程化

过程指的是事物进行或发展所经过的程序,有过程才会有结果,有好的过程才会有好的结果。一个人的成功不是一蹴而就的,而是从决定去做的那一刻起,持续累积而成的。大量实践也证明,如果过程是踏实的,结果往往也是殷实的。晋元高级中学青年教师专业发展"层链式"培养模式之所以成功,是因为在实施过程中有效落地、动态实时跟踪和反馈,从而保证了青年教师专业成长的持续性、全域性和全程性。如在"层链式"培养中,该校不仅引导青年教师制定个人专业发展三年规划,还时常对照开展谈心交流活动,激发青年教师专业发展动力,促进青年教师落实发展目标、完善自身行为,引导青年教师撰写《晋元高级中学青年教师专业发展规范化培训手册》(以下简称《手册》),组织阶段性的《手册》展示观摩活动,发挥《手册》在记录教育教学经历和分享教育教学经验中的作用,加强青年教师电子档案建设,强调电子档案的过程性和描述性特征,促使青年教师主动以电子档案讲述自我发展认知情况与需求,描述个人教育成长经历和教学实践过程,呈现自身教育成效、教学业绩和科研成果。

（四）"层链式"培养模式的机制化

简单来说,机制就是方法和制度。没有规矩不成方圆,方法比蛮干重要。为打造青年教师发展软硬件环境,晋元高级中学专门形成了一整套青年教师发展机制,并以多部门、多团队协同的组织形式,保障了教师队伍的持续发展。

首先,强化制度保障,服务青年教师专业发展。学校形成了一系列青年教师队伍建设工作机制及管理制度,规范、评价、激励青年教师,保障青年教师队伍建设有序推进。一是形成了《教师专业发展三年规划》,明确青年教师队伍建设与专业发展的目标及愿景。二是形成了《教师基础性评价考核方案》《专业技术岗位等级晋升聘用考核实施办法》,从制度层面推进青年教师有序、合理流动,优化教师队伍结构。三是形成了《师徒带教实施方案》《青年教师沙龙活动方案》等制度,规范教师梯队建设流程,形成分层、分类教师培训机制。四是形成了《教职工挑战性评价方案》《教师"卓越发展"奖励申报办法》等办法,推动青年教师投身研究、打造教学风格、凝炼教育思想。

其次,建构多方协同机制,推动青年教师专业发展。该校建构了多方协同的青年教师队伍建设组织保障机制,形成推动青年教师专业发展的合力。如该校教师发展与服务中心,统筹负责学校青年教师队伍建设工作,设计学校青年教师专业化发展整体规划;教育教学指导与服务中心,依托课程建设、教学改革、班主任队伍建设等项目为青年教师专业化发展搭建平台,提供指导;六大学科组,在打造学科独特性及优质化目标指导下,培养学科青年教师梯队;年级组,认真做好本年级的教育教学研讨和课堂教学调查组织工作,关注本年级青年教师发展动态;聘请专家团队,整合高校等多方资源,为青年教师专业发展提供个性化指导和专业化支持。

三、案例反思

行成于思,毁于随。反思不仅是工作的需要,有时更是一种人生智慧。反思有时也是一面镜子,能把我们的不足清清楚楚地照出来,让我们有改正的机会。我校应借鉴晋元高级中学青年教师专业发展"层链式"培养模式的成功实践经验,结合自己学校的实际情况,反思学校青年教师专业发展中存在的问题,积极改进,努力向前。

(一)观念是行动的先导

事业的成就生发于教育的理想境界。针对部分青年教师专业发展内驱力不足、内生动力不强等问题,学校加强青年教师思想政治素质和职业道德教育,把社会主义核心价值观贯穿教书育人全过程,强调全方位、全员、全过程师德养成,以"立德树人,求实创新"的文化精神为价值引领,促使青年教师在学校特有文化的浸润中热爱教育事业,承担育人使命。学校要在青年教师中深入落实《全面深化新时代教师队伍建设改革的意见》和"四有"好老师标准,加强职业理想和师德师风培养,弘扬新时代教师的高尚品德和精神风貌,同时,多途径、多渠道、多形式增强青年教师专业发展的成就感,以强化他们专业发展的自信心和自觉性。学校努力把专家教授"引进来"。学校定期邀请专家莅临指导,要求青年教师全员参与学习,在综合专业素养方面给青年教师提供理论保障和实践指导,以更新青年教师教育观念和教育方式。

（二）没有优化的过程就没有优化的结果

过程是结果的前提,结果是过程的延续。针对部分青年教师眼高手低、急功近利等问题,学校重点落实过程管理,强化教学常规,帮助他们夯实基础,练好基本功。如在具体的教育教学实践中,坚持统一与分层相结合的管理方针,引导青年教师脚踏实地,从实际出发;统一组织青年教师参加师德师风、教育理论等学习培训活动,参加教学"五认真"检查及教科研指导活动,参加校际交流、参观学习等活动;分层开展青年教师自培活动、校际交流活动、教学指导和专题研修活动、教学展示和发展引领活动,以真正落实和保证学校青年教师成长的过程性、层次性、针对性和实效性;引导每位青年教师根据自身教学工作实际,完成个人发展规划书,制定三年规划,每学年结束前反思本学年完成状况,上交学年工作总结,同时调整三年规划,明确自我专业发展的内容及价值取向。学校尊重青年教师自主发展的意向,切实发挥青年教师的优势,充分发挥过程性评价、阶段性评价在青年教师专业发展过程中的诊断、反馈、调整和激励功能。

（三）众人拾柴火焰高

青年教师专业发展是个系统工程,针对学校青年教师专业发展由校科研中心负责这一现状,学校整合各个部门和中心,树立一盘棋的思想,形成推动青年教师专业发展的合力。首先,在学校顶层设计上要将青年教师队伍建设和专业化发展作为重点,纳入学校发展规划,并就青年教师队伍建设提出明确的要求。其次,充分挖掘各部门、各中心、年级组等在青年教师专业发展和成长方面的资源,多管齐下、协同发展。最后,充分利用青年教师精力充沛、思想活跃、创新意识强等特点,引导他们结合教育教学中的现实问题,组建学科、跨学科研究互助团队,组建学习共同体、教学共同体,促进青年教师间的合作探究和共同成长,从而加深青年教师对教育资源共建共享的认识。为引领青年教师尽快成长,不断提升其专业水平和活动育人能力,学校成立了"青年教师工作坊",定期组织青年教师访谈交流,在整体规划、发展方式等方面形成了抱团发展纲要,为学校青年教师的发展指明了方向,激励青年教师更加自觉地践行综合实践活动育人,提升研究与实践意识,促进青年教师快速成长。学校以工作坊为依托,定期开展青年教师专业技能的展示和评比活动,引导他们通过跨学科听课和同组互评课,取长补短,相互借鉴。

蕴儒雅之气　建智慧团队

——学校儒雅教育文化特色之教师团队打造

朱丽华

（江西省上饶市广信区第八小学）

作者简介：朱丽华，江西省上饶市广信区人，毕业于上饶师范学院教育管理学专业，本科学历，中小学高级教师，江西省首届名校长培养对象，现任江西省上饶市广信区第八小学校长。

2018年11月，带着促进上饶教育优质内涵发展的希望与期待，全市30位教育人在市教育局郑乐春副局长的带领下，开启了上海为期8天的新高考、新优质成果分享高端培训。本次培训内容丰富，形式多样。有上海新优质学校研究所团队集中的"1＋4"专家报告；有基地学校的跟岗学习，了解了绿苑小学办学有温度、育人有风度、管理有尺度、发展有高度的"四度"文化，洵阳路小学从"寻美"到"洵美"的润泽生命阳光文化教育，平南小学的零缺陷文化等；还有两地教育同行思想的交流和碰撞。从理论到实践，从思想到策略，从规划到课程，从顶层到基地……学习收获颇多，感悟也很多。回校后，我一直在思索如何学习上海新优质学校发展的经验，提升学校的整体办学水平，办好人民满意的学校。我认为，学校特色发展的关键是打造一支德艺双馨的教师队伍，不断提升教师的职业境界和教育内在品质，使其具有可持续的学习和专业生长能力。

上饶市广信区第八小学围绕"让孩子拥有幸福童年，让教师品味精彩人生，让学校追求尊重信赖"的办学目标，本着"守正出新"的办学理念，结合学校儒雅教育特色，在"蕴儒雅之气　建智慧团队"的教师队伍建设上不断探索。

一、文化认同，内化"以雅育雅"追求

价值认同是一所学校的师生员工凝聚力和向心力的重要保障，我们聚焦立德树人的根本任务，丰富学校文化内涵，把儒雅文化内化为教师雅的观念、雅的准则、雅的行为和对雅的追求。

（一）完善"儒雅"教育哲学

上饶市广信区第八小学是一所新建的学校，于2017年开班招生，现有教学班57个，学生2945人，教职工162人。学校领导班子大部分来自全区乡镇学校，工作经验丰富，热情，年轻，有干劲，工作风格各具特色。他们把原校的管理思想和经验带入八小的建设和管理，形成了新的经验、能力和结构。教师均从全区乡镇小学公开考调而来，整体素质优良，平均年龄33.6岁，学历100%本科以上，专业素质优秀，但90%来源于乡镇村完小，缺乏城区学校管理经验和教育教学经验。学生来源层次不一，有城镇化快速发展下的进城务工或进城购房人员子女、返乡置业人员子女、棚改拆迁居民子女等。

面对如此的校情，在新时期、新学校、新环境、新挑战下，如何用一种精神引领一所新学校，融合具有多样化特征的教师、学生、家长？经过多方考察学习、领导专家论证、师生家长献计献策、酝酿梳理规划，结合传统文化对当代教育发展要求，融合区域特点，我们最终决定，用"雅"来引领学校稳健前行，并在实践中丰富了"五雅"的教育内涵，即高雅的学校、儒雅的教师、文雅的学生、涵雅的家长、达智雅的管理。

教育是美的事业、雅的践行，对正气和优雅的追求是教育人永恒的使命。我们力求把八小建成一所传统与现代融合的雅校。我们倡导"八小烙印、上饶情怀、民族精神、国际视野"。我们坚守本真，引导师生正心立品、儒雅智慧，形成雅正的价值取向，涵养雅慧的教育气质，不断实现雅誉的提升。

基于"儒雅教育"思想，我们确定了校训、校风、教风、学风、办学思想。在校长寄语中，我这样写道："选择了八小，就选择了一生的责任与使命，学生就要做有八小烙印、上饶情怀的文雅人，家长就要做智慧雅量、好学品正的涵雅人，教师就要做身正学高、儒雅敬业之师。"全校教职工也在与学校共同成长的同时形成了共同的理想信念和价值追求，即以雅育雅。

（二）构建"儒雅"形象标识

这主要体现在学校的"一训三风""一报三刊""一赋三词""一歌三标""一网

三台"上。我们的校训是厚德求真、儒雅向善、博艺唯美、尚思快乐,校风是崇学尚儒、智慧行雅,教风是诲人不倦、以儒启智,学风是学而不厌、以雅润行。"一报三刊"是指校报《雅苑》、校刊《雅风》、专刊《心语》、合刊《印迹》。"一赋三词"是指《广信区八小赋》《学校誓词》《教师誓词》《学生誓词》。"一歌三标"包括校歌《儒雅之光》、校徽、校旗、吉祥物(卡通龙"文文""雅雅")。"一网三台"包括校园网、红领巾电视台、云办公平台、微信群交流平台。所有这些,都是通过外显的形象标识来彰显文化的力量,达到以雅显雅的效果。

（三）打造"雅美"环境文化

步入八小崭新的大门,迎接我们的是亲切慈爱的孔子塑像,正对着的是"社会主义核心价值观"雕塑。智雅楼、馨雅楼、博雅楼三幢教学楼采用"上"字结构连体设计,端庄沉稳,校园内充满了浓浓的文化气息。《广信区八小赋》记录了从无到有的学校历史。汉字广场既有识字功能,又有站位功能。漫步国学走廊,《弟子规》《千字文》《古诗词》等让师生随时都能够体会传统文化之精髓。电子文化墙、楼道图书角、"八礼四仪""新二十四孝文化"等均在传雅言之道,养君子风范。我们按照师生理解的"雅"去建设学校文化、班级文化、办公室文化、教研组文化等。教学楼依据"一楼一主题,一层一特色"的原则,分别确立了认识自我、魅力八小、大美上饶、美丽中国、放眼世界等文化主题。

学校现代化办学设施完善,功能教室基本齐全,多功能报告厅、录播教室、红领巾电视台、陶艺、棋艺、古筝、古琴、创客、科技一应俱全。

随风潜入夜,润物细无声。在八小校园里漫步,一抬头就可以了解文化,一转身就可以学到知识……在校园里徜徉,时时能感受阵阵书香、缕缕墨香。

（四）涵养"六雅"教师特质

在教师成长上,我们要求教师朝着"六雅"方向努力,自主生长雅气。"六雅"具体指品性敦雅、举止优雅、情趣高雅、气质儒雅、胸襟和雅、学力博雅。围绕"六雅",我们开展了丰富多彩的活动,如"三八"巾帼秀英姿、"不忘初心,伴雅而行"文艺会演、"摄影技术"自我提升学习实践活动、教职工篮球赛。

二、和雅管理,提升教师职业幸福感

有教育管理者认为,教育质量是尊敬出来的,没有对教师的尊敬,就没有教育质量。马斯洛的需求层次理论告诉我们,任何教师都有最高层次的需要——

自我实现的需要。

在八小，我们努力践行以教师为本的思想，构建和谐的人际关系，做到顺应人性服务人，倾注关怀激励人，尊重个性发展人，充分调动教师工作的主动性和积极性，提升教师的职业尊严与幸福感。

学校的一线女教师超过 70％，每年 3 月是感恩主题月，主题活动要持续一个月，学校通过赠送书籍和绿植、保健讲座、课堂展示、读书交流、文化考察，激励女教师德才相长，岗位建功。学校还会组织生日祝福活动、教工之家温暖活动等。学校把学期结束工作会、新春团拜会、教工文体活动整合起来，让教师在其乐融融中总结与展望。

八小的教师团队以青年教师居多，我们欣赏教师的和而不同，倡导各雅其雅，尽量放大教师的工作强项，包容他们的不足，宽容他们的任性。

三、雅范立教，成就内外兼修队伍

教师的发展是一个专业化的过程，处于校园生态情境中的教师群体的职业生活方式，实质性地影响着一所学校的教育高度与品位。

我们注重涵养教师高雅的师德，锤炼教师广博的师能，建设责任心和进取心强的博雅教师团队，形成积极的学校发展力量。

（一）修炼宽雅的爱生情怀

几年来，我们邀请上海市优秀校长杨荣、珠海容闳学校校长兰祖军等全国名校长来校作报告，雅范引领。我们努力挖掘八小元素，讲好八小人爱岗敬业的故事。我们通过年级组推选、学校初评公示、社会公开投票、评委综合考评，开展了两届的"儒雅之师"评选活动，从学生视角展现教师教书育人的感人事迹。微信公众号推出"儒雅教师"系列文章，教师节表彰奖励身边的优秀教师，传递立德树人正能量。

（二）和悦教师的职业境界

儒雅讲究的是饱学，我们努力推进教师阅读，为教师订购刊物，开展"共读一本书"活动，引导教师参加各级各类培训，为教师搭建交流分享平台。教师在交流中邂逅雅美风景，擦亮精神底色，积淀智慧品格。"博雅论坛"分设管理篇、课程篇、德育篇，在教师中掀起头脑风暴。

（三）形成培养梯队

搭建青年教师的入格阶梯。坚持传统,师徒结对,骨干与新秀"双赢共进"。成立"青年教师种子工作坊",抓好岗位练兵活动,夯实教师教育教学基本功。

搭建成熟教师的升格平台。聚焦课堂进行"智雅教学""情智生长的课堂""互联网＋课堂教学范式研究"等探索。搭建联盟校平台,向上海"深度学习",外出观摩学习,借鉴它山之石。

搭建骨干教师的风格舞台。送教师出去参加各种培训,为教师外出讲学、上示范课和开展教科研搭建风格舞台。推进"名师工作坊"建设,发挥骨干教师的引领辐射作用。事实证明,一个人走得快,一群人走得远。

（四）研发儒雅课程

课程的研发过程就是教师的成长历程。我们把办学理念、儒雅文化、育人目标有机融入课程建设,凝炼学校的课程哲学,清晰课程的逻辑起点,构建核心素养为本的儒雅课程蓝本。我们按照一切教育教学活动皆课程的理念研发了六个序列的课程,分别是文雅篇、思雅篇、博雅篇、艺雅篇、体雅篇、志雅篇。

我们通过校本课程学习,培养学生的高尚品德,帮助学生树立积极的人生观和正确的价值观,形成高雅的言行举止,养成良好的行为习惯。我们引导学生了解上饶本土文化,尊重多样文化,树立正确的世界观,注重博学多思,广泛阅读,关心当下的社会与生活,勤于思考。

我们把"学科课程群"建构作为着力点,各教研组运用SWOT分析法挖掘资源,设计学科课程群建设方案,构建满足学生成长需求的课程立交桥,彰显学科的育人价值。目前学校汇编的校本教材《儒雅八小》《文雅成长》《礼仪》《齐步走,永向前——国防教育》已编印成册并投入使用。

（五）提升科研能力

我们引导教师从经验型向科研型转变。我们注重校本教研的实效性,通过同课异构、课例研讨、示范课观摩、集体备课、微课程研讨反思、专题研讨教学反思、视频会诊等提升教师素养。我们注重科研成果的推广,几年来,学校共申报市级及以上科研课题和项目8个,其中省级2个。

四、尚雅团队,智慧教师集群化成长

我校围绕"管理团队能力提升,教师育人素养提升"两大主题务实开展团队研训,壮大优秀教师群体。

（一）全员培训,从师德到师能

请专家和行政领导来校讲学,内容包括师德修炼、课堂改革、品格提升、新技术运用等,引领教师开阔视野、更新理念、提升教艺。

（二）扎实教研,从有形到有效

各学科组加强互动交流,以"课堂领训"为主,按照"基于问题—走进课堂—思维碰撞—理念与实践提升"的思路,选取学科内有影响力的教师作为领训者,借助"雅慧公开课"和"名师讲堂",既给教师提供舞台,也让教师领略到名家的风范。

（三）网络教研,看似无形实则有形

主题教研形式多样,包括名师示范课、"同题异构"、利用"智慧校园"平台研讨等。每学期开展1至2次统一质量调研,联合阅卷、反馈评价,比照分析。

（四）"名师工作坊",从实践到智慧

开展项目研究,进行理论学习、课例研究、实践反思、成果分享等,促进教师集群化发展。

学校文化建设是一个巨大的系统工程,不可能一蹴而就。上饶市广信区第八小学是所新学校,使儒雅文化成为八小人的自觉追求与自然表现是我们不懈的追求。教育优雅的姿态就是让教师遇见博雅的自己。八小赋予教师真实的成长意义,是为了让教师找到专业成长的自信,找到专业的生长点。蕴儒雅之气,修广博之能,建智慧团队,我们正行走在路上。

用"双培养"机制助力青年教师成长

——以独山子第二中学为例

申运涛

（新疆维吾尔自治区
克拉玛依市独山子第二中学）

作者简介：申运涛，湖北省枣阳市人，毕业于新疆大学应用物理专业，教育硕士，高级职称，骨干教师，名师工作室主持人，现任独山子第二中学教研室主任。

习近平总书记在中央政治局第十五次集体学习时的重要讲话和习近平总书记在中央和国家机关党的建设工作会议上的讲话为新时代加强和改进中央和国家机关党的建设、全面加强各级机关党的建设指明了前进方向，提供了根本遵循。

教师是立教之本、兴教之源。建设社会主义现代化强国，对教师队伍建设提出了新的更高要求。建设高素质专业化教师队伍，就是要以党的建设促进学校建设，激发办学活力，提高教师素质，建设师德师风，进而提升学校发展力。

一、教师队伍现状及原因分析

通过调研发现，目前我校教师队伍建设还存在四方面问题。

（一）教师年龄结构不合理

我校目前有专任教师 181 人，副高职称 35 人，占教师总数的 19.34％；中级职称 53 人，占教师总数的 29.28％；初级职称 82 人，占教师总数的 45.30％；未定职级 11 人，占教师总数的 6.08％。我校 30 岁及 30 岁以下教师 22 人，占总数 12.15％，人数较多，学校今后的发展就取决于青年教师队伍的质量。这些青年教师虽然有生气、有活力、自尊、自信、好强、好胜，但往往书生气十足，缺少教学和生活经验。管理好青年教师,最大限度地调动起他们的工作积极性,引领他们的专业成长,是摆在学校管理者面前的一个重要课题。减少教师队伍年轻化的不利影响,变被动为主动,变劣势为优势,培养造就一支师德高尚、业务精湛、结构合理、充满活力的高素质专业化教师队伍是我校迫切需要解决的问题。

(二) 教师队伍结构不合理

我校教师数量已基本饱和,但不同学科教师不均衡,一些学科教师人数相对较多,一些学科教师人数严重不足。教师结构不合理直接造成学科发展不平衡。不同学科教师的教学水平存在较大差距,导致学科成绩不平衡,不利于学生全面发展。

(三) 教师的改革创新意识不强

一些教师在工作中,存在着沿袭守旧的观念,习惯按旧框框办事,缺少创新意识。他们习惯于老套路、老办法,凭自己的经验办事,致使创新能力不强,很难破解一些新难题。如在我校开展的"耕思"有效课堂实践研究过程中,一些教师动力不足、积极性不高。

(四) 教师的教育理念和能力有待提升

教师的能力水平与发达地区、友好学校还存在一定差距,教师的教育理念、学习自觉性、对课堂教学的探索与发达地区教师相比略显不足。

二、主要措施

习近平总书记强调:"要处理好党建和业务的关系,坚持党建工作和业务工作一起谋划、一起部署、一起落实、一起检查。"依据中央组织部、教育部党组下发的《关于加强中小学校党的建设工作的意见》,我校在总结了近几年教师培养经验的基础上,确立了以"努力建设一支以优秀党员为主体的高素质名优师团队"为目标的"双培养"机制,即把骨干教师培养成党员,把党员教师培养成教学、科研、管理骨干。

(一) 党的建设方面——宣传教育强基础

1. 以党风带师风,筑牢理想信念

一是全面加强党对教师工作的领导,加强思想政治工作队伍和党务工作队伍建设,使从严治党覆盖党支部每位党员教师。二是结合"两学一做"学习教育和"不忘初心,牢记使命"主题教育活动,学习党章党规和系列讲话精神,切实加强对教师党员的党性教育。三是通过学习习近平总书记关于教育的重要论述，使广大党员教师增强"四个意识"、树牢"四个自信"、做到"两个维护"，切实统一思想认识和行动，用习近平新时代中国特色社会主义思想铸魂育人。四是通过学习新疆发展史、三个白皮书，使广大党员教师充分认识到，要想维护新疆社会稳定和实现长治久安，教育是基础和保障。广大党员教师要把思想和行动统一到党中央治疆方略、社会稳定和长治久安总目标上来，深刻认识新疆仍处于"三期叠加"的复杂形势，按照自治区党委"1＋3＋3＋改革开放"总体部署，切实增强贯彻落实的思想自觉、政治自觉和行动自觉，聚焦总目标，时刻绷紧反恐维稳这根弦，严格落实意识形态领域工作责任，全力维护校园安全稳定，守牢教育系统意识形态领域主阵地，确保新疆持续稳定、长期稳定、全面稳定。

2. 以党风带作风，推进师德养成

通过宣传师德典型等活动，让身边的人讲身边的事，用身边的人影响身边的人，在提升学习效果的同时整体提升和展现我校教师队伍良好风貌。建立覆盖全校教师的师德建设体系，增强教师遵守职业道德责任感和依法执教意识。坚持课堂讲授有纪律，严禁在教育教学活动中出现反对党的领导、反对中国特色社会主义制度、有损国家利益和不利于学生健康成长的言行。党员教师不参与有偿补课，不到培训机构兼课，真正在师德上率先垂范。建立完善师德监督和师德评价制度，实行师德"一票否决制"，把师德表现作为教师资格注册、年度考核、职称评定、岗位聘用、评优奖励的首要标准。加强教师队伍管理，严把教师聘用、人才引进政治考核关，加大对有偿补课、体罚学生、收受礼品礼金等师德失范行为的查处力度，引导教师争做有理想信念、有道德情操、有扎实学识、有仁爱之心的"四有"好老师。

（二）教师培养方面——"双培养"里补短板

1. 从严锻造，促教师之所融

首先，健全机制，在舆论和政治上为骨干教师入党营造良好氛围，创设外部环境。学校党总支建立健全党员教育培训机制，采取定时、定点、定人的培训制度。积极吸收骨干教师参加党课培训，逐步加深他们对党的基本理论、指导思想、基本宗旨、辉煌历史的了解和认识，帮助骨干教师树立正确的世界观、人生观和价值观。在骨干教师的日常业务考评和选拔机制中强化思想政治考察，纠正部分骨干教师"业务发展是实，政治进步是虚"的错误认识，以此推动中青年骨干教师接受思想政治教育的主动性,不断提高自身的政治理论水平和修养。这样,增强了骨干教师的入党决心和信心,使其产生了争当一个党员教师的使命感和荣誉感,以更大的热情投身教育事业。如我校某年级主任工作认真,思想上进,积极向党组织靠拢,经过培养,已向党组织递交了入党申请书,党支部把他作为入党积极分子重点培养。

其次,树立标杆,聘请"德艺双馨"的党员名师作为骨干教师的导师,做好帮带工作。学校聘请口碑好、能力强的党员名师作为骨干教师的导师,在教学上和思想上对骨干教师进行升级锻造,通过党员名师的言传身教,使骨干教师茁壮成长,最终成为师德高尚的党员名师。

2. 认真遴选,助教师之所成

首先,采取"走出去,请进来"的模式,为堪担重任的党员教师充电,使一部分党员名师成为"学高为师"的佼佼者。一方面,学校定期派一些党员教师到疆内外听课、学习;另一方面,学校把疆内、区内名师请进来传授先进教学理念,指导教学工作,使部分党员教师快速成长起来。

其次,采取"基层锻炼,不断选拔"的模式,让部分有担当精神的党员教师成长为学校行政管理人才。如学校物色部分能力强、敢担当的党员教师到一线担任教研组长和备课组长,通过基层锻炼,好中选优,挑选部分党员教师担任处室副主任、主任。这些党员教师成了学校教育教学管理的中坚力量,为学校的可持续发展奠定了坚实基础。

(三)教师发展——持续培养增活力

1. 完善青年教师导师制度

要实现教师的梯队建设,就必须完善青年教师的导师制度。以前的导师制度,没有从帮助青年教师成长,促进学校长远发展的角度考虑,只是简单签了个师徒合同。现在,学校要求导师分析所指导教师的情况,明确指导方向和指导程序,撰写可行性报告,要求青年教师提供自己的培养计划,由学校组织讨论修改审定,然后,师徒严格按照通过的报告完成指导和被指导的任务,学期末由学术委员会对师傅和徒弟进行共同考核。如果中间出现了不认真履行职责的现象,指导教师和年轻教师都要及时汇报,学校会及时更换不能承担任务的教师,并把指导教师列为第二批指导和培养的对象,接受考核。

2. 完善青年教师成长体系

很多在教学上有潜力的行政骨干,工作压力很大,双肩挑的工作状态常使他们在教学上力不从心,但青年行政骨干们只有时刻绷紧提升专业素养这根弦,在教学上丝毫不懈怠,才能真正承担起教学和行政的重任。学校正视这种现状,要求他们在行动上以身作则,在教学上多加投入,时刻注重教学能力的提升和发展,教学上有优于一般教师的地方,工作中有突出的成绩。教学改革中,我校积极推进"耕心"课程建设和"耕思"有效课堂实践研究。

为了让擅长教学的青年教师安心从事教学和科研工作,学校制定了详细的制度。一是建立学校、教研组、备课组青年教师考核机制,加强青年教师考核,形成备课组周考核、学校月考核、每学期综合考核评价机制。二是形成青年教师培养方案,明确每周备课、听课、做题、三笔一画等具体要求,坚持每月开展读书交流、考试、汇报课、说课等活动,以赛代培,提高实效,并将教师成绩记录在教师成长档案中,纳入教师年度积分项目。三是继续完善《独山子第二中学青年教师励耕计划》,建立教师培训菜单,坚持每周组织青年教师业务培训,让培训成为教师成长的最大福利。四是做好师徒结对工作,签订师徒协议,手把手传道授业解惑,严管理,高要求,常抓不懈。五是建立学校指导教师团队,聘请优秀教师担任指导教师,对全校青年教师的教育教学工作给予指导与帮助。六是打造北疆区域化大教研,与兄弟学校之间实现资源共享,相互促进。通过给青年教师提供平台与帮助,学校从内部改变了教学面貌。通过与兄弟学校组建"新丝路六校联盟校",通过区域化大教研活动,学校搭建了教师成长平台,增强了教育教学改革的活力。

3. 完善青年教师的心理维护机制

经济社会的飞速发展和教育改革步伐的加快对教师素质提出了越来越高的要求,给教师带来了很大的工作压力和心理压力。在社会发生急剧变化时,青年教师与大多数社会成员一样,不得不面临着转型时期包括价值观在内的各种冲突,承受着很大的心理压力。人们对教师的期望很高,甚至把学生的许多欠佳表现归因于教师,如"没有学不会的学生,只有不会教的教师"。这让很多青年教师,特别是新入职教师感到压力很大。学校通过与新入职教师座谈,了解其心理诉求。在此基础上,我校心理健康教师设计出一套以"成长"为主题的新入职教师心理团体辅导活动。

三、存在问题及对策

在青年教师培养过程中,我们发现青年教师在教学技能培养和教学管理方面仍欠缺一些能力,如很多青年教师认为在教学技能方面欠缺课堂组织、信息反馈、情绪控制的能力,在教学管理方面欠缺信息反馈和加工、随机应变的能力。

面对这些新问题、新情况,我校不断探索,加大校本培训和校内研究。教学是为学生服务的,管理是为学校服务的,青年教师的培养必须立足本校实际。在教学技能方面,我校把那些专家不讲但教师在课堂中经常遇到的问题作为切入点,让教师开展研究、讨论,如目前我校在校内开展的对临界生、行为失范生的研究,为青年教师提供了大量的教育范例。把遇到过的问题拿出来一起讨论,为青年教师提供了大量的解决问题的思路,而不同思想的碰撞也让青年教师了解了管理的艺术。

教师是一个专门与人打交道的职业,教师的情商很重要,教师只有自己会合作,才能教会学生合作,才能更好地促进自身成长,才能推动学校发展。在实践中我们发现,"90后"青年教师虽然工作热情、积极性高,但也存在团结协作意识欠佳的问题。后期,我校计划在青年教师心理辅导过程中渗透情商训练,通过开展认识自我团体辅导活动,让青年教师在认知上学会自我觉察,并能根据环境变化主动调适自己的心理;通过开展认识他人团体辅导活动,让不同年龄段教师学会换位思考、互相理解,特别是让青年教师学会为他人着想;通过开展户外拓展训练,使教师认识到良好的协作能力是工作成功的保证。

学校党建工作是一项长期性的系统工程,只有把党建工作和业务工作有机结合,积极搭建骨干教师至优秀党员、优秀党员至骨干教师的发展平台,提高党员发展质量,提高教师队伍的政治素质和业务能力,才能真正创设学校党建工作的良好环境,为学校的发展提供坚强的组织保证和人才支持。

创新学校文化　引领教师成长

边　珍

（西藏自治区日喀则市拉孜高级中学）

作者简介：边珍，西藏拉萨市人，2011 年 6 月毕业于东北师范大学城市与环境科学学院，现任教于西藏日喀则市拉孜高级中学。

学校文化是一种特殊的社会文化现象，它由学校师生员工共同创建，传递着一所学校的教育理念、办学思想和价值取向，是一所学校综合实力的重要体现。在新课程背景下，加强校园文化建设已成为提升学校品位、提高办学质量的一条必由之路。求升学和求文化是教育界一个永恒的话题，每一个学校管理者心中都有自己的答案。我认为，如果把学校比喻成人，那么一个人能力高低好比一所学校的教学质量，而学校文化好比一个人的品德修养，所以，"德才兼备"才是学校的发展方向。关于学校文化建设，每个学校都在进行，也都在探索符合自身价值观和环境氛围的文化特质。我们认为，学校文化建设应基于学生的健康成长、教师的专业成长、学校的内涵发展，不能忽略学校文化的核心是学校师生共同具有的思想观念和行为方式这一内涵。

一、我校文化建设工作现状分析

（一）显性文化成效明显

显性学校文化主要是指学校文化的物质形态，可分为基础设施文化、自然人文环境文化等，是我们走进校园看得见摸得着的物质载体。贴在教室里的名人名言属于显性文化，因为它是看得见摸得着、有实际物质载体的文化承载物。在西藏农村县城，教师周末想去图书馆看会儿书、听个讲座、参加学术交流，都是很难实现的。在这样的现实背景下，西藏农村教师群体的精神世界想必是不够丰满的。当然,我们也有喜欢看书的教师,但毕竟不够普遍。针对这种现状,我校通过绿色校园、职工书屋、图书馆、德育室、社团工作室等硬件设施的支持来营造舒适温馨的校园文化氛围,以传统文化"三进"工程和爱国主义教育为指导思想,以建设走廊文化、开展校园活动为抓手,建设学校显性文化。

(二) 隐性文化缺乏内涵

隐性学校文化建设的关键在于行为和观念,主要涉及两类:(1)非学科内容的实体性精神文化,包括学校图书馆和资料室中的图书、报纸、杂志;(2)非实体性精神文化,包括学校规章制度、教师的职业道德规范、师生的行为准则、校领导的工作方式和工作作风、学生在学校生活中所形成的思维方式和行为方式、师生关系、校风、班风等。我校 2010 年建校,前两年由于施工问题在其他学校借地办学,同时平均每两年换一任校长,9 年时间先后经历了 4 任校长,因此,学校办学没有形成一些特定的工作流程。在这样的背景下,隐性学校文化内涵挖掘成为值得学校管理者思考和解决的问题。

(三) 特色文化不够特色

目前,学校文化建设中存在的一个普遍现象是,很多学校把当地的文化艺术特色当成校园文化,导致各校均出现了"堆协社团""六弦琴社团"等具有当地传统文化特色的社团组织,本该是百花齐放的学校文化却出现趋同现象,这似乎偏离了校园文化是学校地理环境圈内师生共有的价值观和精神追求的基本属性。传统文化的传承和发扬是学校文化的显性部分,并不是学校文化的全部内涵。因此,在特色文化的挖掘上,学校除了结合当地传统文化艺术,还应基于学校自身的发展历史和现实背景,不断进行创新,让学校文化真正落实到"育人"的根本目标上来。

二、学校文化引领下的教师发展

(一) 校长的价值观念是学校文化品质的关键

著名教育家陶行知先生说:"校长是学校的灵魂,要想评价一个学校,先要评论它的校长。"苏联教育家苏霍姆林斯基说:"一个好校长,就是一所好学校。"学校的办学理念、校风、学风、教风,无不体现学校管理者的思想意识和价值观念。因此,我认为,西藏农村学校校长具备"学校文化引领教师成长"的思想观念和专业意识是最难能可贵的品质。

（二）重视发挥教师的榜样带头作用

来沪培训时，我有幸聆听了上海市梅园中学毛颖校长关于校园文化建设的报告，听完报告，我第一次对学校文化内涵有了自己深刻的思考和认识。毛颖校长在报告中说："榜样的树立与传承、经验的总结与延伸形成校园文化的灵魂与品质。"对这句话，我的理解是，榜样的树立与传承是学校文化建设的灵魂。

在西藏农村，大部分学校借助走廊文化、主题演讲比赛等学校物质文化和显性文化的构建为学生树立榜样。但结合多年的教育教学经验，对于几乎不受外界文化影响的西藏农村学生来讲，其阅读量非常有限，走廊上的名人名言并不能发挥应有的作用。而教师的一言一行、一举一动往往具有潜移默化的文化影响力。

基于此，西藏农村学校要注重营造提升教师专业能力和专业素养的文化氛围，引领更多教师成为学识渊博、举止得体的模范教师，发挥其模范带头作用，为学生树立学习榜样和人生标杆。伟大思想家孔子认为，"其身正，不令而行，其身不正，虽令不从"，可见，引领教师发展的学校文化弥足珍贵。

（三）以教师文化助推学校文化发展

在西藏农村学校，营造育人文化不仅是为了落实"立德树人"的教育根本目标，更是为了引领教师专业成长，提升教师的学校生活品质。使学生文明的前提是教师必须更文明，使学生博学的前提是教师必须更博学。

因此，学校在制度文化和管理文化上必须遵循陶行知先生"要使学生学好，必须先生学好"的教育思想，以教师专业成长需求为目标导向，利用外部资源和校内资源积极为教师成长搭建平台，并通过优化现有考核评价制度和细则，努力营造公平公正的教师评价氛围，杜绝使用"走关系、看人缘"的低级评价标准。学校要从制度文化入手，把教师的发展、教师的成长作为学校文化建设的重要目标，像关心学生成长一样关注教师的发展，营造公平公正、向上向善的教师文化氛围，让学校真正成为师生共同成长的精神家园，发挥学校文化的凝聚功能。

引领教师成长，应做好三点。首先，做好制度设计。学校形成《文化引领教师专业发展实施方案》，由教师代表大会讨论通过并实施。其次，培育高尚师德。以"四有"好老师为标准，通过专题讲座、专题学习、撰写教育故事、召开表彰会等形式，树立典型，传播正能量，推动党建与学校工作融合，发挥党员教师在教育教学管理工作中的引领、带头、示范作用。最后，培养专业能力。其一，建立《教师成长档案》,形成《教师个人专业发展规划》,激励、引领教师走专业发展道路,激发教师实现专业发展的内在动力。其二,重构课堂教学价值观,使教师认识到,课堂教学不仅是为了学生成长,也是教师自身生命价值的体现。其三,设计并开展集体备课、课堂教学观摩活动,通过扎实有效的研课、磨课、听评课活动,促进教师个人专业发展。

总之,西藏农村学校应该积极推动学校文化引领下的教师专业发展,努力让教师体会专业成长和人性关怀带来的职业幸福感和获得感,追寻师生协同发展的学校文化价值。管理者既要尊重学校的历史,又要努力在学校历史和现状中挖掘学校办学的灵魂。

在办学中,管理者既要重视学校显性文化,也要重视学校隐性文化,用好地域文化,进行校园文化的系统建设,让学校的文化内涵,通过物质化、行动化的形式展现出来,化为师生摸得着看得见的东西,在潜移默化中影响师生行为,从而让独具特色的西藏地域校园文化成为学校文化的一种品牌。

笃诚行毅,铸就教育品牌

田凤成　　玉苏甫江·艾合麦提

（新疆维吾尔自治区喀什地区莎车县恰热克镇中学）

田凤成

玉苏甫江·艾合麦提

作者简介:田凤成,回族,本科学历,2017 年 5 月起在恰热克镇中学担任党支部书记。玉苏甫江·艾合麦提,维吾尔族,本科学历,2017 年 5 月起在恰热克镇中学担任党支部副书记、校长。

　　光荣与梦想同在,奋斗与追求并进。在物华天宝的南疆大地,在人杰地灵的叶尔羌河畔,闪耀着一颗璀璨耀眼的教育明珠。这里有燃烧的青春,这里有虔诚的教育,莎车县恰热克镇中学的梦想在飞翔。乡间的小路上有沁人的花香,恰热克镇中学在师生们的呵护下茁壮成长。

　　我校党支部全面贯彻落实习近平新时代中国特色社会主义思想,贯彻落实总书记的系列讲话精神,聚焦总目标,牢牢把握党对教育教学工作的绝对领导,坚持"为党育人,为国育才",落实立德树人根本任务。在县委、县人民政府、教育局党委的指导下,本着"全心全意为人民服务"的宗旨,我校党支部不断完善师资建设,增强大局观念,务实创新,把教师队伍建设放在重要位置。

　　恰热克镇中学位于莎车县西部(恰热克镇 12 村 2 组),离县城 24 公里,始建于 1957 年。学校占地面积 55759 平方米,建筑面积 28023 平方米,运动场地面积 13975 平方米,硬化地面积 18500 平方米,绿化面积达 28730 平方米。学校从校园环境、领导关怀、团队合作、自我发展、学生发展五方面满足教师需求,从教书、育人两方面满足学生需求,努力建设政府信任、学界认同、学生喜欢、家长满意和社会赞誉的现代化学校。

学校现有 46 个教学班级,共有学生 2165 人。现有教师 191 名,其中人才引进教师 44 名,专任教师 178 名,本科学历 133 名,大专学历 44 名,教师学历合格率 99.5%。中学高级职称 19 名,中级职称 42 名,未定职称 51 名,专任教师取得教师资格证人数为 153 名,取得比例为 86.0%,专任语文教师 44 名,数学教师 25 名,英语教师 8 名,道德与法治教师 9 名,历史教师 9 名,生物教师 4 名,地理教师 5 名,物理教师 6 名,化学教师 3 名,其他专任教师若干。我校坚持以科学教育发展观为指导,贯彻"以人为本,以德治校,以质立校,科研兴校"的办学理念,筚路蓝缕,攻坚克难,与时俱进,开拓创新,逐渐形成了"团结、奋进、合作、创新"的校风、"敬业、奉献、爱生、创新"的教风和"尊师、诚实、守纪、创新"的学风。

一、提高教师教育专业素养

我校为师生的一生幸福搭建平台,肩负起为国家和民族培养人才的重任,竭力办成"学习型校园",并不断提高教师专业素养与职业操守。为解决偏远地区教育难题,自治区根据南疆实际情况分批次吸引内地人才进入教育行业。针对教师队伍中职业素养参差不齐的问题,我校以民汉搭配结对子等方式制订了一系列的培养计划。

(一) 学校定期开展师德师风警示教育

每学期定期开展师德师风警示教育活动,对教师的礼仪、仪容仪表、人际交往、教态等进行系统培训,涉及内容广泛。

(二) 以老带新,促进年轻教师发展

在实际教学工作与学生管理工作中,学校根据学科体系安排有经验的教师带教新聘教师,指导新聘教师发现并解决日常教学环节中存在的问题,如在授课环节中如何管理学生,如何提高学生注意力,如何启发引导学生,如何写好教案。

(三) 以新促老,互帮互助

在南疆偏远地带,部分教师不会使用新型教学设备,对教育教学影响较大。一些老教师因不能熟练掌握使用技巧,无法适应电化教学要求。在新聘教师队伍中,年轻教师接受新生事物能力较强,可以快速掌握各种教学设备使用方法,帮助老教师熟悉现代化教学设备。

（四）创建校园语言环境，人人能讲一口流利的普通话

在南疆地区，受大环境影响，教师队伍中一部分人在语言方面存在的问题比较突出。为解决这一突出问题，学校书记、校长及领导班子开会讨论决定，语言不达标的教师每天学习标准读音，学习汉字，每周定期考试，鼓励民汉教师互助，打造学习型的校园文化环境。

二、开拓创新，提升教学科研水平

教学是学校发展的方向舵，教研是教学的核心动力，没有核心动力的学校是没有未来的。为打造南疆一流的学校，我校在书记、校长的指导下全力推进教学科研活动。根据学科特点和教师专业特点，我校制订了具体的科研计划，落实听评课活动，专人专责严格落实，不断细化教学环节，让每位教师在每次教研活动中都有所收获和提高。

三、提升教师业务技能，打造一流教师团队

在团队建设中，学校根据教师专业特长，合理安排教师赴上海、成都、乌鲁木齐、喀什等地进行学术交流与研讨，从而提升其专业素质，开阔其眼界。

四、攻坚克难，探索发展新思路

面对新时代教育发展的新需求，我校还需要克服很多困难。第一，在教育教学过程中，教师对现代化教学研究不多，很多现代化设备更新速度快，功能不断完善，一些老教师学习速度慢，只能适应传统教育模式。第二，一些教师知识更新不到位，没有掌握现代知识系统，无法满足现代化教学需求。第三，在教学科研方面形式单一，对知识体系没有具体、深刻的认识，科研效果不理想。第四，对学生的管理不能做到因材施教，学生自主学习能力不强。第五，缺乏创新思维，教与学不能达成一致。

五、优化教育，打造专业教师成长平台

学校不断优化教师课堂行为，提高课堂教学效果，打造学习型、研究型教师团队。学校认真贯彻教育方针，严格执行课程标准，把"以师生发展为本"作为课程建设核心理念，更新教师教育观念，提升教师专业能力，满足学生学习需求，逐

步建立基于育人目标的课程体系,让师生享受课堂,让课堂成就师生。我校教师先后参加县级骨干教师比赛,收获满满,共获一等奖 25 人次,二等奖 32 人次。我校取得了丰硕的阶段性研究成果,打造了一支由县级学科带头人和市级骨干教师组成的教师队伍。他们用千百倍的耕耘,换来桃李满园香。

六、拓展德育资源,注重活动体验

我校以传统节庆教育和仪式教育为契机,以中国传统节日教育为载体,设计了系列活动,让全体师生在了解中国民俗的同时弘扬民族精神。挖掘莎车县的教育资源,建立校外德育基地,促进学校与社区德育互动。重视体验教育,强调个体的亲身经历和自我认识过程。同时,打造书香校园,全体师生共同参与,定期开展经典诵读、文化讲坛等活动,帮助师生塑造健全人格,促进师生身心健康发展。

宝剑锋从磨砺出,梅花香自苦寒来。恰热克镇中学人在传承和创新中探索,在发展和成长中突破,走出了一条顺应时代潮流、适应社会发展的特色办学之路,赢得了上级领导的充分肯定,赢得了家长和社会的广泛认可。

七、不忘初心,砥砺前行,不断探索

问渠哪得清如许? 为有源头活水来。恰热克镇中学新一届领导班子以无畏的勇气开拓前进,以无限的忠诚执着追求! 我校共获得县级以上集体荣誉称号100 多项。学校先后被授予依法办学单位、自治区文明学校、素质教育工作先进学校、示范单位、创先争优先进基层党组织、先进集体、区级书香校园先进单位、喀什地区教育基地学校、义务教育标准化学校、自治区德育示范学校、喀什地区花园式学校等荣誉称号。

时光荏苒,岁月如歌,几经跋涉,几经开拓! 面对机遇和挑战,恰热克镇中学人与时俱进,团结拼搏,让"厚德载物,博学笃志"的恰热克镇中学精神代代相传!伴随着时代的激情跨越,恰热克镇中学人必将挥如椽大笔书写新的诗章。长歌浩荡,只待挥斥方遒。

点 评

百年大计,教育为本;教育大计,教师为本。

教师是学校发展的第一资源。教师的发展深刻影响着学生、学校和整个教育事业的发展。加强教师队伍建设,引领教师成长是学校管理中永恒的真命题。

学校是教师成长的最重要的场所,以学校为本位的教师培训是教师专业发展的重要方式,是教师群体为解决教学实际问题,利用集体智慧跨越个体障碍的一种合作成长的有效途径。据不完全统计,我国很多地区的教师通过校本培训获得的学时已占全员培训总学时的50%。要想让校本研训真正有效,真正对教师的成长发挥作用,学校领导层就应有意识地对学校的校本研训课程、研训方式、监督评价等方面进行研究、规划、设计。

发挥全校教师的集体智慧,对校本培训机制进行富有创意的设计,以求达到这样的效果:给教师一个目标,使其能自我完善;给教师一个平台,使其能尽显才华;给教师一个阶梯,使其能登高望远。学校要让教师在实现自我价值、享受职业尊严的同时,促进学生发展,提升教育质量。

健全学校的文化制度,构建绩效管理机制下的校本研修文化,同步促进教师成长,让研修文化成为学校管理文化中至关重要的一部分。

（上海市嘉定区教育学院院长　祝郁）

六

创设有温度的内部管理

优化学校内部管理,提升教育治理软实力,是学校内涵建设和全面提高教学质量的核心要素,是推进学校教育教学改革和现代化治理的关键领域。本部分反映了新时期新阶段,上海对口支援相关地区优秀校长在汲取上海学校管理经验与智慧基础上,优化学校内部管理所进行的创新性和突破性探索。校长们在严格遵循国家和地方法律法规、党和政府方针政策的基础上,致力于构建公正、进取、合作、开放的学校组织环境与文化;注重打造管理干部团队,形成科学合理的权责利分配与平衡关系,将学校内部管理权利的行使民主化、程序化、精细化;制定与实施合理的规章制度,以领导和管理教师工作与学生学习为核心,测评教师工作绩效和学生学业成就,高效推行教职工评价与奖惩机制,从而把校长对教育教学和行政工作全面负责落到实处。

(上海市师资培训中心　张文强)

明理通融

——也谈校长如何提升内部管理艺术水平

李黔粤

（贵州省遵义市绥阳县儒溪中学）

作者简介: 李黔粤,遵义绥阳县人,双本科学历,毕业于贵州师范大学,中共预备党员,中学高级教师,现任绥阳县儒溪中学教育科研处主任。

摘要: 一所学校的管理成败不仅取决于校长的学识水平、工作能力、决策方略和办学理念,还取决于校长个人的综合素质和社会应变能力。具体包括校长处理问题时"波澜不惊,游刃有余"的心理素质和领导胆识、坚定的信念与"独上高楼,望断天涯路"的远大理想、"衣带渐宽终不悔,为伊消得人憔悴"的奉献精神、对未来充满信心和"蓦然回首,那人却在灯火阑珊处"的心灵火花。校长要以多彩的人格魅力吸引众多敬佩的目光,以出色的本领创设一流的学校管理艺术。

关键词: 管理艺术　人格魅力　管理合力　管理机制

管理是指在特定环境下,对组织所拥有的资源进行有效的计划、组织、领导和控制,以便达成既定的组织目标的过程。《中华人民共和国教育法》第三十条指出:"学校的教学及其他行政管理由校长负责。"校长是学校的负责人,管理着学校大大小小的事务。学校管理,顾名思义就是指学校对本校的教育、教学、科研、后勤和师生员工等各项工作进行计划、组织、协调和控制的活动。学校管理,是校长工作的基础,是学校工作的中心。在学校管理中,校长是学校的灵魂,是学校的总指挥。校长长期处于学校的核心地位、主导地位、决策地位。校长的品质、学识、才能、办学理念、办学思路、理论水平、政策水平、业务水平、管理水平,对学校的办学方向、办学目标、办学水平、治校方略、教育质量等都起着关键作用和决定作用。因此,校长的内部管理艺术水平影响一所学校的影响力、生存力和发展潜力。

2019年3月,我有幸来到上海,成为第三期遵义"影子校长"项目参训学员。9个多月里,我聆听了优秀校长张志敏主讲的《校长的治校之道》、胡昊然主任主讲的《推进现代学校制度建设的实践与探索》等报告,倍感振奋!作为一名山区农村高级中学后备校长学员,此次培训中,我学到了更加前沿的教育管理新理论知识和先进的管理艺术,对自己今后从事学校教育管理工作时应该具备的知识素养、理念素养和德、能、勤等素养有了新的认识,并在内心深处孕育了一个全新的管理理念,构建了一个艺术的管理框架。

校长应该怎样提升自身的管理艺术水平呢?

一、塑造高尚的人格魅力,彰显独特的育人模式

校长的人格魅力是指校长在长期的领导活动中形成和发展起来的独特的感染力、影响力、吸引力、号召力等的总和,反映了校长的性格、气质、思想、品德、学识、才能、情感等个人素质。人格不是教出来的,它需要的是感化。校长要不断加强自身的思想道德建设,具备崇高的思想境界、无私的奉献精神和精湛的业务水平,时刻发挥"润物细无声"的模范作用。

(一) 勤于学习,提升素质

苏霍姆林斯基说:"校长必须具备一位教师所具备的一切素质,一校之长应该是师者之师。"学识和能力是人格魅力的重要内容,学校是人才集聚之地,校长是培养人才的首席领导,是学校发展的灵魂。校长要在实践中不断学习、不断完善、不断提高,时常参与教研活动,深入师生队伍,走进课堂,听课、评课、议课。校长应该要有政治敏锐性,善于洞察当前教育的热点和难点问题,能纵观全局,把握新时代教育发展方向,优化并协调好学校内外部环境。只有这样,校长才能赢得广大教职员工的尊敬与钦佩。

(二) 勤以修身,俭以养德

校长的根本职责就是为把学生培养成合格的社会主义事业建设者和接班人奠定良好的素质基础。《中华人民共和国义务教育法》第三十六条规定:"学校应当把德育放在首位,寓德育于教育教学中,开展与学生年龄相适应的社会实践活动,形成学校、家庭、社会相互配合的思想道德体系,促进学生养成良好的思想品德和行为习惯。"这就要求作为学校领导者、教育者、管理者的校长注重以德立

教、以德立校,为全校教职工和学生树立优良的道德榜样。校长一定要有"非淡泊无以明志,非宁静无以致远"的心态,做到不为繁华困扰,不让名利缠身,不因贪逸丧志,挡得住诱惑,管得住小节,耐得住寂寞。

（三）宽容大度,海纳百川

校长的心胸要开阔,要有"海纳百川"之胸怀,能兼听和包容各种意见,要有坦诚相见的品德和博大的胸襟。学校是知识分子聚集的地方,校长必须虚心学习,取人之长。学校的管理对象主要是人,校长的思想觉悟、素质要经受得住管理对象的批评、指责和质询,校长要学会补己之短。人无完人,金无足赤。校长应拥有一颗宽容之心,一腹容人之短的胸怀。气度宽宏,容人之短,方能头脑冷静,分清美丑,明辨是非。心胸狭窄,注定了失败的结局。宽容是一种气度,是人格修养的重要内容,也是一种重要的领导艺术。

（四）狠抓党建,严于律己

党的建设是学校工作的保障。在新时代背景下,面对新的任务和要求,学校作为为国家培养输送人才的主阵地,必须贯彻落实党的方针政策,确保社会主义办学方向,一心一意谋发展,聚精会神抓党建,以好的作风保障学校的各项工作顺利开展,以发挥学校党组织的政治核心作用。校长要克己奉公,从党和人民的利益出发,从党的教育事业的利益出发,按原则办事,不能利用职权谋私利,不搞特权。"做事先做人,树人先树德",校长要以良好的形象树立起真正的威望,在政治道德、思想、行动上与党中央保持高度一致,充分发扬党内民主,客观公正地选人用人,牢固树立公仆意识,始终把教师、学生的利益放在第一位,严格遵守社会公德和家庭美德,廉洁从政,求真务实,自觉抵制各种腐朽思想的侵蚀,永葆共产党人的本色。校长决策前,要认真开展调查研究,广泛听取群众意见;决策时,要畅所欲言,积极建议,保证决策的科学性和可行性;决策后,要发挥学校党组织的优势,发动党员和群众努力工作,保证决策的最终落实。这是校长做好学校管理工作的前提和保障。

校长的人格魅力是粘合剂,能产生凝聚力;校长的人格魅力是助推剂,能产生智慧和活力,提高全校师生的积极性、创造性,从而形成强大的推动力;校长的人格魅力是润滑剂,能产生神奇的力量,感动、吸引、团结全校师生,引导大家一心一意谋发展,从而形成强大的合力,让学校在激流中奋进。

二、拥抱坚实的领导团队，创建"人性化"制度

《国家中长期教育改革和发展规划纲要（2010—2020年）》要求"加强和改善对教育工作的领导"。学校的领导团队水平决定了学校能走多远。

"千人同心，则得千人之力；万人异心，则无一人之用"，说的就是团队力量的重要性。学校领导团队是学校管理工作的中流砥柱，是校长的左膀右臂，因此，选拔得力的学校领导班子成员并组建优秀的团队尤为重要。优秀的领导班子是学校的领导核心，班子成员的思想观念、价值取向、工作作风等，直接影响着校风、教风、学风，决定着学校办学理念、发展状态。领导团队成员只有做到心往一处想，劲往一处使，才能提高整个学校的凝聚力、战斗力、号召力和创造力。领导团队成员之间貌合神离，互相推诿，团队整体功能就会受到严重影响和削弱，难以担负起学校和谐稳定建设的重任。因此，建立一支高效、成熟、必胜的领导团队，构建一个优秀的领导班子是办好一所学校的前提和保证。

2013年起，我校在校长的带领下大胆进行改革，勇于开拓创新。校长高度重视领导团队建设，重组领导班子，大力加强干部队伍建设，实行领导班子年轻化培养机制。经过优化组合后，班子成员团结协作、锐意进取、不断谋求学校发展，形成了"敢于负责、敏于学习、勤于思考、善于沟通、重于落实"的工作作风。经过多年的精心打造，学校办学条件得到进一步优化，硬件、软件教学设施不断升级完善，教育信息化水平逐步提升，充分满足了社会化教育教学的高质量需求，同时，学校的师资队伍专业化水平不断提高，形成了"厚德、博学、精业"的优良教风，进而通过创新型校本研修和教科研制度、健全的师资培养体系及公平合理的评价激励机制等，培养了一支师德高尚、理念先进、业务精湛、高效精干的师资队伍。

领导团队各成员在常规管理中各司其职，各负其责，实行制度化管理，并常抓不懈，持之以恒。在学校管理过程中，校长要自觉维护学校制度的权威，不能轻易破坏制度行事，不能随意通融，否则，制度就失去了应用的作用。同时，制度的应用也不是一成不变的，要根据"人性化"原则进行弹性处理。

我校图书馆图书资源丰富，环境舒适，受到广大师生的欢迎。学生非常喜欢在图书馆中学习看书，馆内位置常常供不应求。因此，学生希望学校可以延长图书馆开放时间。之前，学校图书馆工作人员工作时间是上午7:30至11:30、下午1:00至4:00，这些时间大部分学生都在上课，他们只能利用短短的课间休息

时间匆匆忙忙地借阅一两本书。这样的时间安排,对于 2000 多个学生来说显然不够合理,如果图书馆工作人员完全遵守学校的规章制度,只在有限的时间内开放图书馆,就会造成很多学生放学后滞留在图书馆,学生往往还会与工作人员发生矛盾。鉴于此,我校图书馆进行了人性化调整,一方面,新增下午 5:30 至 6:50、晚上 9:00 至 10:50 两个开放时段,明确由两名图书馆工作人员轮流值守;另一方面,面向学校周边人群开放,节假日全天候开放,由当值领导值守。这样不仅保证了图书馆的开放秩序,也保障了工作人员的正常休息时间。

三、倡导科学民主理念,探索社会化治理机制

随着现代信息技术和多媒体网络技术的飞速发展,基础教育学校管理科学化的趋势越来越明显,现代管理技术被广泛应用于中小学管理,如使用计算机管理学籍、课程计划、教师档案,大大减轻了管理人员的工作强度。信息化已经成为当前学校管理的重要要求,它更好地实现了学校管理的规范化和标准化,极大地提高了学校管理的质量和效益。办好一所学校应该坚持教书育人、管理育人、服务育人,从教学管理入手,社会化育人。要想管理好一所学校,校长必须不断学习,提高自身综合素质,注重实践,学会走出去,把先进的民主管理理念和经验引进来,借鉴科学的教育经验,探索符合学校自身特点的管理模式,力求把科学的办学理念全面渗透到学校教育教学工作中,使其成为教师的自觉行动和行为准则,积极促进学校各项工作协调发展,不断提高学校管理水平。

在实行校长负责制的同时,为保证和监督校长依法管理学校,防止独断专行造成管理失误,校长还应该邀请政府官员、社会知名人士、学生家长、学校教师等以不同形式参与学校管理,监督学校发展。只有健全社会参与机制,积极扩大社会参与学校办学、管理的渠道和方式,才能极大地增加学校管理机制的公开性和透明度。

完善学校的民主管理和监督机制,还必须形成依法办学、自主管理、民主监督、社会参与的现代学校制度,构建政府、学校、社会之间的新型关系,积极探索适应不同类型教育和人才成长的学校管理机制与办学模式,避免“千校一面”。

学校内部管理是一门艺术,既要“管”也要“理”,才能明理通融。要想提升学校内部管理的艺术水平,校长就要善于以文化的视野,关注学校、教师和学生的发展。校长的眼睛看着历史的前方,脚下踏着今天的现实,心中树立的是百年树人的决心!

参考文献：

［1］刘维良，王淑娟.校长成长之路：从教育叙事看校长的胜任特征［M］.上海：华东师范大学出版社，2018.

［2］陶继新.做一个卓越的校长［M］.福州：福建教育出版社，2015.

［3］梦华.不懂带团队你就自己累［M］.长春：吉林文史出版社，2017.

［4］［美］玛丽亚·哈迪曼.脑科学与课堂：以脑为导向的教学模式［M］.杨志，王培培，译.上海：华东师范大学出版社，2018.

基于立德树人的学校管理策略

刘　强

（西藏自治区日喀则市上海实验学校）

作者简介：刘强，中共党员，中学高级教师，重庆人，毕业于重庆渝州大学数学教育专业，现任西藏日喀则市上海实验学校副校长。

落实立德树人根本任务的关键在于把立德树人贯穿学校教育全过程，有目的、有计划、有步骤地构建以立德树人为根本任务的德育价值体系，以道德植根、用文化培育、于环境熏陶，加强学校管理，提升育人质量，着力培养社会主义事业合格建设者和可靠接班人。

一、营造校园文化氛围

校园文化环境是学校德育的重要内容，它显而易见，但对师生的影响是潜移默化的，一旦产生作用，效果无处不在，无时不有。

（一）以目标为导向

党的十八大以来，落实立德树人根本任务，奠定了实现中国梦的道德基石。2014年4月1日，教育部印发《关于培育和践行社会主义核心价值观进一步加强中小学德育工作的意见》，又于4月24日印发《关于全面深化课程改革落实立德树人根本任务的意见》，要求真正把社会主义核心价值观落到实处，将理想信念教育、公民道德教育和学生素质教育贯穿始终，并融入育人全过程。为此，学校确立了"立德树人，和谐发展"的办学理念，引领办学方向，制订行动计划，打造校园文化，形成办学特色。

（二）以德育为内容

《未成年人思想道德建设实施纲要》和《中学德育大纲》都坚持思想性、先进性和广泛性相结合,遵循青少年身心发展规律,由浅入深,循序渐进,扎实推进青少年思想道德建设,促进青少年思想觉悟、道德水准和文明素养不断提高。近年来,学校以党建带团建,让青春在党旗下飞扬,陆续培养了六名美德少年、十多名自治区三好学生、上百名市级优秀团员,为学校赢得了荣誉。学校被评为"自治区文明单位""自治区先进基层党组织"。

（三）以活动为载体

德育重在行动。实践活动在德育过程中发挥着独特的作用,把德育内容生动、形象、具体地展示出来。学生通过参与、感知和体验活动,把实践过程内化为心理活动,按照德育目标,自我调节、自我控制,达到"无教之教"的效果。学校通过开展丰富多彩的校园文化艺术活动,如纪念"一二·九"诗歌朗诵比赛、纪念西藏百万农奴解放纪念日活动、五四文艺会演、学生田径运动会,以喜闻乐见的艺术形式和民族风格,让学生接受传统文化价值熏陶、精神感染和观念影响。

（四）以制度为抓手

不以规矩,不成方圆。制度的作用不言而喻。制度是学校成文的规范,规范是学生内心的制度。学校不仅要把制度建设作为有形抓手,保障和促进德育工作,还要把制度建设作为无形责任,引导和约束行为规范,在此基础上,让制度成为一种文化,体现为规章制度、管理条例和行为准则,植根于办学理念、文明习惯和精神风貌。

二、加强师德师风建设

教师是塑造人类灵魂的工程师,要为青少年扣好人生的第一粒扣子。因此,学校应当加强师德师风建设,培养"四有"好老师,引导教师以德立身、以德立学、以德施教、以德育德,当好学生的引路人。

（一）秉承师德传统

道德是中华文化的根基。《左传·襄公二十四年》记载:"太上有立德,其次有立功,其次有立言。"儒家尚"仁"、道家归"真"、佛家至"善",共同构成了中华民族文化传统和思想特质。而人是文明赓续的因子,正如《管子·权修》所言,"十年之计,莫如树木;终身之计,莫如树人"。几千年来,中华文化重视施"仁政"、崇"礼术",中国教育坚持育"仁德"、善"教化",把道德作为文明的基因,代代相传。

（二）厚植文化根基

习近平总书记强调："做好教师，要有道德情操。"成为好教师的过程，既是不断提高道德修养的过程，也是积淀传统文化的过程。在这个过程中，教师要懂得明辨是非、分清善恶、区别美丑，引导学生明大德、守公德、严私德，成为学生的学习榜样和行为示范。这就需要教师从优秀传统文化中汲取精神养分，感悟道德力量，丰富道德体验，深化道德认知。学校引导教师通过参加培训和自我研修，如"西藏自治区全区教师师德师风网络培训""全区教师思想政治水平提升网络全员培训"，循序渐进地增加读书数量，提高育人质量，促使教师形成价值观念、修炼人文情怀、陶冶道德情操、提升人生品格。

（三）注重课程育人

课堂不仅是增长知识的场所，还是生成文化的地方。无论是抽象的数学运算，熟练的语言能力，还是艰辛的实验探究，都离不开求真的学习态度、向善的社会责任和审美的道德情怀。这就需要各科教师认真传授知识、全员提升素养、全程以德育人。尤其是思想政治课教师"政治要强、情怀要深、思维要新、视野要广、自律要严、人格要正"，为学生树立有信仰、有理想、有担当、有情怀的榜样。学校还开设了锅庄舞蹈、唐卡绘画、藏戏艺术、棋类、牌类等社团课程，在生动活泼、形式多样、内涵丰富的课程教学中传承文化，传播文明。

（四）加强心理辅导

生活的困难容易克服，心理的症结难以解开。随着年龄增长，青少年学生或多或少存在身心困惑和问题，表现出一定的行为障碍和心理缺陷。学校要致力于培养青少年健康的心理品质、健全的心理素质和健强的心理潜质，为他们今后的幸福和谐生活奠定基础。学校通过普及心理健康知识，把心理健康教育贯穿教学活动全过程；通过开展专项心理健康教育，最大限度地预防学生可能出现的心理问题；通过心理辅导，及时识别并解决学生成长中的心理问题，帮助学生学习心理调节方法，掌握心理保健技能。中高考前夕，学校多次举办心理讲座，为考生复习备考保驾护航。

（五）提倡依法执教

依法执教是指教师依据法律法规履行教书育人的职责。这是依法治国的必然要求，也是依法治教的重要内容。学校不定期组织教师学习《中华人民共和国宪法》《中华人民共和国教师法》《未成年人保护法》《中小学教师职业道德规范》

等,引导教师在法律法规允许的范围内进行教育教学活动,做到"从心而不逾矩",鼓励教师运用法律手段保障和维护自身合法权益,积极学习法律知识,增强法律意识,形成法治观念,具备依法执教能力,提升职业道德水平。

三、提升学生道德素养

《未成年人思想道德建设实施纲要》从我国的历史和国情出发,要求我们以为人民服务为核心,以集体主义为原则,以爱祖国、爱人民、爱劳动、爱科学、爱社会主义为基本要求,进行道德教育。学校可以从三方面着手。

（一）开设德育课程

学校要以此为依托,持续深化社会主义核心价值观宣传教育,加深认识,增进认同,以社会公德、职业道德和家庭美德引导青少年正确道德认知、重视道德自律、自觉道德养成、积极道德实践,教育青少年辨是非、晓廉耻、知荣辱,形成好思想、好品行、好习惯。

（二）积极道德实践

实践是道德认知的来源,也是道德发展的动力。学校通过以下几类活动开展德育:(1)校内组织活动,如加强共青团教育、依靠学生会组织;(2)校园文化活动,如校园艺术节、阳光体育节、科技发明节;(3)社区实践、志愿服务和礼仪活动。学校加强文化育人,增加学生德识;丰富文化活动,增强学生德行;推进文化传承,增进学生德性。

（三）养成文明习惯

文明是学校的软实力,也是学生的硬素质。立德树人就是树有德人和文明人。学校管理主要体现在三方面:(1)美化的校园,做到干净卫生,人人爱护环境,处处生机盎然;(2)序化的行为,教学秩序井然,生活作息规律,日常行为文明,同学互帮互助,师生互敬互爱;(3)净化的心灵,校园充满书香,生活充满阳光,人生充满梦想,让每一个人都是影响他人的正能量,让每一个人都是激励他人的好榜样。

四、运用激励机制

在德育过程中,为了实现主客体之间的知识传递、信息作用和效果反馈,需要运用激励机制,强化德育效果。青少年正处于人生拔节孕穗期,道德认知需求度高,道德行为可塑性强。学校应加强需要调控,引导青少年在价值观多元的道德冲突中,严格自律、保持自尊、努力自强。学校可以通过评选三好学生、优秀干部、优秀团员、文明班级、文明宿舍等,引导教育学生坚定信念、振奋精神、实现梦想。

五、结语

虽然德育工作取得了一些实效,但学生的核心素养仍要在课程教学中培育,学生的文明习惯仍要在课外活动中养成,学生的行为规范有待在日常生活中强化。学校管理是一项系统工程,既要理论指导,也要实践把握;既要全面落实,也要重点突破;既要充实内容,也要丰富内涵。学校应着力培养社会主义事业合格建设者和可靠接班人。

参考文献:

[1] 李波明.新时期基于立德树人的学校管理策略研究[J].领导科学论坛,2018(4).

[2] 朱益明.当代学校管理的价值取向探析[J].复旦教育论坛,2003(6).

[3] 张莉.高校立德树人根本任务的实现路径研究[D].东南大学,2017.

[4] 王海丹.高校立德树人实现路径研究[D].江西师范大学,2018.

理念引领　行思结合

——如何优化学校内部管理

昝光云
（云南省师宗县五龙民族中学）

作者简介：昝光云，毕业于南京师范大学教育学专业，曾获得市县"十佳辅导员""优秀教师""教师教育先进个人""先进教育工作者"等荣誉称号，现任云南省师宗县五龙民族中学党支部书记、校长。

我从一名普通教师到班主任到中层干部到学校主要领导，从小学到中学，从事农村基础教育教学工作多年，有收获，有喜悦，也有疑惑，有思考。2019 年，我有幸参加了沪滇对口的"云南省义务教育阶段学校校长管理能力提升研修班"的培训，学习收获甚多、感悟颇深。校长作为学校管理的中心，该如何管理好一所学校？结合此次培训和平时的教育教学工作，我进行了一些思考。

一、注重班子建设，引领教师学习提高

学校要发展，教师是关键，一是要有凝聚力高、服务意识强的管理队伍，二是要有教育理念超前、业务素质过硬的教师团队。

（一）加强领导团队建设

没有好的领导团队，任何单位都难以发展。我校行政领导率先垂范，从不脱离课堂，与教师比业绩，与教师比付出。干部与教师风雨同舟，同甘共苦；教学工作挑重担，教学研讨当标兵；管理学生走在前，服务教师用真心，形成了一个榜样型的领导团队。领导团队成员坚持做到学习经常化、廉洁自律化、办事效率化、决策民主化、关系和谐化，增强了集体凝聚力、战斗力、公信力、亲和力，给广大师

生树立了可直接效仿的标杆,为学校发展提供了强大的支撑力。

(二) 强化学习研讨,促进教师队伍发展

一是加强教师职业道德建设,坚持开展"三爱三养"教育活动(即"爱岗敬业、爱校如家、爱生如子"和"道德修养、理论修养、专业修养"),积极引导广大教师形成"敬业博学,合作共赢"的教风。二是经常举办师德演讲比赛,通过师德标兵、模范班主任、教学能手的评选活动来促进教师的发展。三是注重教师培训和对外交流学习。我们先后组织教师到过很多学校交流学习。为督促教师认真参加上级举办的各类培训,学校对优秀学员进行奖励。教师通过交流和培训更新了观念,提高了综合素质,为课堂教学注入了活力,学校的内部管理效能也提高了。

二、注重制度建设,做到事事有章程

学校要用科学的制度管理人、激励人。管理制度是依法治教在学校管理中的具体体现,健全的学校管理制度可以促进学校对教师科学化、规范化和法制化的管理。要想实现科学化管理,就应建立并完善既适应学校教育发展,又符合学校实际情况的各种管理制度。而完善的规章制度体系只有得到认真贯彻执行,才能在实际工作中发挥作用。要想能执行下去,制度内容就应具体,可操作性强,易执行,同时要充分考虑其长效性和广度,使其涵盖学校的方方面面,杜绝朝令夕改,做到令行禁止,通俗地说,就是要让我们的学校管理有具体条框可依,执行起来有明确的尺度。师生可以通过规章制度规范自己的行为。学校可以用制度保障教育教学有序进行,用制度促进教师积极教学,用制度强化学生管理,用制度强化环境治理。形成学校章程之前,学校主要领导要熟悉国家、地方的教育法律法规,组织教师代表讨论,并参考其他学校的相关资料,本着以学校学生发展为本、以人为本的原则,修订、完善学校制度。我校制定了以教学管理、教师管理、学生管理、总务管理等为纲目的系列制度,形成了《五龙民族中学制度汇编》。评价考核时政策要向班主任倾斜,向一线教师倾斜,把"重过程、看结果、讲付出、比质量"作为学校评价的基本价值取向,极大地调动广大教师的工作积极性,增强办学活力。

三、抓实教学中心,全面提升教育质量

当前,教育竞争十分激烈,生源大战不断升级。家长对优质教育资源的需求

明显增强,教育市场正从学校选择学生转向学生选择学校,学校教育质量成了留住生源的硬指标,农村初级中学的生存压力越来越大。我校主要采取以下措施全面提升教育质量。

（一）抓实教学常规,注重过程管理

学校工作最终落脚点就是教育质量,我们始终坚持教学中心地位不动摇,抓实教学过程管理。学校对教师备课、作业批改、课后辅导、听课学习等进行严格的要求和检查。教师听课必须真实,有听课记录,每听一节课教务处都有记录,教务处经常巡课,并建立了常规教学登记档案,规范教师的课堂教学行为。学校定期开展"学生评教"活动,关注教师的课堂教学效果。该活动由主管教学的副校长主抓,教研室负责具体实施,采取问卷、座谈等形式,由学生对教师的教学情况进行评价,提出自己的要求和希望。结合学生评教结果,表扬和奖励最受学生欢迎的教师。对评教中发现的问题,教务处及时反馈给教师本人,要求教师针对学生的合理意见修正自己的教学行为。这些举措有力地提高了课堂教学效果,增进了师生间的了解。

（二）重视毕业班教学管理与研讨

初三年级是学生在初中阶段的最后一年,关系到他们能否平稳顺利迈向下一阶段,甚至关系到他们未来的人生走向,因此,毕业班级的管理工作成为中学管理中的重要部分,学校对此高度重视,采取了多项措施。一是每年专门成立毕业班工作领导小组,每位成员蹲点到班,与班主任一道,以班为家,随班听课,全面关心学生,并针对不同层次的学生,主动找他们谈心,了解并帮助他们解决生活、学习中出现的问题,持续鼓励他们,帮助他们排解心理上的苦闷,养成热爱读书的良好习惯。二是学校形成教学质量奖励机制,把各层次硬指标按比例分解到各班级。三是定期召开毕业班教师会、毕业班班主任专题会,对毕业班出现的各种问题进行集体诊断,及时采取有效应对措施,加强关于复习教学方法的经验交流,协助教师整体把握复习教学思路和方向。四是注重初三年级学生的思想教育、心理疏导和纪律管理。学校借助班会、座谈会、国旗下讲话、中考誓师大会等机会,对学生进行有针对性的思想教育,引导学生端正学习态度。同时,学校严格管理毕业班学生的学习和生活作息,为其创设良好的学习和生活环境,收到了较为理想的效果。

（三）扎实推进学科竞赛、教学研讨工作

我校每年定期开展包括音、体、美在内的学科竞赛活动，通过竞赛培养学生的竞争意识，激励学生上进。为激发教师钻研业务、投身教研教改的热情，学校设立了教研成果奖，对教学比武表现良好、指导学生成绩优异的教师，给予精神和物质上的奖励，同时，开展各类教师教案设计、课件制作和教学反思评选活动，提升教师的课堂教学能力，激发教师的工作热情，有力地促进了学校教育质量的提高。

（四）注重学生培优辅差工作

对于学生培优辅差工作，我校实行专人结对负责，促使学生各科平衡发展，全面提高素质。对学有余力的优秀学生，学校分年级分科目成立了兴趣小组，安排专任教师利用每周星期二、星期五下午活动课时间进行培训，以培养尖子生。

四、抓细行为规范，促进学生良好习惯养成

学校确立了"守则、尊重、感恩"的学生德育核心理念，并围绕此理念，坚持不懈地开展教育活动。

（一）抓好"三个三"教育活动

一是抓"三个好"教育，即在校做好学生、在家做好孩子、在社会做好少年。二是抓"三个习惯"教育，即学习、生活、行为习惯。三是抓"三全育人"体系，即全员、全方位、全过程育人。

（二）榜样引领，环境育人

我们坚持对学生开展礼仪、礼貌、礼节"三礼"教育活动，在全校开展校园之星、文明班级、温馨寝室评选活动，弘扬正气，树立优秀典型，引领学生养成良好的行为习惯。我们积极开展新生入学养成教育，对染发烫发、乱丢乱扔垃圾等现象有针对性地进行教育，严抓规范训练，加强检查、评比，如对学生寝室每天一次小检查、每周一次小评比、每月一次大评比，并纳入年级组、班级工作考核，要求每个寝室墙壁和物品做到"三面光八条线"，促使学生养成自觉整理寝室内务和自主管理的良好习惯。

（三）以文体活动为载体，提升学生的综合素养

学校每年举办一次体艺节活动，体艺节活动内容广泛，包括书法绘画、手抄

报比赛、普通话演讲赛、趣味运动会、乒乓球单项赛、拔河比赛、文艺比赛等。学校每周精选一首好听且富有教育意义的歌曲在课前播放给全校学生学唱,陶冶学生情操。每天的大课间体育活动(含体操、篮球、排球、跳绳)成为我校一道亮丽的风景线。这些活动的开展对学生良好习惯的养成起到了潜移默化的作用。

五、抓好安全后勤,确保教育教学工作有序开展

学校按照"广泛宣传、注重教育、明确责任、强化监管"的工作思路抓实安全工作。

(一) 加强宣传教育,提高安全防范意识

学校经常利用集会、校园广播、宣传栏、家长会等进行安全教育宣传,定期开办全校性的安全知识专题讲座,组织形式多样的安全知识竞赛、疏散演练活动等。

(二) 全员参与,做到安全工作齐抓共管

一是分解、细化安全工作,形成有效的安全管理网络,成立以校长为组长的安全工作领导小组,由支部副书记分管,政教处直接负责。二是建立健全以一岗双责为核心的责任体系,层层签订安全责任书,把安全责任落实到具体的责任人及责任环节。三是加强安全防范设施建设,校内安装监控设备,组织成立护校队。

(三) 健全制度,营造安全环境

近年来,我校不断完善各种安全制度,使安全管理工作有规可依。我校形成了《学校安全工作管理办法》《学校安全隐患整改制度》等一整套安全工作制度,定期对校内各设施进行安全排查,发现问题及时整改。

(四) 强化后勤管理,保障教育教学活动

一是选配了具有高度责任心的后勤管理人员。二是建立健全财务管理制度,坚持"一支笔"批字原则,成立了财产清算小组,邀请教师代表参加,对学校财务实行每月一小清,每学期一结算,力求做到公开、透明。三是做好校产校具的管理工作,所有校产都要建立账卡或登记簿,分门别类登记造册,做到手续完备,账目清楚,杜绝流失和浪费现象的发生。四是建好物资购买台账,加强物资进出监管,确保师生饮食安全。

六、注重过程反思，不断完善优化

反思是学校管理中的关键要素，能使管理者更加睿智、充满管理智慧。我在学校管理过程中不断地开展自我反思。一是反思自己平时的师表形象，包括一言一行、一举一动。二是反思自己的为人处世、待人接物。三是反思自己一日、一周、一月乃至更长周期的日常管理工作。四是反思学校管理制度在制定、执行过程中的每个细节……只有认真反思，才能知得失对错，才能明事理知轻重，才能知自己晓别人，才能优化学校管理！

立足精细管理　打造幸福校园

叶声国

[江西省上饶市广信区职校(综合高中)]

作者简介:叶声国,中共党员,中学高级教师,大学本科学历,现任上饶市广信区职校(综合高中)校长,被评为上饶市广信区德育工作标兵、教育工作先进者、先进教育个人、优秀校长,被誉为上饶市广信区"最美校长"。

根据上饶与上海的"上上合作"框架,2018年,我有幸参加了赴上海的暑期校长能力提升班,通过一个阶段的脱产学习,深入了解和学习上海学校教育与管理的先进理念。经过学习,我对学校制度化管理、养成教育、高效课堂、引领式教学等有了更为深刻的认识。这次学习为我校教育教学质量的提高、管理模式规范化提供了科学的理论指导和实践经验借鉴。结合此次培训所得、所思,我立足本校实际情况,把理论学习和管理实践有机结合,力求使学校工作更好地适应新形势下教育教学发展的新变化和新需求。

一、立足精细管理,提升治校水平

学校发展重在管理。先进的办学治校理念、科学的管理方法、高超的管理水平能够促使学校健康、持续、快速和高质量发展。

(一) 坚持依法民主治校

学校的改革与发展需要正确的决策,而正确的决策离不开利益相关者的参与,因此必须民主决策,即充分发扬民主基础上的有效集中。我校规章制度制定与修改、重大事项的决策等,均以教研组为单位,让教师充分酝酿讨论,集思广益,以文字形式上报分管领导,在校委扩大会议上经过充分的讨论研究,以草案的形式下发至各教研组,经各位教师的再讨论、反馈,以草案修改稿的形式上报校委会,并召开教师代表听证会充分论证,最终在教师代表大会上表决通过。依法决策、民主管理的工作机制,为教育改革与发展创建了和谐的环境。

（二）坚持过程管理六步走

学校向管理要质量,只有科学管理才能提高工作质量和效率。管理者不仅要运用科学管理的原理,健全管理制度,还必须使管理过程规范化、程序化。我们根据学校的实际,从提高教育教学质量和发展的高度来思考,形成了"方案—布置—检查—量化—奖惩—总结"六步走的管理思路。学校提出"有制度不执行等于零、有会议不落实等于零、有方案不检查等于零、有结果没奖惩等于零"的口号,有效地减少了工作中的随意性和盲目性,避免了不负责的相互推诿,有利于各级各部门领导者通过反馈,了解管理工作进程,提高工作质量和效率。

二、立足精细管理,提高教师幸福指数

学校的发展,教学质量的提升,均离不开高水平的教师队伍。学校始终把提升教师的幸福感、获得感、归属感摆在重要的位置。因为,只有幸福的教师,才能提供幸福的教育,才能创造孩子的幸福生活。学校树立以教师为中心的支持与服务理念,采取各项措施,精细化各项管理,着力提升教师的专业水平和幸福指数。

（一）支持教师的专业成长,让教师更用心

教师的专业成长是学校内涵发展的核心,也是教师幸福感的源泉,我校主要采取三方面措施,有效促进教师专业成长。

1. 三个促进——以考促学、以赛促练、以评促教

学校定期开展全体教师解题大赛,严格按照高考标准,让教师"下水"考试,以此促进教师对知识点、考点、重难点的把握;通过现场教案设计比赛、微课制作比赛、录像课比赛等,搭建评比和交流平台;以区、市优质课比赛为契机,通过丰富多彩的教研比赛活动,切实提高教师的课堂教学能力;采用教研组评价、教师自评、教师互评、学生评价等多元评价方式,促进教师不断提升专业素养。

2. 四个带动——以点带面、以老带新、以学代奖、以行促德

学校开展"教坛新秀评选""骨干教师评选"等活动,表彰先进,树立榜样,以典型带动全员整体发展,形成专业发展的浓厚氛围;通过"青蓝工程"进行师徒结对,以老带新,实现优秀传统和经验的传承;结合"青年教师培养计划",形成青年

教师个性化的培养方案;对在教学和班主任工作中表现突出的个人以外出学习的形式给予奖励;以"读书活动""户外教研"等多种形式推进师德师风建设,凝聚人心,振奋精神。

3. 四个过关——过思想关、过功底关、过教法关、过教材关

学校实行青年教师过关制,由校长室、教导处、德育处、教研组协同策划推进,并组织评委会依据教师的行为表现和教学成绩等,对青年教师进行业务技能评价。根据学校要求,教龄在三年以内的青年教师需要每年做到"六个一",即每周听一节课、每月上交一份优秀教案(由辅导教师审查签字)、每学期独立出一份试卷、每月上交一篇教学反思、每月上交一篇教学随笔、每学期撰写一篇教学方面的论文。每学年结束前,每位青年教师需要上交"六个一"的总结材料。教务处、德育处定期召开青年教师座谈会和青年教师工作汇报会,定期组织青年教师培训会,对青年教师进行专题培训,确保每位新进教师都能高质量完成"四个过关"目标。

(二) 营造和谐的同事关系,让教师更舒心

我校致力于打造"家"文化,倡导"一切从工作出发,一切以学校为重,替别人考虑"的理念,让学校成为充满文化品位和精神感召力的地方,成为教师幸福工作和生活的摇篮。学校引导教师融入团队,树立大局意识,善于与同事合作;营造互帮互学互敬的氛围,增进教师间的感情;引导教师消除负面情绪,真诚接纳自我,不怨天尤人,不斤斤计较;提倡同事之间相互认可、赞同、欣赏,真诚对待同事善意的提醒和友善的帮助,坦然面对工作中的得与失。

(三) 开展丰富的业余活动,让教师更开心

学校通过开展一系列活动,丰富教师生活,如开展趣味运动会,举行拔河、"歌声献给党"大合唱、"我的育人故事"演讲等各类比赛;鼓励教师参加区域竞赛活动,如组织教师参加全区教育系统篮球赛;定期开展读书、教学沙龙、棋类、球类活动;为过生日的教师举办集体庆生活动……丰富多彩的活动愉悦了教师的身心,大大提升了教师的幸福指数。

三、立足精细管理,创新德育实践

《皇帝内经》认为"通则不痛,痛则不通"。学校致力于打通学生"认知—实践—鉴赏"的渠道,着眼于培养学生的好思想、好心态、好习惯,提出了"行为德

育"的新理念。

(一)民主参与班级管理——做班规的缔造者

著名教育家斯宾塞认为,教师的管教目的应该是培养一个能够自治的人,而不是一个要让人来管理的人。学生是班级的主人,是班级各项规章制度的制定者。

首先,明确班规的意义。先向学生讲述班规具有可操作性、互制性、灵活性,在德育处及班主任的组织和指导下,全体学生认真学习《中学生行为规范》和《上饶市广信区综合高中学生行为规范》。其次,全体学生参与,让每个人都成为"立法者"。主要通过学生广泛的讨论,征集"金点子",然后形成本班班规、班级荣辱观、寝室公约等,使学生认识到不是教师在管自己,而是自己约束自己,这样制定出的行为规范具有很强的针对性和实效性。最后,强调班规面前人人平等,充分发挥班规的引导和调节作用。学生参与规范的制定与实施,既体现了学生的民主参与,又调动了学生的积极性,形成了"人人立法,人人遵守"的局面,取得了良好的效果。

(二)定期召开恳谈会——做学校的主人翁

学校定期举行校领导与学生代表恳谈会。校领导向学生代表介绍学校发展建设的相关情况,并征询大家在日常学习、生活中的困难和需求。学生代表畅所欲言,从校园管理、教育教学、学习环境等方面畅谈自己的想法,并积极为学校发展献言献策。师生互动共话发展大计的形式,能使学生发扬主人翁精神,积极参与校园治理。校领导积极回应学生代表的意见和建议,会后逐一分析落实。师生恳谈会作为学校听取学生意见的重要途径,今后将长期坚持开展。

(三)召开重大违纪学生处理"听证会"——做法治的维护者

有专家认为,价值辨析的过程就是自我教育的过程。学校对重大违纪学生处理前,会召开"听证会"。在有申辩机会的"听证会"上,当事人可以陈述自己的想法,他所在班级的学生、教师、学生家长都可以参加"听证会",共同探讨是否应该处罚、如何处罚的问题。传统的处罚方式,忽略了学生本身具有的自我教育能力。而召开"听证会"的过程,是一个价值辨析的过程。在这个过程中,学生不断接受是非观念的冲击,最终形成主流价值观。这就是一个自我教育的过程。

（四）养成教育显成效——做合格的公民

1. 让朴素成为校园流行色

随着自我意识的觉醒和社会价值观的影响,高中生会更多地关注自身的衣着外表。学校以班会、集会、广播、橱窗、板报为阵地,引导学生发现美、欣赏美、创造美,提升学生的审美能力,使学生树立正确的审美观。学校通过行为规范引导学生树立正确的价值观,杜绝在学校出现男生留长发、穿奇装异服、佩戴首饰、涂脂抹粉等现象。

2. 让排队成为一种习惯

集会排队、就餐排队、乘车排队、上功能课排队,楼内行走慢步轻声,操场活动不追逐打闹,井然有序、文明礼让已成为学校的一道亮丽风景线。学校通过多种形式的教育,使学生养成自觉排队、讲究秩序的习惯,让秩序意识渗透到每个人的生活中,内化为一种行为自觉。

3. 让铃声成为文明的信号

学校的日常教学和生活活动,离不开铃声的引导。我校作为全寄宿学校,铃声的指引功能尤为重要。上课、休息、活动、自习、集会、就餐等学生校园生活,均以铃声为信号。因此,学校以培养学生的铃声意识为抓手,要求学生正确理解、准确执行铃声的指令,逐步形成规则意识,培育学生良好的公共行为意识。

（五）延展思维实践探究——做幸福的志愿者

在校团委的领导下,我校活跃着这样一支队伍——青年志愿者服务队。他们本着"奉献、友爱、互助、进取"的志愿精神,以"奉献社会、服务他人、锻炼自我"为宗旨,积极投身创建校园精神文明和社会志愿服务活动,多次开展各具特色、丰富多彩的志愿者活动,取得了一定的成绩,成为我校德育工作中一道亮丽的风景线。在志愿者服务队的引领下,学生逐步形成"成才在校园,奉献在社会"的共识。

（六）情境体验活动参与——做正能量的维护者

学校开展的丰富多彩的主题德育活动,是落实德育内容、实现德育目标的重要载体,是展示德育成果的重要平台,更是学生基本素质提升、良好品德养成的重要途径。我校结合传统节日,组织了祭扫、演讲、征文、班刊评选等活动;联合相关单位,组织了演习、宣讲、校外实践等教育活动;邀请消防官兵、人民法官、蓝天救援队等进校园现身说法;开展了禁毒知识竞赛、国防教育、预防传染病、防溺水、防恶劣天气、食品安全、网络安全等教育,建设平安校园;开展了爱国、感恩、亲情、公德、勤俭、环保、诚信、责任、礼貌等系列主题班会教育,取得了良好效果。

（七）发现美,鉴赏美,创造美——做最美的中学生

学校通过评选"最美班级""最美寝室""最美学生""最美志愿者""最美值周生"等一系列活动,引导学生发现美,鉴赏美,创造美,增强了学生分辨是非善恶的观念,提高了班级的凝聚力,创建了温馨和谐的校园环境,树立起良好的班风和学风,形成争做文明学生的良好氛围。

走进新时代,站在新起点,人民群众对优质教育的渴求,对教育公平的关注,对教育质量的全面要求,比以往任何时候都更加迫切和强烈。上饶市广信区职校(综合高中)不断创新思维,深化改革,坚持精细化管理理念,提升管理水平,助力教师专业成长,创新德育实践形式,努力办好人民满意的教育。

优化学校内部管理体系 促进学校管理整体育人

李世波
（贵州省遵义市新蒲新区白鹭湖小学）

作者简介：李世波，高级教师，贵州省遵义市新蒲新区白鹭湖小学党支部书记、校长，遵义市政协委员、遵义市巾帼标兵、遵义市名师、遵义市高端领军人才校长班学员、遵义市首批"金种子"校长班学员。

在全球化、信息化时代，学校正面临诸多机遇与挑战，管理封闭、课程单一的校园已经无法适应瞬息万变的时代。为了适应时代的发展，培养具有创新精神的人，学校要不断变革，从内部管理进行优化，抓住重点工作推进学校整体改革，实现学校管理整体育人目标。

一、科学分析现状，共同制定发展目标，为学校长效发展奠基

学校的办学发展目标和办学价值理念决定了学校未来的发展，明确而深厚的发展目标和价值理念能够引领学校课程建设，改进教与学等关系。学校现有的办学价值理念能否引领学校面向未来，成为每一位教师的行动指南，成为学校的常态，是每一所学校站在新时期不可回避的问题。我们在哪里？我们到哪里？基于问题，我们重新审视了对学校的既定认知，科学分析现状，克服瓶颈问题，调整学校治理结构，站在高处重新精准定位学校，用明确的方向引领学校发展。

学校发展目标如果只由专家和校领导进行顶层设计，容易在实践运用中出现价值理念的偏离和错位。只有让教师参与、共同设计，从工作实际出发共同把脉诊断学校问题，全方位梳理学校办学现状，发现学校存在的问题，明确定位学校发展的目标与特色，集思广益，群策群力，他们才能对学校、学生、教与学的关系等产生新的认识，增强归属感。这客观上增强了学校价值理念的底蕴和力量，

让学校发展目标更好地回答"面向未来,学校和教师应当承担怎样的责任和使命"这一问题。

二、优化管理模式,激发管理内驱力,营造学校教育发展新生态

学校以育人为核心,学校系统优化的目的是更好地管理育人,激发学校的活力,使教育科学化、教学效益最大化。传统管理体系行政色彩浓厚,科层管理分工清晰、责任明确,这种德教分离的育人模式虽保障了学校的稳步发展,却容易使学校陷于僵化的模式,信息层层减少,部门交互缺乏积极性,学校失去创新的动力和活力。为此,学校重新梳理各部门的职责、规章制度、管理权限,优化学校的管理模式,努力实现校长少"管"多"理",激发师生自我成长的内驱力,使各职能部门共同承担学校的建设发展责任,形成更加丰富多彩、积极向上、健康发展的学校网络。

学校管理重构背后隐藏着学校发展目标,如何在学校创设开放、互动、生态的环境,围绕整体育人重构学校管理体系? 首先应理清三方面内容:(1)全面形成整体育人的格局,管理层要适当放权;(2)管理民主,人人成为管理者;(3)以生为本,让儿童站在学校整体构架的中心。基于以上思考,学校内部采用了扁平化组织机构建设,把原组织机构分成三大板块:(1)学校职能机构,包括学生发展部、教师发展部、课程研管部;(2)日常基本管理机构,即年级部;(3)特色发展中心、文化宣传中心、后勤服务中心。第一板块和第三板块为实现教学效益的最大化服务,第二板块是学校日常工作中最核心和基础的级部,关系学生的学习和生活,对日常的教育教学直接负责。各板块之间相互协作,把育人落实到了每个人身上,用广阔的视野,优化内部管理,构建更加和谐开放、创新发展的学校环境。

学校的管理层是引领者而不是下令者,是促进发展者而不是制约者,要为学校的发展明确路径。学校内部管理模式的优化,让教师拥有更多的权利,发出更多的声音。在教育教学中,师与生、师与师共同成长,也推动着管理层的完善,在校园内形成互学、互促、沟通、流动的关系,勾勒出校园合作共赢的新图景。

学校管理体系是学校各项工作的重要纽带,关系着学校工作的各个层面、各个环节、各相关方等。在教育发展深化改革的背景下,我们运用现代管理理念和手段,重构学校管理体系,重构学习关系,让学校人人都是参与者和管理者,建立有效互动、民主、科学高效的决策实施体系,为学校整体育人提供强有力的支撑和保障。

三、精准发力,激发创新能动性,形成管理育人新高地

学校工作千头万绪,事事皆重要,因此,学校的管理团队必须基于实际情况,立足学校的整体发展与育人目标,以"立德树人"为根本任务,理清管理思路,调整部门管理职能,走精细化管理之路,确保部门管理切实有效,并能持续精准发力,自主完善管理职能,实现创新管理。各教职员工能做到管理育人精准对标,且教师能充分发挥自己的主观能动性,创新工作方法,融入学校的有效管理育人之中。校长、职能部门、教职员工有机结合,共同参与,整体育人。

学校管理育人工作的主体是教职员工,他们是一个个有着自己独特思想感悟、情感体验、个性特征的活生生的人。从心理学角度分析,每个人都渴望在工作中实现自己的价值,彰显自己的才能,获取他人的认可。因此,学校管理者应深入教职员工的内心世界,激发教职员工的内驱力,促使教职员工精准发力,提高学校管理育人的实效。

学校管理育人,归根结底是行为的引领、习惯的示范。要实现管理育人,就必须调动人的思想、态度、行为,从尊重他人出发,了解教职员工的内心需求,找准挖掘所有教职员工潜能的有效途径,充分融入所有教职员工的思想与行动,切实推进学校管理育人工作。

校长、职能部门、教职员工精准发力,持续前行,能使学校管理育人实现一定的目标,达到一定的高度,但却不是真正的整体育人。学校应立足实际,发挥学生群体的作用,聆听他们的声音,让他们从台下走到台上,实现自身价值,以学生的行动影响学生的行动。

学校办学应遵循教育规律,融入社会资源和家庭资源,因为社会是学生成长的大环境,家庭是学生成长的港湾。学校育人,不能局限于学校内,更应充分挖掘、整合校外教育资源,走出校园,走向社会,形成"大空间"共同体,从而形成学校管理育人新高地。

四、聚焦课堂改革,创新课堂模式,创建管理育人新空间

学科整合是新时代教育发展的必然要求,是有效促进学生素质提升的基本途径。学校管理,尤其是课程管理,是有效实现整体育人的根本途径,能够彰显课程价值。学校必须依据国家课程标准和本校特色,以培养学生核心素养为根本,创建能够促进学生整体发展的课程体系。该课程体系既要体现国家教育方

针的要求,又能促进学生个性发展,既关注学生学业发展,又关注学生未来学习与生存能力的培养。我校充分挖掘和利用教师资源,开设学生艺术修养走班课程,让学生利用社团活动、课外活动时间,学习自己喜欢的艺术课程(书法、绘画、剪纸等)。学校通过教师指导、同伴合作、校外实践等活动,开阔了学生的视野,提高了学生的艺术修养,培养了学生的合作意识等。

有教育管理者指出,学校应坚持内涵发展,把质量作为教育的生命线,坚持回归常识、回归初心、回归梦想,深化基础教育人才培养模式改革,掀起"课堂革命",努力培养学生的创新精神和实践能力。

学校管理育人的最终落脚点是对教育的关注与重视,重视教育就必须重视课堂,重视课堂就必须重视学生,以现代课程观关注学生未来的生存与发展。传统课堂模式的转变势在必行,师生的角色定位迫切需要转变,学校应致力于把课堂还给学生,以课堂为平台,给学生搭建舞台,充分调动学生的学习激情和学习潜能,让课堂迸发出智慧的火花,打造师生人人参与的合作课堂,激发学生学习的内驱力。

我们建议从以下几方面改进:(1)课堂组织方式变革,以教师共同发展为目标,形成教师共同体,创建合作共赢的教研文化,形成学科共同体,构建师生合作学习的课堂文化,形成师生共同体;(2)课堂组织实施方式变革,创建小组合作学习模式,综合考虑学生能力等因素,组建学习小组,引入小组学习竞争机制,引入家庭参与机制,充分激发学生自我发展的内驱力,创建师生、生生、生本之间的课堂对话,实现学生个性化的深度交流;(3)课堂教学方式变革,以学生的综合发展为目标,既关注学生的现在,又关注学生的未来。

学校管理育人,重在调动一切积极因素,促进学校内涵发展,引领师生共同成长,满足学生未来发展需要,为学生的终身发展奠定基础。学校管理育人既关注学生的现在,又关注学生的未来,使课堂改革从传统走向未来,从课堂走向课外,从学校走向社会,从教室走向大自然,使学校的每一面墙壁、每一个角落都发挥育人功能,把课堂的生成引入大自然,创设大自然课程,让学生行走在蓝天、白云下,在大自然的课堂中锤炼本领,提升创新能力。

五、构建管理育人体系,提升生命价值,助推管理育人新境界

学校管理育人始终遵循"以人为本"的原则,充分发挥人的主观能动性,充分彰显人的生命价值。

学校的管理服务于师生,向家庭和社会辐射,学校的发展离不开家庭和社会的共同努力。我校从后勤管理、安全防范、活动设计、课程开发与实施入手,积极建构体现人的生命价值的管理育人体系。

学校管理育人,致力于学校、教师、学生的共同发展,致力于学校品质的提升和文化内涵的形成,致力于文化育人体系的形成。马克思在《关于费尔巴哈的提纲》一文中指出:"人的本质并不是单个人所固有的抽象物。在其现实性上,它是一切社会关系的总和。"因此,构建文化育人体系是学校管理育人的最高境界,其要素在于充分整合各种资源,有效发挥学校、家庭、社会的作用,有效构建学校育人的灵魂,体现学校育人的精髓,以体系的建构塑造人的灵魂,以体系的建构塑造人的价值。

社会发展转型、教育发展变革必然带来学校管理模式的重组。在云计算、大数据、虚拟现实、人工智能等现代教育背景下,我们从学校的实际出发,遵循教育规律,以科学的理论、超前的眼光构建管理模式,让管理彰显应有的价值,让管理富有内在的生命力。从管理到精细化管理,从精细化管理到管理育人,从管理育人到管理体系育人,我们相信每一个个体的力量,释放每一个个体的潜能,整合创新资源,打破空间范畴的制约,形成管理共同体和育人共同体,实现教育管理的整体育人。

参考文献:

[1] 张雷.中小学校长领导力问题探析[J].教育发展研究,2014(15-16).

[2] 李雯.学校管理从何入手[M].上海:华东师范大学出版社,2013.

[3] 骆郁廷,郭莉."立德树人"的实现路径及有效机制[J].思想教育研究,2013(7).

[4] 程晋宽.论知识经济时代从学校经营到学校领导的角色转变[J].外国教育研究,2014(1).

办家门口的好幼儿园

杨　玲

（重庆市万州区上海飞士幼儿园）

作者简介：杨玲，土家族，中共党员，毕业于万州幼儿师范学校，重庆市骨干教师，万州区幼儿教育先进个人，中小学一级教师，现任重庆市万州区上海飞士幼儿园园长、书记。

近年来，上海提出了"办家门口的好幼儿园"的学前教育发展目标，着力解决教育公平与质量问题，探索并积累了很多好经验，引领国内学前教育改革发展。借助上海对万州教育的对口支援和帮扶，我有幸几次赴上海参加跟岗研修和集体培训。每次在上海学习，我都尝试从不同的视角去观察和发现上海学前教育的新发展与新变化，每次也都有不同的研修体验和感悟。

我所在的幼儿园建园二十年，为市级示范幼儿园，是上海对口支援万州学前教育发展的重要工程。二十年中，幼儿园走过了创业奠基、示范提质、特色创建时期，现在处于文化立园、内涵发展阶段。在发展的过程中，幼儿园逐步构建了以"书香伴梦一起飞"为核心的园所文化。文化立园过程中，我们形成了"兢兢业业、亲亲和和、蓬蓬勃勃"的团队精神。我们坚持以早期阅读为特色，探索阅读与儿童发展的深度联系，形成了"亲亲阅读、亲融阅读、亲善阅读"的价值认同，取得了一些实践经验，并在同行中分享。但随着教育改革，园所发展面临瓶颈问题，在管理的规范化、课程建设的科学化等方面，还存在不清晰、不落实、泛化等不足。

一、后勤管理抓规范

兵马未动，粮草先行，后勤是幼儿园正常运行的关键部门。后勤管理工作繁杂、头绪多,根据其工作内容,管理更多在于规范,有标准、有落实、有检查跟进,从提出到评价,形成一个完整的闭环。

(一)上海经验:重实、重式

上海幼儿园在管理中务实,善于总结提炼经验,形成模式,执行规范而有序。一是精细、规范的园本管理。学校管理规范、有序,一般项目活动的申请与评价、各项荣誉的申报与评定、基于班级幼儿实际发展的课程设计、家园沟通、对待校外的访学交流和指导等,都提前制订好科学、规范的计划,使幼儿园的各项工作均井井有条。教职工每天的工作务实,确保各项工作计划实施后落地有根,从早上入园到下午离园,他们每个时间段的工作都安排得满满当当,借用教师的话,"八小时工作时间要充分利用每一秒"。常规工作、临时工作、学习与培训、园内活动、园外活动……从入园到离园,每个人立足本职岗位,不折不扣落实,大胆积极创新。二是善于形成模式。经过长时间的实践研究,教育管理部门、研究部门和幼儿园总结提炼,形成了一些科学、适宜、可行的实践经验,梳理成范式,并加以推广和运用,如后勤保障领域提出的食堂管理、卫生管理、物品管理、档案管理,新教师培训领域提出的见习教师培养模式,幼儿保育领域提出的保育细则。三是规范执行。各幼儿园按要求步步到位,环环落地。在交流中,基地学校的园长说,凡是有模式、范式的工作都好做,只要按照要求做到位就好,没有做到位那就是踩了红线。由此可见,精细化、务实的管理需要有完善的流程和规范的标准作为支撑。以保育工作为例,形成了一日工作流程和行为规范。各幼儿园结合实际先细化或调整,再组织学习,确保每个保育员应知、应会、应行都了然于心(保育员有资格证,进行了上岗前的基础培训,幼儿园承担工作中问题的培训)。如汇龙幼儿园结合细则对幼儿每天要用的毛巾的管理进行了细化,一天至少7条毛巾,用颜色和大小区别,哪个时间段用什么颜色的毛巾做什么,规定得清清楚楚,用过后什么时间清洗、消毒、晾晒,写得明明白白,便于工作,便于检查。给湿性扫除和干性扫除需要的工具贴上不同的颜色以便区分,一目了然。生活环节中的站位,重点观察,任务明确。什么时段,哪种物品用什么方式消毒,消毒多长时间,消毒片用在哪个环节,清清楚楚……各项工作有序、有标准。因此,除硬件环境、地理位置外,各幼儿园之间的差异正逐步缩小,家门口的幼儿园深得人心。

(二)园所应用:规范保育工作,培养规范意识

保教结合保为先,保育工作在幼儿园有举足轻重的作用。我所在幼儿园的

保育员都是从社会临时聘用的,有一定的流动性,无保育资格证,以幼儿园职后培养为主,保育工作管理的规范性不够。借鉴上海经验,我们决定以保育工作为点,以各环节为序,分解从入园到离园的各个动作,打散、融合、研究。其一,分析跟岗园所"保育工作一日行为细则",尝试读懂"行为标准"后的科学指导。其二,对话园所实际工作,在对比、辨析中明晰"本土标准"。其三,行动、研究,在实践操作中总结、分享经验,观察、反思以使标准落地且具有指导性,感悟规范行为背后的科学性。其四,以赛促进,以评促优,从行为标准到评价指南一一对应,形成螺旋。以整理床铺为例,在学习、实践的过程中,我们总结出了"抖、摸、叠、压"模式,即抖盖被,理顺被套和棉絮,抖下被子上的杂物;顺摸枕头和铺被,达到整理平整和清除异物的目的;两次对折叠被子;压枕头在被口,防止异物。检查时"两看",即看表面平整,看枕头压被口。这样既达到了安全为先的目的,也达到了统一美观的目的。围绕保育工作行为细则这一切入点,我们在过程中明白标准,清楚落实程序,形成规范,同时在行动研究中形成反思意识,促进工作进步。

二、教学管理抓课程建设

教育改革,质量是核心,教学质量,课程是关键。上海两次课改确保了上海教育质量在中国的领先地位。课程建设对学校而言是一项浩大的工程,影响因素很多。

(一)上海经验:重发展

发展是永恒的主题。上海十分注重幼儿、教师、幼儿园的可持续发展,一直以发展为目标开展研究。教师的考核与培养重发展;幼儿的观察与评价重发展;管理部门的态度重发展;幼儿园课程及课程实施也以真实的幼儿发展需要为基点和宗旨。以期末幼儿测评为例,区里每学期都组织团队对各类幼儿园的大班孩子进行发展测评。具体做法是:分领域成立6个测评组,由区里组织在相关领域有成绩的园长、教师承担测评工作,根据《指南》拟出具体的测评指标,共同讨论通过后,一段时间内固定下来,接近期末时根据指标进行测评,每学期两个领域,期初确定,一个是统一的领域(6个领域轮流,各个幼儿园都要测评),一个是随机抽取的(剩下的5个领域内的幼儿园,随机抽取)。区里统一测评时间,各测评小组到各幼儿园进行测评。测评结果用于幼儿园的发展和幼儿园课程的调整。如汇龙幼儿园在上一次的体能测评中发现本园幼儿的上肢力量不足,便从环境和体育课上改进;发现幼儿的科技常规活动有问题,就开展园本的大小教研。

(二) 园所运用及思考:抓区域游戏,树儿童课程观

学用融合,结合园所实际需要和发展现状,做当前能做的事。幼儿园的课程主要涉及五大领域,以"幼儿园整合"课程为主,以"早期阅读"课程为辅,面上基本满足幼儿全面发展的需要,构建与实施时以教师为主,以区域游戏为切入点,慢慢形成基于儿童的课程。首先,"动起来、玩起来",解决区域空置、远离幼儿的问题。其次,"融起来",解决区域游离课程和幼儿发展之外的问题。最后,"亮起来",促进区域与园所特色融合,以游戏促进幼儿学习。以"玩起来"阶段"大班区域材料投放"为例,我观察主题课程背景下区域材料投放后幼儿游戏场景,发现10分钟后幼儿的游戏主题发生了变化,幼儿开始串区借材料,玩起自己的游戏来。满足需要,共建材料场:师幼共同商议构建一个丰富而有秩序的材料场,商定哪些材料可以用、杂乱的材料怎么分类与摆放、材料取放规则、材料及时补充要求……丰富材料支撑后,幼儿游戏的主题扩大到课程主题之外。教师跟随幼儿脚步,放手给幼儿主导区域。这时,该深挖主题课程背景下幼儿游戏线,还是发展幼儿自主游戏网络?怎样以幼儿为主体?园本教研应以问题为导向,抓"游戏"主线,在实践的过程中,重读、解析、践行《指南》,从课程建设中的一个枝丫,逐步触及课程,逐渐形成以儿童发展为主的课程观。

三、队伍建设抓分层培养

教育大计,教师为本。队伍建设是管理中最重要的工作,教师是教育发展的永恒动力。

(一) 上海经验:扎实、高效的师资培训体系

在上海研修期间,我发现,上海从市级到园级的教师培养,有一张清晰的网络图,层层考核,目标清楚,主题明确,任务清晰。以新入职教师培养为例,区级承担"岗前培训+每期的集中培训"工作,从通识到专业素养,有讲座、分享、实操,有听、说、写、展,有计划、学习和总结。片区承担"站好课堂+专业提升"工作,采用导学班的形式,借助片区优秀教师力量,成立各个导学班,各幼儿园根据需要自主申报和参与。一件事情,双向成长和考核,提升整体素质,同时储备人才。过程中有实践、有理论、有带领、有思与行,有集体活动,更有自主学习。园

级承担"师徒带教＋整体培养"工作,老教师手把手带教新教师,亲自上示范课,及时发现问题并给予帮助,新入职教师同样参与幼儿园的大小教研,参与区级其他工作室的培训学习,有模仿,有创造,有吸收,有表现。由此产生的结果就是上海教师的专业水平非常高,成长非常快,学生素质高,全面发展充分。"办家门口的好幼儿园"在各方合力下已不只是口号,早已化为扎扎实实的推进行动,促使上海的幼儿园和学前教育越办越好。

(二) 园所运用:各尽所能,分层培养

教师的培养涉及幼儿园培养、同伴协同帮助、自我发展需要三方面。园所团队经历了共同创业的艰辛、文化建设的价值认同,形成了凝聚一心的协作力和敢做敢想的行动力。随着发展,老一批教职工在思想和行为上有些固执、守旧和"吃老本",新生代不断融入,具有"学用脱代""不易融合"的特质,我们把幼儿园的队伍建设规划为各尽所能,分层培养。各取所需,教师结合自己的兴趣爱好和发展需要,自主进入幼儿园大教研及大教研下的各兴趣组,志同道合者共同学习与发展。各尽所能,分担其责,同组成员根据自己的能力,在组内分担不同工作,并定期交流。自主与制度相结合,围绕各大层级最近发展区,确定考核方式与目标。初步的构思,需要在实践中不断完善与修订,达到队伍中各成员"各尽所能,各有发展"的目标。

学而不思则罔,思而不行则殆。带着对教育的热爱与责任,我们不忘初心,学思悟行,立足当前能行的,规划未来能用的。教育因思考而灵动,因行动而精彩。让我们向着更美好的教育砥砺前行,让幼儿园成为"家门口的好幼儿园"。

办有温度的教育　做有情怀的教育者

王姣慧

（浙江省宁波市镇海区仁爱中学）

作者简介：王姣慧，浙江诸暨人，毕业于浙江师范大学数学教育专业，宁波大学教育管理硕士，现任宁波市镇海区仁爱中学校长。

学校品牌建设，在现代教育发展中越来越受重视。学校实施品牌建设，有助于凝聚学校的核心发展力——教师和学生，有助于整合学校已经拥有的品牌资源——物质资源、人力资源、社会资源等，有助于促进学校利用好品牌资产——知名度、美誉度、忠诚度，有助于学校紧跟时代的步伐和发展的需要。这就要求学校根据自身特点，建设符合学校实际的教育品牌。通过实施品牌战略，铸造学校品牌，能够较好地体现学校发展特色，形成与其他学校的明显区别，凸显学校的品牌形象，实现学校品牌的个性化，从而使学校获得足够的发展空间。

宁波市镇海区仁爱中学是当地老百姓认可程度和满意程度很高的一所学校。学校于 1997 年 8 月建成，是由浙江省"爱乡楷模"、宁波市"荣誉市民"张爱芳女士捐资助建的一所区教育局直属初级中学。镇海区人民政府为褒奖张爱芳女士的爱国爱乡之举，特意从张爱芳女士和她丈夫张济仁先生的名字中各取一字，把这所学校命名为仁爱中学。

仁爱中学是一所因爱而生的学校。近年来，学校对办学理念进行了整合和提炼，最终确定为"以仁润心，用爱化人"。在新的办学理念引领下，我们把"仁者爱人，和谐奋进"作为学校精神，致力于把学生培养成有文化底蕴、能自主发展、有社会担当的理想仁爱人，引导学生做有中华文化之根的仁爱之人，为学校发展提供新动力。

对于仁爱中学来说，仁爱既是中华优秀传统文化的精髓，又是对海外宁波人

"报效桑梓"大爱精神的褒扬。为此,仁爱中学充分利用自身的校名优势,将其作为品牌开发建设的着力点。

一、建"仁·和"之校,行人性化管理

在管理理念上,我校改变了以管理者为中心的观念,摒弃了束缚、强制、命令等手段,代之以理解、信任、宽容、对话等人性化的方式,创造具有亲和力的人文生态环境,使全校师生真切感受到民主、平等、友爱和帮助。学校管理队伍在以人为本的"仁·和"管理理念影响下,"敬业奉献,顾全大局;严格自律,办事公道;率先垂范,服务他人;业务过硬,追求完美;思进思变,创业创新",身先士卒,带头奉献。

(一)刚性人事制度改革实现"软着陆"

学校的人事制度改革是难点,因为涉及每一位教师的切身利益。做好这项工作,既要贯彻落实上级的要求,又要让教师内心认同和接受,以保持学校稳定,非常不容易。我校曾是区管校聘的试点学校,因为学校处处为教师考虑,把很多可能出现的问题都想在前面,平稳地完成了这项具有挑战性的工作。

在难度更大的全员竞聘中,学校充分征求教师意见,出台岗位竞聘细则,在公开公平的基础上,圆满完成了全员竞聘工作,实现由"身份管理"向"岗位管理"的转变。这次全员竞聘切实增强了教师的竞争意识、危机感和紧迫感,为打造一支有较高职业素养、团结协作、积极进取的仁爱团队提供了强有力的制度保障。

(二)校园文化建设充分体现"人情味"

学校的校园文化环境设计渗透"仁·和"教育理念,力求处处有教育者的思考,处处留下受教育者的足迹。学校精心设计了仁爱特色长廊、特色文化墙、党史文化墙等,使每一个角落都渗透出协调、和谐、平等、关爱、激励、催人奋进的现代文化气息,散发着校园文化环境的感染力与亲和力。同时,我们坚持情感管理,注重人文关怀。学校坚持"为了每一位师生的尊严,为了每一位师生的发展,为了每一位师生的幸福"的办学理念,始终把师生的冷暖挂在心头。学校始终坚持以人为本,尊重教师人格,体现情感关怀,创设宽松、和谐的人际关系和氛围。工会多次因地制宜开展群众性文艺活动,丰富教职工文化生活。依据《仁爱中学教师健康工程方案》,工会大力推进教师健康幸福工程,做好四件"健康实事",分别是健康阅读、健康运动、健康食堂、健康讲座,以此来提高广大教职员工幸福指

数,从而打造一支健康乐观的教师队伍。

（三）学校办学条件大力追求"舒适化"

校园环境建设是校园文化建设的重要基础。环境对人品行的修炼、情操的陶冶、心灵的净化、身心的愉悦,时时刻刻起着潜移默化的作用。多年来,学校拥挤的用餐环境给师生带来了很大的困扰。为了早日完成食堂的改扩建工程,校领导多次向区教育局和相关部门反映,使得这一实事工程尽早投入使用,极大地改善了师生的用餐条件。学校还对仁爱园景观进行了改造,让师生在闲暇时有一个好去处。此外,学校的信息化设施设备也进一步得到了提升,"万兆进校园,千兆进桌面"工程已经全面铺开,教室里的投影仪已经全部换成了电子白板,功能教室计划配置互动黑板,逐步打造创客实验室,为进一步实现智慧校园打好基础,希望未来将教学、科研、管理和校园生活充分融合。

二、树"仁·智"之师,建现代智慧教师团队

21世纪,人类社会正经历着一个伟大的变革时代,世界正进入一个以智慧型创新人才为主流的阶段。只有把教师的素质定位为智慧型,才能培养有智慧的人,才能应对新世纪的挑战。我校从"用心做智慧型教育"的理念出发,通过转变管理上的育人观念,建立平台,培养智慧教师。

（一）让每个阶段的教师都有奋斗目标

为进一步加强师德师风建设,学校在全校教师中开展"仁爱教师形象大讨论"。通过精心组织、热烈讨论、投票表决等环节,最终确定学校教师形象语为"敬业,乐教,仁厚,创新",进一步树立仁爱教师新形象,助力仁爱教育事业新发展。

为推动学校可持续健康发展,学校借助区自主发展项目,打造优秀教师团队。目前,学校已经初步形成三个共同体,即名师工作室、仁爱润德工作室、仁爱青年锐意共同体,力求让年轻教师有个高起点,让中年教师有个再发展,让老年教师有个再贡献。共同体在不同方面带动学校所有教师一起发展,努力把学校建设成为有温度、有影响力的区、市名校。

（二）让每位教师都成为教学行家

学校在课堂教学中大力倡导自助、师助、互助"三助式"教学理念。"三助式"课堂以学生的生命成长为最终目标,以"学标驱动、学法支持、学程引领、学伴互

助"为主要特点,以"自主先学、同伴互学、展示促学、精点深学"为基本环节,以"助学案"为载体,以小组建设为抓手,使学生习得知识、发展智能,并逐渐学会自主学习。

学校坚持开展每周一次的集体备课活动,坚持落实常态课制度,并把教研的重点放在对学生的分析、教学目标和教法的设计、学生学习方法的引导上,从而有效发挥集体智慧。学校依托"教师共同体",发挥名师示范引领作用,营造组内互帮互学氛围,引导教师在上好常规课基础上,精心打造经典课例,让更多教师形成自己的代表课。通过研讨,让每一位教师在讲、听、说、评课上下工夫,在自我反思、同伴互助、合作交流、成果展示中更新理念,转变行为。此外,学校每年都会开展课堂教学展示周活动。学校多管齐下,让教师立足课堂,在课堂教学上不让每一位教师掉队,努力让每一位教师都成为课堂教学的行家。

（三）让学习研究成为教师的生活方式

教师要比学生会学、勤学、愿学,这样才能更好地体现师者本色。学校通过教师读书社建设、教师论坛、教师研究等多种方式,打造一支学习型教师团队。

学校依托教师读书社,大力开展教师专业阅读,并通过读书社的示范引领作用,推动教师全员阅读。学校每年开展"让教师读自己爱读的书"主题读书活动,把共读和选读有机结合起来,在共读中凝聚教师共识,让教师形成共同的价值追求,通过个性化阅读更好地满足教师的阅读需求。

学校定期组织"仁爱论坛"活动,主讲人为全体教师,每次选取两位教师,请他们就相应的主题结合自己的经历进行论述。学校为每位教师搭建了展示自我的舞台,既锻炼了教师,又促进了教师专业成长。通过这种分享型教育教学交流活动,教师既能聆听窗外的声音,又能分享身边的智慧,快速获得成长。

在教科研上,我校遵循"问题即课题"原则。各教研组根据学科特点,形成学科研究专题,学校为教师的研究搭建平台,邀请市区教科研专家和名优教师为教师的研究把脉,切实提高教师的研究能力。

学校大力倡导全体教师撰写教学后记和反思,让教育写作成为教师的一种自觉追求,让教师通过教育写作把阅读、实践、思考、研究等有机结合起来,成为更好的反思性实践者。

三、立"仁·润"之生,育与时俱进学子

我校的办学理念是"以仁润心,用爱化人"。我校以提升学生核心素养为重

点,以"培养有文化底蕴、能自主发展、有社会担当的理想仁爱人"为育人目标。我们提倡学生联系学习和生活实际,积极参与,亲身体验,以实际行动去践行"仁者爱人,和谐奋进"的仁爱精神,力争把自己培养成一个有文化底蕴、能自主发展、有社会担当的理想仁爱人。

（一）明确"仁爱学子"新形象

为培养学生的仁爱精神,学校就仁爱学子形象展开了大讨论。通过班队课等活动,全校1200多个学生说出了各自心目中"仁爱学子"的形象和内涵。在形象大讨论的基础上,学校广泛征集"仁爱学子"形象表述语,并由全校学生投票选出了最符合仁爱学子特点的形象语——自信、博爱、善思、勇毅。这唤醒了学生对自身价值的追求,树立了"仁爱学子"新形象。

（二）依托"树仁课程"育品德

树仁课程是我校的德育核心课程,该课程以自主、自愿、灵活、开放为原则,坚持贴近实际、贴近生活、贴近学生,坚持知行统一,坚持学校教育、家庭教育、社会教育三位一体。该课程的总目标是"培养有文化底蕴、能自主发展、有社会担当的理想仁爱人",这也是学校的德育总目标。我校分年级、分层次、规范化、主题化地推行树仁德育课程,在仁者、智者、勇者三大领域课程中开展仁爱教育,打造仁爱文化,让学生在课程中感受仁爱精神,引导学生在生活中践行仁爱精神。我校努力促进教师知识结构的完善,促进教师教学和科研能力的提高,促进学生分析和解决问题能力的提高,提高师生综合素养。

（三）开展"有序教育"修行为

学校形成了《仁爱中学有序教育之学生标准》,涉及仪表有序、上课有序、行路有序、两操有序、课间有序、就餐有序、值日有序、摆放有序等方面,帮助学生养成有序的心理,形成有序的习惯,进而使学生"情趣高雅,言谈文雅,行为优雅"。学校通过"五项竞赛"的评比机制,把常规管理推向深入,每周对各班的教室卫生、学生仪表、学生出勤及其他行为规范进行检查和反馈,及时公布结果,督促整改。

（四）建设"校园文化"拓素质

学校大力推进五大校园建设:(1)厚德校园建设,通过结对邬家弄视障人士、开展爱心义卖、组织学雷锋活动、进行爱心捐款等,行仁行义,有仁有爱,最大程度地传承仁爱精神;(2)科技校园建设,建成创客实验室,成立电脑机器人社团、计算机模拟城市社团等科技团队,为学生提供更多展现自我才华和提高自身科学素质的空间与平台;(3)书香校园建设,通过"教师阅读""学生悦读""亲子共读"三条途径,倡导教师"让读书成为一种生活方式",引导学生"与经典同行,打好人生底色",辐射家长"让家有书香";(4)健康校园建设,组织开展各类有益身心健康的体育活动,让学生在活动中找寻自我,建立自我,成就自我;(5)艺术校园建设,开展元旦文艺会演、"我型我秀"等艺术活动,培养学生健康的审美情趣和良好的艺术修养,舞蹈队、合唱队、器乐队等多个艺术团队成绩突出。

通过仁爱品牌建设,我校干群关系和谐,教师归属感强,专业发展热情高,学生学习积极主动,责任感强,学校在社会上美誉度进一步提高。

仁爱中学良好品牌形象的建立,使生活、工作在学校中的教职员工产生了自豪感和荣誉感。这种学校文化和工作氛围,给每一位教职员工以士气、志气,使其精神力量得到激发,从而更加努力、认真地工作,提高工作效率,提升工作积极性。仁爱中学奉行"涵育学生终身受用的高素养"和"对教师负责,让每一位教师都能得到适合自己的专业发展"的理念,努力让每个学生梦想成真,人生瑰丽,让每位教师才华横溢,不绝如缕,让这所学府生机勃发,青春常在。

办有温度的教育,做有情怀的教育者,是仁爱中学品牌最终追求!

点 评

　　当代管理大师德鲁克认为,组织是一个能使个别人的力量得到倍增的工具。在现代学校制度建设中,把握学校运作基础,优化学校内部管理,必须把建立在非个人因素之上的学校规则和学校政策放在重要的位置。

　　在"优化内部管理"方面,李黔粤提出"倡导科学民主理念,探索社会化治理机制",刘强提出"要把制度建设作为无形责任,引导和约束行为规范",昝光云提出"学校可以用制度保障教育教学有序进行",叶声国提出"形成依法决策、民主管理的工作机制,创建法治、民主治校办校的和谐环境",李世波提出"管理模式的优化,让教师拥有更多的权利,共同勾勒出校园合作共赢的新图景",杨玲提出"管理更多在于从提出到评价,形成一个完整的闭环",王姣慧提出"创造具有亲和力的人文生态环境"。虽然七位教师来自不同省市,地域、岗位、学段不同,文章表达方式也不同,但都指向了一个非常重要的方面,即在校长高度集中行使管理权利的体制下,学校领导者必须优化学校组织结构的规则、策略与方法,构建公正、进取、合作、开放的学校组织文化,建立民主科学的学校决策机制和监督机制,同时,通过这些外在的组织规则影响教职工内在的专业追求,促进学校办学水平的全面提升。

（上海市吴淞中学校长、特级校长、正高级教师　张哲人）

七

多元协同的学校教育

外部环境既是学校发展的制约力量,又是学校发展的促进力量。学校主动融入社会,主动服务社会,发扬与社会合作共赢的精神,这彰显了"协调、绿色、开放、共享"新发展理念。

本部分共收录了五篇文章。五位作者把自己在上海习得的知识有效融合进各自扮演的学校外部环境调适者角色,从学校、家庭、社区、政府、社会团体和媒体舆论等角度,结合当前学校外部环境变化的新特点和新趋势,系统阐述了校长在外部环境调适方面的作用和有效做法,深入探讨了学校如何与各方形成良好的公共关系,以谋求学校良好的外部生存环境。诸多范例,值得借鉴,影响颇深!

(贵州省遵义市绥阳县儒溪中学　李黔粤)

家园合作　共托明日太阳

——浅谈民办幼儿园家园合作的问题和对策

江蓓蓓
（贵州省遵义市道真县卓越幼儿园）

作者简介:江蓓蓓,仡佬族,中共党员,1994 年 3 月生,贵州省遵义市道县真人,毕业于郑州轻工业大学,现任道真县卓越幼儿园园长。

摘要:幼儿园与家庭的合作,主要是指幼儿园与家庭各自发挥自身独特的作用,相互配合,共同促使幼儿发展而进行的联合活动。然而,对于民办幼儿园来说,家长的期望值相对较高,家园双方在教育理念上有着明显的差异,从而导致家园合作问题突出,幼儿园正确发挥自身作用,与家庭建立尊重、平等的互动关系显得尤为重要。

关键词:家园合作　民办幼儿园　对策

经过多年的市场化发展,我国民办幼教机构异军突起,已成为学前教育发展中不可忽视的力量。幼儿园和家庭是幼儿身心发展中不可或缺的两个重要教育场所。家园合作是指幼儿园与家庭双方积极主动地相互了解、支持、配合,共同促进学前儿童身心和谐发展的活动。幼儿园和家长的合作共育能促进幼儿的全面发展,同时也是幼儿园办学质量的重要保证。

《幼儿园教育指导纲要(试行)》中明确指出:"家庭是幼儿园重要的合作伙伴,幼儿园应本着尊重、平等、合作的原则,不仅要争取家长的理解、支持和主动参与,还要积极支持、帮助家长提高教育能力。"为此,幼儿园应在抓好幼儿教育和园所建设的同时,与家庭相互配合,开展不分主次的联合行动,积极发挥自身独特的作用,从而形成教育合力,让教育取得事半功倍的效果。

一、家园合作的重要性

(一) 有利于促进幼儿健康发展

在学前教育阶段,孩子以幼儿园和家庭为主要生活场所。在这样的生活背景下,合理衔接家庭和幼儿园的生活,为孩子的教育建构起一个良好的环境显得尤为重要。民办幼儿园在开展家长调查时,经常收到家长反馈,孩子有"园中乖宝宝,家中小霸王"的现象,这便是家庭和幼儿园缺乏有效合作,未能形成有效合力的结果。良好的家园合作关系不仅可以提升孩子的学习成长效果,还能保证孩子在园和在家处于同一状态,为孩子良好行为习惯的养成打下坚实的基础。

(二) 有利于改善家庭亲子关系

家长是孩子第一任教师,家庭是孩子第一所学校,可见,家庭教育在孩子的成长过程中占据着尤为重要的地位。然而,由于一些家长忙于工作,不重视家庭教育,没有掌握科学的育儿方法,使得家庭教育很难发挥实际作用,优势难以体现。有效的家园合作开展后,家庭成员不仅可以利用幼儿园资源学习科学的教育观念和育儿方法,还能有更多机会参与孩子的成长。当家庭和幼儿园联合起来为幼儿身心健康发展创造良好条件时,家庭教育的优势和效果便能显现出来,从而形成教育合力,为孩子的健康发展提供基础保障。

(三) 有利于提升园所教育品质

幼儿园作为系统性幼儿教育的主要场所,其所有的教学改革策略、发展方式都是为了不断提升幼儿教育水平。但在幼儿园变革和发展过程中,由于与家庭沟通不畅等,很多家长并不理解或支持幼儿园的做法,这不利于孩子的进步。当幼儿园采取有效的方式与家庭建立和谐的合作关系时,家长群体便成为最佳教育资源。他们分布于社会的各个阶层、各个行业,具有社会上各行各业的资源,幼儿园可以科学合理地安排教育活动,让家长直接或间接地参与。这既能弥补教师专业知识和技能上的不足,又能开阔孩子的视野,让孩子对社会的认知多一个渠道。所以,家园合作的有效开展能够为幼儿园教育教学策略的实施创造便利条件。

二、家园合作的问题——以道真县卓越幼儿园为例

(一) 家校沟通渠道少,教育实施不统一

1. 家园沟通渠道较少

有效的沟通是家园合作正常开展的前提,然而在实际操作中,部分家长没有正确认识到充分沟通的重要性,幼儿园没有使用好有效的沟通渠道。当家长对幼儿园某个活动或安排不理解、提出异议或想表达自己的意见时,通常不知道向谁反馈,幼儿园也常常不能有针对性地进行回应。当家长和幼儿园之间缺乏有效的沟通互动时,幼儿园的教育活动就呈现出"独角戏"的现象。

2. 家园沟通对象较单一

在社会竞争激烈的大环境下,大部分家长忙于工作,很多时候孩子便由家里的老人照顾。老人总认为孩子还小,能帮他们做的就帮他们做,从而剥夺了孩子独立成长的机会,使孩子缺失了锻炼自我服务能力的机会。在幼儿园,为了培养孩子的独立性,锻炼孩子自我服务的能力,往往需要孩子独立就餐,与不同年龄的孩子合作、分享,在学会自我服务后养成服务他人等良好的行为习惯。在幼儿园,幼儿的第一联系人及亲子活动对象主要是家长,如果家长未能及时、有效向祖辈传达,就会导致很多科学的育儿理念和家庭教育措施不能及时实现,从而出现了"在园 5 天科学培养,周末 2 天在家回到起点"的结果,反反复复的教育方法不统一可能导致 $5+2=0$。

(二) 单向式课程设计与评价,家园合作不和谐

1. 课程设计的单向性

民办幼儿园在设计幼儿一日在园的活动计划时,往往由幼儿园单方面确定和实施,家长对活动的设计并不了解,对一日活动流程也不清楚。很多时候,虽然所有活动都是围绕幼儿开展的,但幼儿园却是主要安排者。在设计幼儿成长活动时,幼儿园没有听取和了解家长的想法,仅仅让家长去配合其工作。家长因为没有参与家园共育活动的设计过程,不清楚活动目的和设计意图,有时便会产生抵触情绪,不愿意配合幼儿园的教育工作。

2. 课程评价的单向性

家园共育教育理念已经践行了十几年,从幼儿园和家长的主观体验来看,幼儿园往往把家长满意度作为幼儿园课程实施的评价标准。前期家长并未参加课

程实施设计,在评定幼儿在园满意度时,家长便会以主观的教育理念和预期的成长状态去评价幼儿的发展,从而出现不同程度的对幼儿园的不满意评价。这种情况下,幼儿园往往会感觉自己在家园共育中没有得到应有的理解和尊重,付出未能得到认可,一直处于相对弱势的地位,教育作用未能得到完全发挥。

(三)家长期望值较高,家园地位不平等

当今社会,越来越多的家长重视孩子6岁前的教育,当他们选择了一所民办幼儿园时,往往会有更多期待,进而会对幼儿园及教师有更多、更高的要求。幼儿园环境、教育教学质量、幼儿一日生活用餐、教师的专业水平、幼儿园服务态度等,都会影响家长对幼儿园的满意度评价。一所民办幼儿园要想在社会上立足,必定需要依靠家长的好口碑,这便导致在与家长沟通交流的过程中,幼儿园往往会选择退让,无论出现任何情况都习惯于先道歉、退让、承担责任。有些家长与幼儿园教师沟通时,往往不够尊重教师,出现问题时则第一时间把责任推给教师。久而久之,家长就会对教师缺乏信任感,教师就会对家长出现紧张感。

三、解决家园合作问题的对策

(一)优化课程建设

课程建设在家园合作中的重要性在于家长与幼儿园更容易达成共识,在价值判断上更容易统一,在课程建设上更全面、更生动、更多元,在课程实施上更丰富,在课程评价上更全面、更客观。为促使家园共育取得良好成效,幼儿园要多渠道、多方式宣传幼儿园教育理念,从而调动家长的参与积极性和主动性,充分利用家长群体潜藏的教育资源,发挥家长作用。宣传教育理念文字法见表1。家长参与园所教育活动操作要领见表2。

表1　宣传教育理念文字法操作要领

序号	项目	对象	做法
1	家园共育栏	全体家长	每个班级创建"家园联系栏",在项目设计中遵循"教师组织、幼儿参与、家长互动"的原则,教师和家长可通过文字、绘画、照片等形式记录幼儿成长,在展示幼儿在园、在家情况的同时,将教师、家长的育儿经验形成共有资源,相互学习,共同进步

（续表）

序号	项目	对象	做法
2	家园联系本	部分家长	每个班级创建"家园联系本"，教师可把每天家长的反馈记录在册，家长可把自己对教师的建议及感谢的话记录在册，共同提醒，相互支持
3	问卷调查	全体家长	定期对全园家长进行满意度调查，了解近期幼儿在家情况，请全园家长对幼儿园及教师提出一些合理建议，从而提升幼儿园各项工作的业务水平
4	幼儿成长档案	全体家长	为每个幼儿建立成长档案，教师定期记录幼儿在校成长情况，家长定期记录幼儿在家成长情况，相互了解，促进幼儿全面成长
5	多媒体信息	全体家长	利用微信公众号、家长微信群等，分享园所的教学理念、一日生活、教育经验，设计活动速递、师资成长、活动剪影、幼儿园大事件等栏目，让家长了解幼儿园的教学情况、教师队伍建设情况、幼儿园的发展情况，提升对幼儿园的信任度，促进家园合作

表 2　家长参与园所教育活动法操作要领

序号	项目	对象	做法
1	家长助教日	部分家长	邀请家长来园参与教师助教活动，体验教师一日工作内容，让家长在体会教师辛苦的同时，提出相应的意见或建议，优化幼儿一日在园的学习和生活
2	家长开放日	部分家长	定期举办家长开放日活动，让家长参观幼儿园并参与幼儿园的教育活动，和孩子一起学习、游戏，让他们直观感受幼儿园的集体生活，这有利于家长全面了解孩子，真实了解孩子分析问题和解决问题的能力，了解孩子与同伴相处、自律等方面的能力
3	家长上讲台	部分家长	利用家长资源，邀请不同职业的家长来园讲述自己的工作内容，开阔幼儿视野，让幼儿直观了解成人的职业，尊重每一个人的劳动

（续表）

序号	项目	对象	做法
4	大型活动	全体家长	通过节庆活动、运动会、亲子游园会等,让家长了解幼儿园的办园理念,同时增进亲子关系,让家长多方面地感受、体验、参与幼儿的成长

（二）明确园所专业地位

相比公办幼儿园,民办幼儿园的家长无论是在经济条件上还是在学历水平上都稍好一些,但同时,民办幼儿园教育费用相对较高,在家园双方地位上,家长显然更有优势。幼儿园管理者一定要明确园所的办园理念,坚持园所正确的教育主张,通过各种途径优化园所教育方式,从而巩固园所的专业地位。宣传教育理念口语法操作要领见表3。

表3 宣传教育理念口语法操作要领

序号	项目	对象	做法
1	家长会	全体家长	定期召开主题家长会,教师引领家长了解幼儿园教学理念,学习科学的育儿知识
2	家访	部分家长或新生家长	1. 新生入园前的家访:提前了解幼儿成长环境及家长教育观 2. 个别、不定期家访:让家长及时了解幼儿在园情况,也让教师了解幼儿在家情况,针对幼儿的情况,家长和教师共同研究对策
3	家长学校	全体家长或部分家长	定期开办线上、线下家长讲座,邀请专家或幼儿园资深教师讲学,传递先进的教育理念,讲授教育原则和方法的具体运用,传授育儿经验等,帮助家长和教师解答幼儿教育中的困惑
4	家庭教育经验交流会	全体家长	采用微信群或面对面的方式进行育儿经验交流,每学期固定主题,前期对不同年龄段幼儿问题进行统计,每月定期召开经验交流分享会,促进家长与家长、家长与教师之间的经验交流
5	约谈或电话访谈	部分家长	定期面对面约谈或电话访谈,教师反馈幼儿在园情况,家长反馈孩子在家情况,相互交流,共同探讨幼儿个性化成长策略

（三）丰富家园合作形式

家长可通过建立家长教师委员会（简称家委会）的形式参与幼儿园课程的组织和实施。家委会是幼儿园与家长间的纽带，是一种自动、自主、"接力棒"式的组织，其任务是帮助家长了解幼儿园的工作和需求，协助幼儿园进行保教工作，汇总家长对幼儿园的工作意见和建议，交流家庭教育的经验等。家委会拉近了幼儿园和家长之间的距离，密切了家园合作。优化园所教育管理法操作要领见表4。

表4 优化园所教育管理法操作要领

序号	项目	对象	职能
1	园级家委会	园长、家长代表、骨干教师	1. 研究形成本园保教及家长指导工作方案 2. 参与幼儿园教育、家庭教育、管理等工作，通过各种形式，公开听取园方和家长的汇报与建议，协调双方关系 3. 开展班级家委会的服务与管理工作
2	班级家委会	班主任、家长代表	1. 研究形成班级家庭教育指导工作及班级保教工作计划等 2. 及时总结本班家庭教育工作经验、意见或建议，及时反馈给园级家委会 3. 了解班级幼儿家庭情况，利用家长资源，促进幼儿成长，积极组织本班家长参与幼儿园相关活动

建立健全的家委会管理与服务制度是家园合作工作顺利开展的必要保证。幼儿园的例会制度、家长护校安保制度、"家教指导先进个人"奖励制度等，为家委会活动的正常开展提供了必要保证。

任何一种关系的形成及建立，都需要长时间的积累、酝酿，对于民办幼儿园来说，更是如此。幼儿园应当使用科学有效的方法与家长建立密切合作关系，留意沟通细节，做到事事有落实，事事有回应，事事不落空，事事有温暖。双方应共同努力，让家庭和幼儿园成为孩子幸福生活的摇篮，成为孩子建构完整人格的良田沃土。我们相信,和谐的家园关系将进一步推动民办幼儿教育事业的良性发展。

参考文献:

[1] 柳海明.《幼儿园园长专业标准》解读[M].北京:北京师范大学出版社,2016.

[2] 陈煌.幼儿教育中家园合作的重要性[J].公务员之家,2015.

[3] 陆燕燕.浅谈幼儿园家园共育存在的问题及其对策[J].名师在线,2017.

[4] 常淑红.幼儿园怎样实施家园合作共育[J].中外交流,2018.

[5] 赵孟琳.家园共育:幼儿园家长工作的方法与策略[J].新疆教育,2012.

调适外部环境　　提升发展速率

蒲朝宇

（贵州省遵义市播州区第三小学）

作者简介：蒲朝宇，中共党员，大学本科学历，贵州省遵义市播州区"十佳爱岗敬业青年""优秀校长"，遵义市名校长，现任贵州省遵义市播州区第三小学党总支书记、校长。

《义务教育学校校长专业标准》（以下简称《专业标准》）是对义务教育学校合格校长专业素养的基本要求，是组织培养校长和校长自我成长的专业导向。《专业标准》系统阐述了新时代校长应该具备的专业素养，着重阐述了校长如何调动和优化内部资源，解决学校发展内生动力的问题。但一位卓越的校长，不仅要调动这些内部力量，还要调动外部资源，形成良好的内外公共关系，把外部环境调整到适合学校发展的最佳状态，并借助外部办学资源，助推学校发展，提升学校发展的速率。中共中央、国务院 2019 年 2 月印发的《中国教育现代化 2035》中提出了推进教育现代化总体目标任务，要求形成全社会共同参与的教育治理新格局，充分调动全社会力量，加强学校、社会、家庭相互配合，多形式多途径参与和支持教育现代化建设，全面落实立德树人根本任务，广泛开展理想信念教育，厚植爱国主义情怀，加强品德修养，增长社会见识，培养奋斗精神，不断提高学生思想水平、政治觉悟、道德品质、文化素养。为实现这个宏伟的目标任务，校长应持续修炼调适外部环境的能力。2018 年，我有幸参加遵义市第二期"影子校长"项目培训，在上海跟岗学习一年。通过学习、领悟与回校后实践，我对《专业标准》中"调适外部环境"有了更深刻的认识。下面围绕"调适外部环境　　提升发展速率"谈谈我的认识和理解。

一、深刻认识外部环境的作用

著名企业家张瑞敏提出了"三只眼理论"，认为企业家要有三只眼，一只眼看市场,一只眼看企业,一只眼看世界。其实办学校,管理者也要有三只眼,一只眼看教师,一只眼看学生,一只眼看外部环境。教育看起来是学校内部的事,其实与外部环境有着密不可分的关系。没有良好的外部环境,教育的发展就会受到很大阻碍。学校管理者都知道,办学有三怕:一怕领导不重视,没钱办学;二怕家长来闹事,没心思办学;三怕社会不支持,没资源办学。经济支撑、家校配合、社会参与,能够促进学校发展。上海市特级校长、上海同济初级中学校长张晓明说,学校、社区、大学"三驱"联动,借助、整合社区和大学的资源,学校发展才能插上腾飞的翅膀。可见,良好的外部环境是学校发展必不可少的促进力量,形成良好的公共关系,可以为学校的生存和发展营造良好的外部生存环境,更好地促进学校发展。面对《中国教育现代化 2035》中"加快推进教育现代化,建设教育强国、办好人民满意的教育"这一最新目标,校长要充分调动全社会力量,促进学校、社会、家庭相互配合,多形式、多途径参与和支持教育现代化建设。重视外部环境在学校办学中的作用,提高对外部环境的调适能力是校长不可或缺的一种职业要求。

二、精准定位外部环境的范围

调适外部环境作为校长六大专业标准中的压轴标准,其重要性不言而喻。那么,义务教育学校到底有哪些外部环境需要去调适,所包含的范围又有哪些呢?通过仔细研读《专业标准》,我们发现,在"调适外部环境"部分反复提到社会(社区)、家庭两个关键词。这两个看似简单的词其实内涵丰富,包括社会上的人、事、物、公共服务机构和学生家庭等。我认为,上级机构及其工作人员、家长、校友、社区、新闻媒体、教育科研机构、名胜古迹、自然资源、社会人士等,都是学校发展的重要外部环境。

三、创新调适外部环境的机制

机制是工作落实和目标实现的重要保障。党的十九届四中全会指出,到2035 年,各方面制度更加完善,基本实现国家治理体系和治理能力现代化。站在治理学校角度,校长也要就体系建设和能力建设进行深入思考。纵观《专业标准》中"调适外部环境"的三大方面,"服务社会""合作共赢""良性互动""争取支持"几个重点词语需要我们关注。这给我们的调适行动指明了方向。在上海学习期间,我深入跟岗学习,勤与其他校长交流,深度观摩校际活动,了解了许多

"调适外部环境"的好做法。总结起来,主要包括"三心",即让上级省心,让家长舒心,让社会暖心。

(一)踏实工作,让上级省心

上级的关心支持是学校发展的关键要素,校长不仅要掌握与上级沟通的技巧,让上级理解认同,还要做好工作,让上级省心。

1. 主动汇报,争取支持

学校发展离不开上级领导的关心和支持。这就需要校长恰当把握时机,及时汇报自己的想法思路,最好能与领导的思想产生共鸣,这样领导才能为学校的发展出政策、出经费、出人力,甚至集中各种力量帮助学校实现发展目标,让学校的发展踏上快车道。

2. 抓好管理,绝不添乱

在跟岗学习中,上海中远实验学校的陈婷校长经常说:"校长要抓好管理,耕好自己的一亩三分地,不给领导添乱,让领导省心,这样,领导才愿意给你支持,给你宽松的工作条件。"确实,校长必须守土有责,守土有方,看好自己的门,管好自己的人,守好自己的地,干好自己的事,向组织和领导交出满意的答卷,让领导省心,这样才是对领导最大的支持,才能得到领导更多的认同与帮助。

(二)家校联动,让家长舒心

教育大致可分为学校教育、家庭教育和社会教育三个维度。家庭是学校的服务对象,是学校的重要帮手。学校应建立起有效的家校联动机制,让家长用心教育,对学校的教育感到舒心。

1. 成立家长委员会,搭建互通平台

家长委员会是家长与学校的重要联系纽带。《专业标准》中指出:"充分发挥家长委员会支持学校工作的积极作用,引导社区和有关专业人士参与学校管理和监督。"学校要通过家长委员会,请家长参与学校管理,为学校建言献策;请家长监督学校管理,让学校管理更加阳光透明。家长参与和监督的过程,其实也是宣传学校管理理念、消除家校隔阂的过程。学校可以在家委会中设立采购部、活动部、宣传部等,让家长参与学校管理的重要环节。有了这个平台,学校的很多决策就能通过家长委员会的宣传,得到更多家长的理解和支持;学校也能接收到家长优质合理的建议,从而更好地决策;有益于家长成为学校的主人,更加主动地维护学校利益,助推学校发展。

2. 形成家校联动机制，同育共成长

学校可以通过家访、家长会、家校通、微信等，宣传学校教育思想，宣传学校政策，让家长知道学校要做什么、为什么这样做、家长能做什么、怎么样才能做好，家校联动，形成共育机制。

家长是学校不可或缺的教育资源。学校可以邀请不同职业的家长进入课堂，为孩子讲解不同职业的趣事和艰苦，或让孩子进行职业体验。学校应利用家长的职业资源优势，让孩子得到更多更全的教育机会。

引导家长形成正确的教育价值观，是学校的重要职责。要实现培养德智体美劳全面发展的社会主义事业建设者和接班人这个教育工作的根本任务，家长扮演着重要的角色。孩子的学习模仿能力强，家长的言传身教和教育引导，对孩子成长有着至关重要的作用。为避免学校教育和家庭教育出现 $5+2=0$ 的现象，学校要定期组织"家长培训讲座""家长育儿分享沙龙""亲子体验活动"等，引导家长学习现代育儿知识，帮助家长掌握育儿技巧，使家长更好地发挥榜样作用，疏导孩子成长中的困惑，帮助孩子健康成长。

通过上述方式，让家长了解学校教育，认同学校教育，支持学校教育，配合学校教育，参与学校教育。家长放心，家长支持，学校工作才能更好地推进。

（三）协调周边，让社会暖心

形成全社会共同参与的教育治理新格局是《中国教育现代化 2035》的总体目标之一，《专业标准》中也要求，优化外部育人环境，努力争取社会（社区）的教育资源对学校教育的支持。每间学校的周边或多或少都会存在一些人文、地理及其他资源，这就要求校长挖掘、甄别、协调好社会上的资源，让社会对学校发展用心。

1. 服务社会，承担社会责任

服务社会是学校的一项重要职责，也是中国学生发展六大核心素养中特别要求的一项核心素养。《专业标准》中特别指出，要积极发挥学校在社区建设中的作用，鼓励并组织学校师生参与服务社会（社区）的有益活动。这既是学校教育的自我需要，也是学校赢得社会支持的重要途径。在办学实践中，学校可以积极为社会开放少年宫，组织学生服务敬老院，开展"拯救水世界""为城市美容"社区环保实践等活动，引导学生承担社会责任，积极为社会服务，赢得社会对学校的认可。

2. 巧借资源,助力学校发展

校长要善于挖掘、运用学校周边的环境资源和人力资源等,助力学校发展。如协调爱心人士、校友等为学校发展出钱出力,帮助学校解决办学中存在的问题;借助周边人文、地理及其他资源,开展研学旅行实践活动,开设校本课程等,拓展育人平台,助推学校发展。

3. 合作共赢,共享育人机遇

协调周边,挖掘国内、国际同类学校、大学、科研机构的资源,通过互派学习、体验、实践、研究等方式,找到互利共赢点,实现育人目的。有条件的学校可与异地学校、周边大学、国外学校等进行合作,让学生交流学习,把周边的科研机构作为实践基地,实现互惠互利。

总之,新时代教育的多元化发展趋势,要求校长不仅要成为一个教育家,拥有自己独到的教育思想,还要成为一个外交家,调适好外部环境,运用好周边资源,更好地助推学校优质发展。

积极调适外部环境　助推园所绿色发展

赵雪梅

（云南省曲靖市会泽县第一幼儿园）

作者简介：赵雪梅，汉族，1977 年 2 月生，毕业于华东师范大学，1994 年 7 月参加工作，现任云南省曲靖市会泽县第一幼儿园园长。

《幼儿园园长专业标准》中指出："园长是履行幼儿园领导与管理工作职责的专业人员，承担规划幼儿园发展、营造育人文化、领导保育教育、引领教师成长、优化内部管理、调适外部环境的六大专业职责。"为幼儿园发展营造良好的外部环境，赢得更多的支持与配合，是园长的重要工作之一。一所幼儿园并不是孤立存在的，它的发展与外部环境有着千丝万缕的内在联系。

一、主动出击，为调适外部环境打基础

（一）树立意识，主动调适

面对外部环境时，幼儿园往往是被动地去适应，在问题发生后才去应对。为了改变这种被动的局面，首先，园长要树立主动调适外部环境的意识。英国学者查尔德认为，组织并不总是被动地适应环境，组织同时有机会和能力去重新塑造环境以满足自身的目标。在组织与环境的关系上，幼儿园不应只是被动地应对，而应通过主观、积极的战略行为来适应外界的变化，影响其变化的方向、节奏与结果，进而改善所处的环境，以求处于有利的地位。其次，幼儿园管理人员要树立系统调适外部环境的意识。组织与环境两者之间是相互依存、彼此影响的关系，不是简单的组织决定环境或环境决定组织。幼儿园系统调适外部环境是幼儿园被动适应环境与主动塑造环境的整合与统一。

（二）整合资源，充分利用

幼儿园的发展和幼儿的健康成长离不开幼儿园外部的各种资源，主要包括家长的关心与支持、政府政策的重视与财政的倾斜、社会和社区人士的热心帮助。园长应该通过对外部环境的调适，了解幼儿园所处地域的一些管理制度、文化及周边利益相关者对幼儿园的要求，积极争取政府部门政策上的倾斜和教育资源的有效供给，争取入园幼儿家长的积极拥护和社会捐助者的有力支持，再通过幼儿园的调整与影响，努力使幼儿园的管理与这些要求相一致，从而获得更多的外部支持，通过幼儿园对外部环境各种资源的合理整合，助推幼儿园发展。

二、构建制度，为调试外部环境开好头

要做好幼儿园外部环境的调适工作，园长就要了解、掌握外部环境的情况，主动适应，同时，根据幼儿园的发展需要引导、影响各环境主体，整合各种外部环境资源，使其更好地服务于幼儿园的工作。

（一）设置专门机构

幼儿园要主动、系统地调适外部环境，园长应做好联络工作。同时，幼儿园要成立相应的工作小组或机构，安排一定的人员进行组织协调。这是幼儿园主动适应环境、开展系统管理的重要一环。首先，成立幼儿园外部环境调适工作领导小组，园长为组长，副园长及后勤、园务办、工会等部门负责人为组员，日常工作由园务办公室负责。该领导小组作为幼儿园外部环境调适工作协调组织机构，统领全园开展外部环境调适工作。领导小组主动收集、分析信息，把握、适应外部环境，通过幼儿园目标、结构、战略调整，塑造有利于幼儿园发展的外部环境。其次，成立幼儿园教育发展议事委员会。幼儿园主动邀请上级教育主管部门人员、社区居委会人员、家长代表、媒体工作者等参加本园的教育议事委员会。在幼儿园外部环境调适工作领导小组的引领下，该委员会直接参与幼儿园发展规划形成、实施等重大事件的征询工作，成为幼儿园与外部环境之间相互了解、形成良好关系的桥梁。最后，充分发挥家长委员会的作用。明确家长委员会的职责，请相关责任人协助幼儿园组织和引导家长参与幼儿园的教育教学、场室建设、安全管理等工作，充分发挥其在家园互动中的桥梁作用、纽带作用、组织引导作用。

（二）建立专属制度

幼儿园外部环境调适工作相关机构成立后,需要形成相应的联系、合作、交流的工作制度。这是幼儿园主动适应环境,系统管理外部环境的重要保障环节。首先,幼儿园外部环境调适工作领导小组的工作需要纳入幼儿园工作计划。该领导小组应有自己独立的工作计划,并有明确的分工,各司其职,各负其责。每学年、每学期要有计划,每月、每周应有具体的工作安排,定期召开会议,研讨、布置工作。具体来说,就是在幼儿园内部要形成畅通的沟通网络,形成民主、平等的沟通氛围,利用先进技术打造立体多元的信息接收平台,时刻把握外部环境的变化趋势并及时应对。其次,领导小组要为幼儿园教育发展议事委员会制定章程。幼儿园教育发展议事委员会应在章程的要求下开展工作。章程要明确委员会成立的条件、成员结构、议事规则等,形成具体联系、合作、交流的机制,促进幼儿园与外部机构人员充分沟通。

（三）完善激励机制

要持续、系统、有效地推进工作,就要有一套行之有效的评价、激励保障机制。为了有效开展幼儿园外部环境调适工作,幼儿园应形成一套工作评价量表,针对工作开展情况给予奖惩。评价与激励既要面向幼儿园内部管理,也要面向教育行政机关、家长社区、新闻媒介和教育科研机构等目标公众重点对象。首先,要确认幼儿园外部环境调适工作领导小组的计划、安排是否合理,联系实施是否到位,工作效果是否良好,外部突发事件处理是否及时有效,定期总结、评价。其次,要对外部环境中幼儿园五个目标公众重点对象提供的各种信息、意见、资源等进行收集、整理、统计、分析,梳理出对幼儿园发展的积极因素与消极因素,挖掘有利资源。对积极参与、主动协调的人员给予充分肯定和鼓励,对无法正确理解幼儿园教育理念的相关利益主体进行必要的引导。

三、创新路径,为调适外部环境铺好路

外部环境是幼儿园外部资源的重要来源,资源本身通常具有稀缺性的特点。幼儿园要生存与发展,就必须与其他组织竞争并拥有更多的优势资源。幼儿园外部环境调适的最终目标,就是使幼儿园在与其他同类组织的资源竞争中,取得明显优势,为幼儿园发展夯实基础,使幼儿园获得更广阔及优质的生存空间。

危机产生的原因之一是外部环境的不可控性。幼儿园外部环境的有效调适,能使幼儿园更好地应对突发事件,有效进行危机管理。有效开展幼儿园外部环境调适,与园外各种影响幼儿园发展的主体保持有效的接触与沟通,能使幼儿园更好地化解危机,抓住发展机遇,更好地发展。调适就是调整好家长、社区、媒体之间的关系,以实现最大程度的和谐。

（一）调适幼儿园与家长之间的关系

金杯银杯不如家长的口碑,家长既是幼儿园的服务对象,又是幼儿园教育的合作者,还是幼儿园声誉的传播者,因此,幼儿园必须处理好与家长之间的关系。幼儿园应结合自身发展规划,充分了解家长的需要,并将家长的关注和需求引向合理、科学、与幼儿园发展一致的方向。

1. 挖掘创新交流途径

通过幼儿入园和离园时的简短谈话、家访、电话访谈等,保证幼儿园与家长之间沟通顺畅;通过家长会、亲子活动、家长开放日、家长学校、专题讲座等,让家长了解幼儿园的教育教学理念、班级活动、幼儿发展情况、科学育儿知识,有效促进幼儿园与家长之间的相互了解;运用新媒体技术,如网站、QQ群、微信群、微信公众号,拉近家园距离,让家长有更多发言权,让家园对话更顺畅。

2. 发挥优秀家长作用

家长委员会是幼儿园联系家长的桥梁和纽带。园长要鼓励家长委员会成员参与幼儿园教育和管理工作,积极参与各项活动,为幼儿园发展出谋划策,以身作则,带动其他家长,携手促进幼儿园的和谐发展。家长来自各行各业,园长要善于挖掘家长资源,让其为教育教学服务,如引导家长发挥专业优势,承担助教工作,开阔孩子的视野,丰富幼儿园课程资源。园长要吸纳关心幼儿教育、热心、时间宽裕、服务意识强的家长,请他们作为志愿者,协助幼儿园工作,如整理图书和学具、制作手工用品、大型活动布置、摄影,充分调动家长的积极性,使其成为幼儿园的坚强后盾。

（二）调适幼儿园与社区之间的关系

幼儿园与社区是一个利益相关的共同体。园长要了解、熟悉社区环境,结合社区的相关安排,主动参加文化活动表演、社会传统节日庆祝等,把幼儿园的教学活动延伸到社区,从而引导社区居民正确认识幼儿教育,并予以配合与支持。园长要始终坚持合作共赢的原则,积极整合社区和社会上的各种资源为幼儿园发展服务。

1. 护航安保

校园安全已成为社会各界关注的焦点话题。要想做好校园安全工作,单靠幼儿园的力量是远远不够的,园长必须与街道社区、社区医院、派出所、消防队、交警队等密切联系,保持良好互动,让专业人员对幼儿园设备安全、消防设施、食品安全、卫生保健给予专业指导,齐抓共管,为幼儿园安全工作保驾护航。

2. 同孕资源

无论幼儿园坐落在何方,社会教育资源都现实、客观、丰富地存在着。园长要了解、挖掘教育资源,善于发现、运用社会教育资源,以丰富幼儿园教育活动。如参与街道养老院"老少同乐,重阳敬老"活动,让孩子用实际行动表达对爷爷奶奶的爱;幼儿园"读书活动道德讲堂",邀请交警来园,与孩子零距离互动,增长孩子的交通知识。注重对社区资源的挖掘、整合与利用,不仅能丰富教育内容,而且能形成强大的同孕共育合力,促进幼儿园和谐发展。

(三) 调适幼儿园与媒体之间的关系

现代社会是信息社会,媒体传播速度之快,瞬间让幼儿园展示在公众面前,让园长难以招架。媒体是把双刃剑,运用得当,充满正能量;运用不当,麻烦不断,严重影响幼儿园的形象和声誉。加强与媒体的沟通和交流,与媒体保持良好关系,能够对幼儿园发展产生积极正面的影响。

1. 正面引导

近年来,有关幼儿园的负面报道不绝于耳,把幼儿园推向风口浪尖,园长必须清晰地认识到问题的严重性,主动出击,用实际行动宣传正能量,正确引导舆论导向。幼儿园的重大事件、系列庆祝活动、文化节系列活动等有意义的活动,园长要主动联系媒体,配合采访,积极互动,形成良性的合作关系和伙伴关系,使报道真实且具有正面效应。

2. 沉着应对

遇到危机事件,园长不能逃避,更不能方寸大乱,应沉着应对,把教职工、家长团结在一起,想尽办法理智解决问题,坦诚面对媒体。只要方法得当,沉着应对,危机可成为转机,而园长的负责态度、担当精神等积极的一面也会使幼儿园化险为夷。

新时代的园长,不仅要苦炼内功,还要精于修炼外功,努力提高调适能力,做内外兼修的领航人。

浅谈校长的外部环境调适者角色

钟全寿

（青海省果洛藏族自治州民族中学）

作者简介：钟全寿，汉族，青海省西宁市湟中县人，毕业于青海师范大学英语教育专业，中学高级教师，英国雷丁大学访问学者，现为青海省果洛藏族自治州民族中学英语教师。

摘要：调适外部环境，使学校获得良好的外部生存环境是现代学校校长专业发展的重要内容之一。校长应扮演好外部环境的调适者角色，把外部环境对学校发展的制约力量转化为发展的促进力量。本文将就这一话题进行探讨。

关键词：学校　外部环境　调适者

学校是教育教学的主阵地，是教育者有计划、有组织地对受教育者进行系统教育活动的组织机构。学校教育是由专职人员和专门机构承担的有目的、有系统、有组织的，以促进受教育者的身心发展为直接目标的社会活动。学校作为公共服务组织，其生存与发展源于它与外部环境的成功互动。陶行知先生提倡打开校门，借助社会的力量，使学校进步，动员学校的力量，帮助社会进步。他强调学校要主动融入社会，善于运用社会资源发展学校，同时也要主动服务社会，发扬学校与社会合作共赢的精神，这也符合当下"协调、绿色、开放、共享"的新发展理念。校长作为学校的领导者、教育者与管理者，不仅要具备先进的教育理念和卓越的教学能力，更要具备领导和管理学校的专业知识与能力。学校与社会的密切关系，要求校长必须扮演好学校外部环境调适者的角色。调适外部环境，使学校获得良好的外部生存环境是现代校长专业发展的重要内容之一。从学校教育效果的角度来看，校长要办出上级肯定、公众认可、家长满意的学校。校长不仅要关注学校内部管理，更要关注学校外部环境，形成调适外部环境的专业理解与认识,发展调适外部环境的专业能力和方法,通过扮演外部环境调适者的角色,使学校建立与政府部门、所在社区、学生家长、社会其他机构的合作关系,构建学校与社区、家长有效互动的方法与途径,形成和谐而生动的教育行政主管部门、学校、家庭、社区四位一体且有机融合的发展合力,为促进学生的全面发展、个性化发展和学校的健康可持续发展,创设良好的外部环境。

那么,学校外部环境的范围该如何界定? 校长调适外部环境有何重要意义? 校长该如何扮演好学校外部环境调适者的角色?

一、学校外部环境范围的界定及其调适意义

学校外部环境是指学校运作所处的组织界限之外的,影响学校产生、存在、发展的一切因素的总和。凡影响学校存在、发展及其变化的因素皆可构成学校的外部环境因子。

校长外部环境调适的内容主要包括学校与教育行政部门关系的调适、学校与教育科研机构关系的调适、学校与家长关系的调适、学校与所在社区关系的调适、学校与媒体关系的调适。

学校外部环境调适的目的是为学校发展创设良好的外部环境,赢得公众的支持,争取优势资源,通过建立学校和社区的教育合作机制,形成家校教育的一致性,使学校主动融入社会,善于运用社会资源,以改进学校教育教学,为每个孩子取得学业成功和人格健康发展创造条件,实现教育目标。

二、校长如何扮演外部环境调适者角色

(一) 强化理性认识,建立激励机制

1. 强化理性认识

学校不是孤零零的组织,而是处于一定的环境之中的事业单位。学校要生存,不仅要维护其内部的平衡,还要与外部环境保持平衡。一所学校的存在和发展离不开与其外部环境的互动和平衡,所以不能脱离外部环境而关门办学,这便对学校公共关系提出了新要求。公共关系是人类社会发展进步的产物,是现代的新观念。随着市场经济的逐步确立和管理环境的日趋复杂,人们认识到,一个组织或人的发展与其周围环境密切相关,学校也需要积极建立对外公共关系。建立和保持良好的公共关系,是学校创造良好外部环境,开发校外资源以获得持

续发展的必要手段。

调适学校外部环境,是校长在保证学校与外部环境相适应和开发校外资源以获得持续发展方面所负有的专业责任。在理念方面,校长必须认识到学校发展离不开外部环境的支持。学校要为周围社区和社会的发展作出贡献,学生需要广泛的学习经验,离不开家庭和社区的配合。校长不能单凭一个人的力量去做外联工作,必须调动多方力量,让适合的人做适合的事。调适学校外部环境时,校长一方面要主动把握环境,适应环境;另一方面可通过目标、结构、战略调整,塑造有利于学校发展的外部环境。

2. 建立激励机制

校长作为学校外部环境调适工作的主导者,在对学校外部环境进行调适时,要立足本校实际,形成相应的联系、合作、交流工作制度和一整套面向学校内部的校园外部环境调适评价和激励机制,确保在民主、平等的沟通交流氛围中,通过校方与学校内外部的合作交流,实现对外部环境变化的科学研判和准确把握,及时、有效地对不断变化的学校外部环境进行调适,借助外部力量,形成推动学校发展的最大合力。校长要对一定时期内调适工作的开展情况进行及时、有效的总结、评价和反馈,梳理出积极因素和消极因素,对校内和校外的积极参与者进行必要的奖励,从而实现对学校外部环境调适工作的健康引导、正确评估和有效推动,以制度和机制确保学校外部环境调适工作健康发展。

(二) 发挥能动性、参与性和主动性

1. 主动出击,争取政府认同,找到学校发展最佳生长点

学校是处于一定社会环境中的教育单位,面对瞬息万变的外部环境,作为学校发展环境主要调适者的校长,必须认真研究国家教育政策,准确把握当地政府的教育思想和办学理念,通过自己与当地政府和教育主管部门积极主动的沟通,找准自己学校办学理念与国家教育政策和当地政府教育思想的最佳切合点,与政府和社会达成共识,从而赢得社会、政府的认同和最大支持,找到学校发展最佳生长点。

2. 建立家校网络,完善管理体系

家庭教育是学生成长的起点和基点,学校是学生接受集体教育的场所,虽然教育的目标都是让孩子成人,但由于家长水平、教育理念、教育方式的差异,个体的家庭教育和集体的学校教育之间必然会产生一些摩擦。学校如何在个性和共

性之间找到平衡点,帮助和引导家长找到更适合学生健康成长的途径?如何传递学校教育理念,合学生家长之力,形成助推学校发展的合力?这些都考验着学校外部环境调适者(校长)的智慧。因此,着眼全局,建立由校长、分管德育的副校长、教导主任、年级组长、班主任、家委会代表组成的家校管理网络,通过多层次、多形式、多渠道的家长学校工作网络,疏通家长与学校、家长与学生、家长与家长之间的关系,形成良好的外部环境,势在必行。

3. 寻求社会认同,助推发展速度

跟岗培训期间,我发现,上海市大同中学通过向周边社区开放学校体育场馆、定期举行退休教师"回娘家"联谊会、承办上海市耐克杯足球赛、创建大同教育集团等形式,加强与社会的对话和合作,把社会资源引入了校园。该校通过邀请社区人士、校友和周边社区的居民到学校演讲或学习,把教室延伸至社区,充分利用社区资源,创立校外教学基地,积极调适学校与社会(社区)的关系,在得到了政府肯定和支持的同时,也得到了社会各界的关注。上述做法有助于达成学校教育"立德树人"的目标,能够帮助学生塑造人格、增进知识、端正学习态度,使学生树立正确的价值观、人生观和世界观,具有家国情怀。在当前的多元文化背景下,校长只有充分发挥其外部环境调适者的角色,让学校教育进入社区的广阔天地,给予学生较为充分的时间和空间,才能真正改变传统学校的封闭性,在学校和社区之间架起一座教育的桥梁,为学生搭建一个基于社区环境的学习平台,进而推动学校发展。

校长应主动邀请上级教育部门人员、社区居委会人员、媒体人员等参加学校的教育议事委员会,引导社区和有关专业人士参与学校监督和管理工作,直接参与学校发展规划形成、实施等重大事件的征询工作。校长应主动听取社会各界对学校的意见和建议,在改进工作方法的同时,建构现代学校制度下以家长委员会为载体的新型家校合作模式,通过建章立制,规范先行,创建高度自治的家长委员会,赋权家委会,使之有效行使权利,参与学校管理,从而促进学校与家庭、社区的良性互动,确保学校教育健康持续发展。

4. 创建现代教研平台,开启深度合作模式

校长应积极调适学校与教育科研机构的关系,促进教师的主体参与和个性化成长,实现以研促教、以教促学和以学促研、以研促教,丰富学校课程建设,避免在教学教研中因为缺少"第三方"参与而出现教师"同质化"现象,促进教师专业发展。首先,加强学校与校外教育教研机构的合作,通过"请进来"的方式,邀

请校外教育教研人才、专家进入校园,以专家指导、校内培训、师徒结对、项目帮扶、柔性流动等形式,开展教育教研活动,加大学校教育教研工作力度,促进教师专业发展。其次,以"送出去"的方式,对相对薄弱学校进行对外帮带,在促使教师不断提升自身专业发展能力和指导水平的同时,扩大学校的专业影响力。

校长掌握着学校一定的人力、物力、财力资源,并通过协调社会各方力量,为学校发展争取更多的资源,以实现育人目标。这种公权是实施现代学校制度必须具备的物质与精神支撑。它是保证学校发展个性化和丰富性所必需的权利,是一个学校发展的基础和前提。从某种程度上讲,校长应该是"人际关系高手",必须拥有一定的"交换性资源"。这是一种责任,更是一种使命。因此,校长必须要有强烈的法律意识,在扮演学校外部环境调适者角色时,始终要保持清醒的头脑,坚持依法办校,依法治校,在法律法规允许的条件下,把权利用对用好,充分发挥外部环境调适者的作用,充分挖掘一切有利于促进学校健康、可持续发展的社会资源,推动学校发展,为学生的全面发展和个性化发展提供良好的环境。

参考文献:

[1] 胡晓风,等.实施民主教育的提纲[M].成都:四川教育出版社,2007.

[2] 顾泠沅,毛亚庆.校长的十二项专业历练[M].北京:北京师范大学出版社,2014.

[3] 贾汇亮.学校外部环境管理:内涵、功能及策略[J].广东第二师范学院学报,2011(4).

[4] 张连生,刘长锁.校长与学校外部环境调适[M].保定:河北大学出版社,2012.

创生校园共同体　内炼文化自信力

——乡村小学调适外部环境助推文化建设初探

何　胜
（贵州省遵义市绥阳县蒲场镇儒溪小学）

作者简介: 何胜,汉族,1980年3月生,贵州省遵义市绥阳县人,毕业于贵州师范大学汉语言文学专业(函授专科),现任绥阳县蒲场镇儒溪小学党支部书记、校长。

摘要: 乡村小学校长扮演着教育者、管理者和领导者等多重角色,同时也承担着多种职责。乡村小学建设关系到党和国家教育大政方针的落实,更关系到青少年一代的健康发展。本文通过分析校长积极调适外部环境,创生校园命运共同体,助推乡村小学文化建设相关案例,探索创新调适校园外部环境、振兴乡村小学的策略。

关键词: 校园共同体　调适外部坏境　文化建设

当前,我国农村义务教育的质量参差不齐,面临诸多困境,不同地区的农村教育现状千差万别,整体上不尽如人意。《义务教育学校校长专业标准》中指出,校长是履行学校领导与管理工作职责的专业人员,其领导力直接决定了学校的未来发展方向。因此,新时代背景下校长要履行规划学校发展、营造育人文化、领导课程教学、引领教师成长、优化内部管理、调适外部环境六大专业职责。其中,调适外部环境,赢得社会各界的支持与配合,是校长的重点工作之一。如何提升乡村小学教学质量? 如何提升乡村小学知名度并留住教育人才? 如何通过调适外部环境改变乡村小学的命运? 及时针对上述问题开展系统研究和深入探索,对于提升乡村小学教育教学质量具有理论和实践双重价值。

一、调适外部环境的含义及内容

（一）调适外部环境的含义

"调适"一词在字典中的解释为"协调，合适、适合，调理，调养"。当作为社会学名词时，调适应理解为对冲突情境加以适应的状态或过程，在这种状态或过程中，双方避免公开的敌意表示，并在经济、社会、心理上各自获得某种补偿性利益。由此，调适有相互作用的主体双方调整至适合之意。

学校是一种公共服务组织。有学者认为，外部环境包括存在于组织边界以外的那些相关的物理和社会因素。有学者认为，外部环境是组织边界以外存在的所有要素，这些要素影响整个组织或部分组织。也有学者认为，外部环境可看作组织边界以外的任何东西。这些学者均把环境看作具有潜在影响和真实影响的概念范畴。从系统论角度看，凡影响组织的存在、发展及其变化的外部因素皆构成组织外部环境。因此，学校外部环境是指在学校之外，所有不属于学校却又影响着学校的产生、存在、发展的一切因素的总和。

调适外部环境的过程是学校与外部环境互相了解、互相适应、互相作用的过程，目的是为学校的发展创设一种良好的外部环境，获得优势资源，赢得外部环境的支持。学校调适外部环境是指学校在创办、管理与发展过程中，主动、及时、有效地收集、分析、把握外部环境信息，遵守外部环境中相关的价值规范，根据学校发展需要引导和影响外部环境，获得稳定的支持，最终在资源竞争中取得优势的活动。

（二）调适外部环境的内容

张连生、刘长锁在《校长与学校外部环境调适》一书中指出，学校等组织的外部环境主要涉及教育行政机关、家长、校友、社区、新闻媒介、教育科研机构等学校目标公众重点对象。根据对学校外部环境的研究，结合学校的特殊情况，学校外部环境调适的内容主要分为五部分：（1）作为责任对象的政府，涉及与教育行政机关等关系的调适；（2）作为智囊团的教育科研机构，涉及与教育科研机构等关系的调适；（3）作为合作者与消费者的家长，涉及与家长关系的调适；（4）作为生存土壤的社区，涉及与社区关系的调适（含周边自然资源）；（5）作为"双刃剑"的媒体，涉及与媒体关系的调适。

二、调适外部环境的意义

外部环境是学校的重要资源,而资源通常具有稀缺性的特点。学校要生存与发展,就必须与其他组织竞争更多的优势资源。学校外部环境调适的最终目标,就是使学校在与其他同类组织的资源竞争中,取得明显优势,夯实基础,获得更广阔及优质的生存空间。有效开展学校外部环境调适,与校外各种影响学校发展的主体保持有效的接触与沟通,能使学校更好地化解矛盾,抓住发展机遇,更好地发展。

一所乡村小学要想快速发展,必定要关注众多利益相关者的诉求。就学校而言,学生家庭、周边社区、当地政府、社会人士都是重要且密切的利益相关者。学校的稳定发展,离不开当地政府适当的政策激励、教育资源的多渠道供给、学生家庭的认同、社会人士的有力支持。调适外部环境就是通过把握外部环境信息使组织环境相对确定,其重要意义在于通过了解学校所在区域的相关情况,如管理制度、核心文化、利益相关方的基本诉求,使学校在遵守相应的价值观、规范的基础上,进行相应调整,与其达成一致,从而获得持续稳定的支持、更丰富的资源和更广阔的生存空间。

三、乡村小学调适外部环境,助推校园文化建设的有效实践

习近平总书记在中国共产党第十九次全国代表大会报告中指出,深入挖掘中华优秀传统文化蕴含的思想观念、人文精神、道德规范,结合时代要求继承创新,让中华文化展现出永久魅力和时代风采。

良好的校园文化环境,具有催人奋发向上、积极进取、开拓创新的教育力量,能够促使教师和学生在积极向上的氛围中成长。在大力推进农村义务教育均衡发展和城乡一体化的背景下,乡村学校校长应该具有开放的视野,充分认识到教育资源的重要作用,重视对校内外教育资源的开发与经营,调适外部环境并有序地加以利用,以追求学校教育的整体效应。

（一）深挖内外环境,传承优秀文化

儒溪小学位于贵州省绥阳县蒲场镇中街,据文献资料记载,唐代文学家柳宗元和刘禹锡曾在现蒲场镇儒溪小学校址创建"儒溪书院"开堂讲学,开播撒文明之先河,故历史悠久,文化底蕴深厚。依托蒲场镇厚重的儒溪书院历史文化,我

对儒溪小学校园文化建设提出了"以儒家文化为引领,以儒溪书院为载体,塑博儒教师,育鸿儒学生,酿韵儒课堂,创香儒校园"的要求,希望再塑儒溪书院,让历史传统文化在这里得到更好的发扬和传承。

（二）调适外部环境,创生校园共同体

外部环境是乡村小学发展的促进力量,调适外部环境以获取足够资源对乡村小学的建设有着至关重要的作用。在调适外部环境过程中,校长要通过实地走访,积极向当地各界宣传打造校园文化的理念。经积极调适,学校办学思路、办学特色、传承优秀传统文化的思想得到了当地企业家曹云学和知名校友、著名企业家江波一的高度认可与支持,两人先后共计捐款150余万元,资助学校校园文化设施建设和"诗教"活动开展,引起了热烈反响。通过请示当地教育局及政府,同意聘请曹云学、江波一为学校名誉校长,学校的发展从此踏上了新的台阶。

在曹云学、江波一的引领下,当地爱心社会人士、爱心家长逐渐涌现,并由此成立了学校教育发展理事会,他们纷纷出资、出力,为学校发展添砖加瓦。有学者说:"高格调、高质量的校园文化建设才能真正实现新时代中国特色社会主义办学方向,才能继承和发扬中华民族优秀文化传统。"随着义务教育均衡发展的大力推进,一所名不见经传的乡村小学在不到一年时间里发生了翻天覆地的变化。学校操场上,孔子、柳宗元雕像彰显出学校传统文化教育的底蕴;具有历史意义的孔儒厅、柳公厅、二冉厅、儒溪厅丰富了校园文化内涵;"儒溪书院"大门、文化长廊、孔子讲学浮雕文化墙、二十四孝图、书院舞台、藏书阁等设施的建成,让师生在潜移默化中接受传统文化的熏染和感染,促进了校园文化建设的内涵提升。如果没有外部环境的大力支持,学校如今将会是另一番景象。

自教育发展理事会成立以来,学校与外部环境的联系越来越密切。学校不定期举办校园开放日活动,让企业家、社会人士、家长走进校园,走进课堂,充分了解校园文化建设、教师团队建设、教育教学等情况,从而更好地支持和配合学校开展工作,通过合作达到学校与企业、社会、家庭共赢的目的。大家"同呼吸,共命运",努力构建学校与外部环境协同发展的命运共同体。

（三）内炼文化自信,创新引领兴校

新时代文化自信的树立离不开对传统文化的弘扬,而诗词就是中华传统文化的重要载体之一。古色古香的校园环境为儒溪小学开展诗词教学提供了得天独厚的条件,学校扎实推进诗词进校园工作的落实与发展,营造浓郁的"诗教"活动氛围。师生读诗、诵诗、写诗成为常态,学校以诗教人、以诗育德,取得了良好的活动效果。

为了把乡村小学新风貌展示到更广泛的外部环境,学校积极宣传特色"诗教"活动。经名誉校长江波一引荐,该活动受到了中国教育电视台(CETV)的关注,工作人员来校进行了实地采访,并通过教育新闻联播对学校"诗教"工作进行了长达 4 分多钟的专题报道。在外部环境的支持和学校共同的努力下,学校于2018 年 10 月荣获"贵州省'诗教'先进单位"称号,还荣获"遵义市'诗教'先进单位"称号。更可喜的是,2018 年 12 月,学校被中华诗词学会评为"中华'诗教'先进单位"。

四、结语

对于各方面资源相对匮乏的乡村小学而言,教育的有序推进较为困难。充分利用外部环境资源,对推动乡村小学教育的可持续发展有着至关重要的作用。在大力推进义务教育均衡发展的今天,我坚信,一位优秀的校长,也可以让一所普通乡村小学开出希望之花。正所谓,"白日不到处,青春恰自来。苔花如米小,也学牡丹开"。

参考文献:

[1] 张连生,刘长锁.校长与学校外部环境调适[M].保定:河北大学出版社,2012.

[2] 姚静.《义务教育学校校长专业标准》主要内容的解读[J].中小学教师培训,2014(2).

[3] 贾汇亮.学校外部环境管理:内涵、功能及策略[J].广州第二师范学院学报,2011(4).

点　评

著名教育家陶行知说:"校长是一所学校的灵魂。要想评论一所学校,先要评论它的校长。"校长作为学校教育的领路人和改革发展的带头人,毫无疑问,担负着引领学校和教师发展、促进学生全面发展与个性发展的重任。校长对学校管理、课程教学、教师发展等重要领域,肩负着不可推卸的责任和义务。这些自然成为校长专业素养的重要内容。

社会的发展和时代的进步,要求学校更具现代性和开放性。遵循民主、开放原则,建立现代学校制度成为学校发展不可逆转的潮流。新时代新背景下,作为学校当家人的中小学校长、幼儿园园长,不仅要接受教育行政部门和同行的评判,还要积极回应社会的要求、社区和家长的期望。这就是《义务教育学校校长专业标准》中强调"调适外部环境"能力重要性和急迫性的原因。理念决定行动。校长是否具备公共服务意识和能力、能否把政府提供的资源转化为高质量的公共教育产品,是教育公共服务能否得到落实的关键。我们非常欣喜地看到,来自中西部地区的校(园)长不仅意识到了学校办学过程中调适外部环境的重要性和紧迫性,而且能在自身办学追求和实践中努力融入开放、协同的教育现代化理念,不断探索学校与外界良性互动的机制和平台。

为了每一个孩子的健康成长,校长需要集聚内外部的所有资源,发挥所有利益相关者的主动性和能动性,把学校建设成为"无围墙"的社区文化集聚与创新场域。为每一位重视并努力践行合作共赢理念的校(园)长点赞!

(上海市教育科学研究院　郁琴芳)

图书在版编目（CIP）数据

风从东方来 / 上海市师资培训中心编著. — 上海:上海教育出版社, 2020.9
ISBN 978-7-5720-0385-1

Ⅰ.①风… Ⅱ.①上… Ⅲ.①中小学 – 校长 – 学校管理 – 文集 ②幼儿园 –
管理 – 文集 Ⅳ.①G637.1-53 ②G617-53

中国版本图书馆CIP数据核字(2020)第183412号

责任编辑　杜金丹
封面设计　毛结平

风从东方来
上海市师资培训中心　编著

出版发行　上海教育出版社有限公司
官　　网　www.seph.com.cn
地　　址　上海市永福路123号
邮　　编　200031
印　　刷　上海昌鑫龙印务有限公司
开　　本　700×1000　1/16　印张 19.75
字　　数　335 千字
版　　次　2020年9月第1版
印　　次　2020年9月第1次印刷
书　　号　ISBN 978-7-5720-0385-1/G·0280
定　　价　68.00 元

如发现质量问题，读者可向本社调换　电话：021-64377165